Sağlıklı Yaşamanın Nasıl Bir His Olduğunu Bilmek İster Misiniz?
EVET DERSENİZ OLUR
Yeşim Kuzu

Yayın Yönetmeni: Ayşen Bozkuş
Yayına Hazırlayan: Ayşen Bozkuş
Son Okuma: Beyza Keskin

1. Baskı, Şubat 2020, İstanbul
ISBN: 978-605-2006-90-0

Sertifika No: 46603

Müptela™ Penguen Kitap-Kaset Bas. Yay. Paz. Tic. A. Ş.'nin tescilli markasıdır.
Caferağa Mah. Neşe Sok. 1907 Apt. No: 31 Moda, Kadıköy - İstanbul
Tel: (0216) 348 36 97 - Faks: (0216) 449 98 34

Kapak, İç Baskı: Deniz Ofset Matbaacılık
Maltepe Mah. Hastane Yolu Sok. No: 1/6 Zeytinburnu-İstanbul
Tel: (0212) 613 30 06
Sertifika No: 40200

Yeşim Kuzu

Sağlıklı yaşamanın nasıl bir his olduğunu bilmek ister misiniz?

EVET DERSENİZ OLUR

müptela

İÇİNDEKİLER

ÖNSÖZ

1981 yılında Aydın Söke'de doğdum. İzmir Dokuz Eylül Üniversitesi İşletme bölümü mezunuyum.

Başarılı bir okul hayatından sonra iş hayatında da başarılı olmayı kendime görev edinmiştim

Ta ki, bu süreçte zaman zaman başarısızlıklar yaşayıp, hayal kırıklığına uğrayıncaya kadar.

Başarının bir görev olmadığını anlayana kadar. Bu nedenle hayatımdaki negatif kayıtları değiştirmeye karar verdim ve böylelikle kişisel değişim serüvenim başladı.

Bu serüvenimde birçok öğretiyle karşılaştım, fakat Theta frekansında DNA kodlama tekniği hepsinden farklıydı. Bu yüzden sadece bu DNA tekniği üzerine uzmanlaşmaya karar verdim.

Eğitimlerimi ve uygulamalarımı bu teknik üzerine yapıyorum.

Bu teknikte "Certified of Science" ve "Master" derecesinde en üst düzey eğitmenlik derecesindeyim. Bu tekniğin kurucusu Vianna Stibal'a asistanlık yapan ve yapmaya devam eden ilk ve tek TÜRK eğitmen oldum.

Siz de bu yolda benimle birlikte yürümek isterseniz

öncelikle kendinize izin verin ve bana katılın.

Bu teknikle kendi hayatımda, ailemde, danışanlarımda ve öğrencilerimde neleri dönüştürebildiğimizi sizin için derledim ve kitap haline getirmeye karar verdim. Günlük hayatınızda pratik olarak yapabileceğiniz bazı uygulamaları da burada bulabilirsiniz.

Bu ilk kitabımda teşekkürlerimi, tüm aileme gönderiyorum. Rahmetli babam Mehmet Ayhan'a, annem Sıdıka Bilge Ayhan'a, kardeşim Necati Ayhan'a her zaman yanımda oldukları için çok teşekkür ederim.

Hayattaki en büyük derslerimizi ailemizden öğreniriz. Bizim için en değerli varlıklarımız olan ailemizi olduğu gibi kabul edip, onlardan almamız gereken dersleri bitirmezsek hep aynı kısır döngü içinde yaşarız.

Tabii ki eşim Bülent Kuzu'ya tüm desteği için, kızlarım Hanzade ve Kutsal'a beni anne yaptıkları için ve bu tekniğin kurucusu sevgili Vianna'ya böyle güzel bir tekniği öğrettiği için çok teşekkür ederim.

Bu kitabı okuyan herkese, ailesi ile sağlıklı, mutlu, huzurlu ve uyumlu bir beraberlik dilerim. Ayrıca bu kitap, okuduğunuz anda içindeki tüm olumlu hislerin size yüklenmesi için özel olarak benim tarafımdan kodlandı.

Sevgilerimle
YEŞİM KUZU

HER ŞEY BİR HAYALLE BAŞLADI

"Bir şeyin imkânsız olduğuna inanırsanız aklınız bunun neden imkânsız olduğunu size ispatlamak üzere çalışmaya başlar. Ama bir şeyi yapabileceğinize inandığınızda, gerçekten inandığınızda, aklınız onu yapma üzere çözümler bulma konusunda size yardım etmek için çalışmaya başlar."

(David J. Schwartz)

Geriye dönüp baktığımda, ne hayal ettiysem hepsine ulaştığımı görüyorum. İlkokuldayken Anadolu lisesinin sınavını kazanıp, orada okuduğumu; lise son sınıf öğrencisiyken, İzmir'de üniversite okuduğumu; üniversite son sınıf öğrencisiyken de bankada çalıştığımı hayal ettim. Sonra da tüm bu hayallerime ulaştım. O zamanlar hayallerimi yazmayı ya da resmetmeyi bilmezdim. Sadece uyumadan önce, zihnimde canlandırıp öyle uyurdum. Bir de Hıdırellez'de taşlarla uygulamalar yapardım. Söke'de dere kenarına gidip, çakıl taşlarıyla hayallerimizi toprağa çizerdik, şimdi Hıdırellez zamanlarında çizdiğim her şeyin gerçek olduğunu görüyorum.

İnanmak, başarmanın yarısıdır, derler. İşte ben de tüm hayallerimin olacağına önce inandım, sonra onları tek tek yaşadım. Şimdi şöyle şeyler söyleyebilirsiniz: "Ee, biz de çok istiyoruz, çiziyoruz, hayal ediyoruz ama bizimkiler neden olmuyor?" Merak etmeyin, neden olmadığını da birer birer okuyacaksınız.

HAYAL TABLOSU İLE BAŞLAYAN BÜYÜK DEĞİŞİM

İlk evliliğimin son sekiz ayında kendi ailemin evine dönüp onlarla yaşarken, yaşam koçluğu denen yeni bir mesleğin olduğunu öğrenmiştim. Bununla birlikte kişisel gelişim kitapları okuyup kendimin farkına vardım.

Derken kendimde bu evlilikten itibaren yoğun bir değersizlik duygusu olduğunu keşfettim.

"Tamam" dedim, "işte buldum!" Ben bu değersizlik duygusu yüzünden (ilk) eşten ayrılıyorum. Bendeki duygu ona yansıyor ve hiç değer görmüyorum.

Sonra tekrar barışmaya karar verip, bir kez daha evliliğimi devam ettirme kararı verdim.

Gelin görün ki; ben bu değersizlik duygusunu sözde olumlama yaparak çözmüş ve her şeyin farklı olacağını düşünerek, geri dönmüştüm ki ilişkimizde hiçbir şey değişmedi. Yine kendimce mutsuz bir ilişki içerisindeydim.

16 Haziran'dı, günlerden de Perşembe. Bir anne gününde çay keyfi yapıyorduk. Anne günü diyorum, çünkü ilk eşimin annesinin bir arkadaşındaydık. Misafir ol-

duğumuz evde etrafıma gülücük saçıyor olsam da içim hiç gülmüyordu. Ama kendime öyle güzel bir maske takmıştım ki "mutsuzluğumla mutlu oluyordum."

O günlerde sürekli kişisel gelişim kitapları okuyor, seminerleri araştırıyor ve bunlarla ilgili nerede program olursa televizyonda izliyordum.

Ben gülen maskemi takmış sohbet ederken telefon çaldı. Arayan annemdi. Televizyon kanalında yeni bir program izlemeye başlamış. Kişisel gelişimle ilgili konukların olduğunu söyledi ve "Bugünkü program tam sana göre, hemen aç izle," dedi.

"Anne misafirlikteyim izleyemem!" dedim. Annem ise "Ev sahibinden rica et, istersen izleyebilirsin," dedi. Ben de ev sahibinden izin alıp, diğer odada televizyonu açtım.

Bir masanın etrafında beş kişi, programın adı "Yaşam Mimarı" Yapımcısı ve sunucusu Melda Hanım ve konukların hepsi "Yaşam Koçu" Konu da "Beş yıl sonra kendinizi nerede görüyorsunuz?" Bir karton üzerine çeşitli fotoğraflar yapıştırıp, olumlamalar yazıp, "Hedeflerinize ulaşmak için harekete geçin" diyorlardı. EVET! Program tam bana göreydi! O anda taktığım maskenin altında daha ne kadar gizlenebileceğimi sordum kendime.

Üç yıllık evliydim ve mutsuzdum. Bir yıllık ayrılık sürecinin sonunda tekrar denemeye karar verip Ankara'ya dönmüştüm ki, iki ay sonra olmayacağını kesin olarak anlamıştım.

Bitmesi gerekiyordu ama korkularımdan dolayı bu kararımı nasıl uygulayacağımı bilemiyordum.

Misafirlikteydim, ilk eşimin annesi yan odadaydı ve ben bu programa kesinlikle bağlanmalıydım. Hemen cep telefonumdan programı aramaya başladım. Telefon sürekli meşguldü. Annemi arayıp "Programın telefonu sürekli meşgul, düşmüyor" dedim. Annem de "Gerçekten istersen sen o programa bağlanabilirsin" dedi. Ben de gerçekten istiyordum. En sonunda telefon açıldı ve beni canlı yayına bağladılar.

Programda benim hayallerimin ve hedeflerimin neler olduğunu sordular. "Beş yıl sonra kendinizi nerede görmek istiyorsunuz?"

Çok heyecanlanmıştım. İlk aklıma gelen "Ayrılık sürecindeyim ama kararımı uygulamada zorluk çekiyorum, boşanmak istiyorum" dedim. İlk hedefim özgür olmaktı çünkü.

"Yaşam koçluğu eğitimim yarım kalmıştı, onu tamamlamak istiyorum," dedim. Ayrıca evim olsun, arabam olsun vs. ekledim. "En önemlisi de bana değer veren bir eşim olsun ve iki kızım olsun istiyorum," dedim. Aile her şeyden önemlidir benim için. İşte o gün benim hayal tablomu oluşturdular.

Programa bağlanmak ve tablomun hazırlanması bile kararlarımı uygulamakta harekete geçmemi sağladı. Bu nedenle tablomun bana ulaşması için annemin; yani memleketimin adresini verdim. Bir hafta sonra, tablonun kargoyla memleketime ulaştığı gün; ben de her şeyi geride bırakıp Ankara'dan ailemin yanına doğru yola çıkmıştım. Yani kararımı verdim ve mutsuz olduğum evliliğimi bitirdim.

O gün bugündür tablomdaki tüm hayallerim gerçek oldu.

Şimdi İstanbul'dayım. Caddebostan'da evimiz ve ofisimiz var, iki kızımız var, ayrıca bana değer veren sevdiğim bir eşim var ve çok mutluyum. Yaşam koçluğu eğitimlerimi tamamladım, profesyonel uzman koçluk ve benzer bir meslek olan "THETA Eğitmenliği" yapıyorum ve yurt içinde ve yurt dışında her yerde eğitimler verip, hem gezip hem çalışıyorum.

Beklemek zaman kaybından başka bir şey değildir. Siz de hayatınızda bir şeyleri değiştirmek istiyorsanız, HAREKETE GEÇİN.

HAREKETE GEÇME ZAMANI

Hayal tablosu olarak bana hazırlanan kartonu çerçeve yaptırıp, salonun tam ortasına astım. Gelen giden gördü. Bazıları dalga geçti. Bazıları dikkatle inceledi. Benim inancım ise tamdı. Her gün tabloyu karşımda görünce daha çok motive oluyordum. İlk isteğim olan boşanma gerçekleşmişti. Sırada İstanbul'a gitmek ve iş bulup, çalışırken de koçluk eğitimlerini almak vardı.

İstanbul'a en son bankada çalışırken gitmiştim ve ben asla burada yaşayamam, demiştim. "Büyük lokma ye, büyük konuşma" demiş ya atalarımız işte bu çok doğru.

O günlerde İstanbul'a gitme hayalleri kuruyordum.

İlk işim; iş ilanlarını incelemek oldu. İstanbul'da yaşayan bir arkadaşımın adresini de özgeçmişime ekleyip iş ilanlarına başvurdum.

Bu sırada sosyal medyada araştırmalar yapıp, kişisel gelişim sözleri paylaşıyordum ve bu şekilde tanıdığım güzel dostluklarım oldu. Gün içerisinde sohbet edip vakit geçirirken, eşim Bülent Kuzu ile bu şekilde tanıştım.

Bir gün eşimin paylaşımına dalga geçerek yanıt vermiştim. O da bana cevap vermişti ve sonra sohbet etmeye başlamıştık. Fotoğrafını gördüğümde ise kalbim hızla atmaya başlamıştı; gülüşünü çok beğenmiştim. Fotoğrafta oyuncak bir kuzuyu omzuna alan ve çok güzel gülen bir adam vardı.

İstanbul'a geleceğimi ona özellikle söylemiştim. O da arkadaşının sörf okulunda hobi olarak kürek sörfü yaptığını söyleyerek beni oraya davet etmişti. Beni, başvurduğum iş ilanlarından birileri aradı ve görüşmeye çağırdılar. Bu fırsatı kaçıramazdım. Hem iş görüşmesi yapıp hem de ileride eşim olacak kişiyle tanışacakmışım. İlahi plan işliyordu. Görüşme sonucunda beni işe aldılar. O güzel gülüşlü adam da tanıştıktan bir hafta sonra bana evlenme teklifi etti. İlk görüşte AŞK bu olsa gerek dedirten bir adamla evlenmek, hem de ruh eşimle! Aileme konuyu açınca, yeni boşandığım için önce "Kesinlikle olmaz, el âlem ne der?" dedi.

El âlem denen örgüt yine iş başındaydı.

"Vermezseniz kaçarım," dedim ☺

Tabii ki isteğime onay verdiler. Kaçmadım. Ama annem kendi evimize değil, babaannemin evine kabul etti. Eşim ve ailesi beni istemeye geldi. Tanıştıktan iki ay sonra nişanlandık. Nişanlandıktan sonra da birkaç gün içinde gidip evlendik.

Tam tarih vermek gerekirse, hayal tablosu hazırlandığı gün 16 Haziran, boşanma tarihi 25 Temmuz, eşimle tanışma tarihim 11 Ağustos, evlilik tarihimiz 1 Kasım'dı. Hayal tablosundaki her şey sırasıyla ve jet hızıyla oluyordu. Mucize gibi görüyordu herkes, ama mucize değildi. Ben çok inanmıştım ve neye inanırsam o gerçekleşiyordu.

Eşim, benim kişisel gelişim merakıma saygı duydu ve beni istediğim eğitimlere gönderdi. Harika bir dönem başlamıştı benim için. İsteklerim bir bir gerçekleşiyordu. Ben, artık benim için biçilmiş kaftan olan bu mesleği, yani yaşam koçluğunu öğrenip sonra da birçok kişinin hayatına dokunacaktım. O arada hayatımıza girecek sürprizden haberim yoktu. Çok geçmeden hamile olduğumu öğrendim.

Tabii ki çok sevindik.

Sıra hayal tablosundaki çocuk kısmına gelmişti.

Bu kadar çabuk olmasına hazır değildim ama çok mutluydum.

Hamileliğimin ikinci ayında bir kanama geçirdim. O kadar korktum ki, kesin bebek düştü diyerek doktora gittim. Doktor kontrol etti, neyse ki, kalp atışı devam ediyordu. Doktor bana şunları söyledi: "Rahmin kalp şeklinde ve cenin, rahmin bir tarafına yerleşmiş, diğer taraf ise cenini görmüyor ve bu sebeple görevine devam ediyor.

Sadece tuvalete gidecek ve kontrol için bana geleceksin, diğer zamanlarda ise hiç kalkmayıp istirahat edeceksin," dedi.

Bu böyle hamileliğimin beşinci ayına kadar devam etti. Beş ay boyunca sadece tuvalete ve doktora gittim. Bu süreçte çok kitap okudum ve internette çok araştırma yaptım. Tabi ki radyasyon koruyucu alıp karnıma giydim.

En çok dikkatimi çeken ise bilinçaltı teknikleriydi. Araştırıp hangisi benim için doğru bir eğitim diye düşünürken, Theta tekniği eğitimlerini gördüm. Çok ilgimi çekmişti. İzmir'de bir eğitim ilanı gördüm ve aradım, hamile olduğumu söyleyince, "Maalesef eğitime hamileleri kabul edemiyoruz," dediler. Aslında sonra öğrendim ki, düşük olursa "Bu eğitim yüzünden düşük yaptım," diyerek onları suçlamamam için bana, bu şekilde söylemişler.

Doğum yapmayı bekleyip, eğitim araştırmalarını bir kenara bıraktım ama bir de ne göreyim bir uygulayıcı eğitimi daha İstanbul'da açılmış. Tarihlerine bakınca ve hesaplayınca benim doğum yapacağım tarihe denk geldiğini gördüm ve üzüldüm. Yine katılamayacaktım. Ancak sonra ilahi planda kızım daha doğmadan bana yardım etti ve ben erken doğum yaptım.

O eğitime kızımla birlikte katıldım.

Macera benim için devam ediyordu.

Hayal tablosundaki kızlarımdan biri dünyaya gelmişti bile...

DNA'MI KODLAMAYA BAŞLADIM

Lohusalık döneminde bu eğitimi alıp kendimde ve kızımda uygulama yapmaya başlamak benim için harika bir deneyim olmuştu. Bu tekniği öğrenmeseydim kesinlikle depresyona girerdim, hatta biraz da olsa girmiştim. Hiç susmadan ağlayan ve geceleri sürekli uyanan, doymayan ve sütümü memeden değil de sağılmış olarak biberondan içen bir kızım vardı. Ben depresyona girmeyeyim de kim girsin?

Sütü sağarak vermek bir anne için yetersizlik duygusunu dibine kadar yaşamaktı.

Emzirmek, anne ve bebek arasındaki bağı kuvvetlendiriyor. Güven veriyor. Bu bağı biberon ile ne kadar kurabilirim ki, diye içim içimi yiyordu.

Emmiyorsa da yapacak bir şey yok tabii ki.

Ama emmemesinin altında bile annenin bilinçdışı kayıtları yatıyordu. Ben taze anne olarak tam yirmi sekiz gün sütümü sağıp verirken, iki gün aldığım eğitim sonunda otuzuncu gün bebeğimi emzirmeye başladım. Bu inanılmaz bir olaydı; hem benim hem etrafımdakiler için.

Büyüklerimiz sürekli "Bu çocuk biberona alıştı artık, hayatta senin memeni tutmaz," derken ben emzirmeye başlamıştım. Nasıl mı oldu? Benim annelikle ilgili DNA kayıtlarımı değiştirerek. Aldığım eğitimde kas testi denilen bir uygulama vardı. O teste göre;

- ANNE OLMAK BİR GÖREVDİ.
- ANNE OLMAYI HAK ETMİYORDUM.

Ne demekti şimdi bu?

Bilinçdışı zihnim anne olmayı bir görev olarak görüp ve bu görevi hak etmediğine inanıyordu, bu durumda anne olmakla ilgili kayıtlarımın değişmesi gerekiyordu. Annelik tanımı bende hiç yoktu.

Bu tanımın olmamasının sebebi ise annemle aramda 16 yaş olmasıydı. Her zaman bizi abla kardeş zannederlerdi. Dolayısıyla benim kayıtlarımda annem yok, ablam vardı. Theta frekansında ben DNA kodlarımdan bunları değiştirmeyi öğrenmiştim.

"Allaaahhh tutmayın beni, her şeyi değiştirebilirim, ohhh hayat bana güzel," diyemedim tabi en başta. Ama içten içe bu şekilde hissediyordum.

Bir kişinin en zorlandığı konu ise kendiyle yüzleşmek ve değişmektir.

Ben kararlı olanlardandım ve bu işin peşini bırakmadım.

Hadi o zaman değişim başlasın!

DEĞİŞİM ZAMANI

Eğitimde bir ben vardım, bir de tekrara gelen bir kız. Hemen uygulamalara başladık ve karşılıklı beden taraması dediğimiz bir uygulama yapmaya başladık. Eski bir bankacı olarak sol beynimin ağırlıklı çalışmasından dolayı mantığım bu uygulamayı deli saçması bulmuştu bile.

Gözlerimiz kapalı; iki kişi el ele tutuşarak çakralarımıza bakıyorduk, hangisi aydınlık; hangisi karanlık ve neler hissediyorduk, bittiği zaman hepsini paylaşacaktık.

Aman Allahım zihnim beni bloke etti, sanki ben hiçbir şey hissetmedim. Zaten ilk olarak tecrübeli gördüğüm karşımdaki kişinin yorumunu dinledik. En net hatırladığım şuydu;

"Rahmin bir tarafı açık, bir tarafı kapalı!"

Aklıma hemen doktorumun söyledikleri geldi. Hamileyken bebeği bir taraf görüyor, bir taraf görmüyordu. Doktorumun bilimsel olarak açıkladığı bir bilgiyi; bu tanımadığım ve ilk kez gördüğüm kişi nasıl olmuştu da benim alanıma girip hissetmişti.

Ama nasıl?

Aslında çok basitti.

Kuantum fiziğine göre; bilincin tanık olduğu her şey gerçek oluyordu. Kişi bilinciyle bir başkasının alanına rezone olabiliyordu. Yani gözlemci sonucu değiştiriyordu.Bu akıl almaz ancak bir o kadar da muhteşem bir şeydi.

Ben ağlamaya başladım. Çok etkilenmiştim. Bunun üzerine benim negatif DNA kodlarımı test etmeye başladık. Kas testini öncelikle ayakta yapmayı öğrendik. Kas testi nedir diye soracak olursanız; inandığımız şeyleri söylediğimizde bedenimizin bize vermiş olduğu tepki; cevap!

Diğer bir adıyla **Kinesyoloji.** Kas testi bize sadece inandıklarımızı gösteriyordu. Ben de ilk olarak inandıklarımı görünce ve duyunca şok oldum.

Çünkü biz bilinçli olarak dilimizle söylediğimiz çoğu şeyin tam aksine inanıyormuşuz. İnanılır gibi değil. Mesela evlenmek istiyorum diyen birine kas testi yaptığımız zaman tam tersi evlenmek istemediğini görüyoruz.

"KİNESYOLOJİ" Nedir ve Nasıl Yapılır?

Kinesyoloji – Kas testi, her yerde uygulanabilir.

Nasıl yapılır?

Kişi kuzey yönüne dönerek ayakta durur.

Kendini serbest ve rahat bırakır.

Gözlerini kapatır ve herhangi bir inancını olumlu olarak kendi duyacağı şekilde sesli bir şekilde söyler.

İnanç dediğimiz şey dini inançlar ile karıştırılmamalıdır.

Burada bahsedilen inançlar, bizim inandığımız DNA kayıtlarımızdır.

Örneğin bu inanç;

"Hayat çok zor",
"Kendime güveniyorum",
"Âşık olursam acı çekerim",
"Para güçtür"
"Kendimi seviyorum."
"Ben aptalım."

gibi cümleler olabilir. Tüm bunlar bizim birer inancımızdır. Bu inanç cümlelerini söyledikten sonra, bedenimiz öne veya arkaya hareket eder.

Kas testi öncesinde bedenin susuz olmadığına dikkat edilmelidir.

PEKİ, BEDEN NASIL HAREKET EDİYOR?

Bilinçdışı kasları yönlendirerek bizim neye inandığımızı gösteriyor. Kasları sıkarak veya gevşeterek bedenimizi öne veya arkaya itiyor. Kişi bunun istemsiz bir şekilde olduğunu görüyor ve dolayısıyla biraz da şaşırıyor. Bedenin öne ya da arkaya gitmesi bize neyi gösteriyor? Söyleyeceğimiz inanç cümlesinin doğru olup olmadığını anlamak için "EVET" ve "HAYIR" cevaplarını almamız gerekiyor.

Bu cevapları bize kaslarımız veriyor. Genellikle öne doğru olan hareketler "EVET" olarak çıksa da bazen bu yön arka taraf olabiliyor. Öncelikle "EVET" yönümüzün neresi olduğunu anlamak için kuzeye dönüyoruz ve sadece "EVET EVET EVET" diyoruz. Bedenimiz nereye doğru hareket ederse orası bizim "EVET" cevabı alacağımız yöndür.

Örnekle açıklamak gerekirse: Önce siz, sesli olarak "EVET" diyorsunuz ve bedeniniz öne doğru gitti diyelim. Sonra da inanç testine başlıyoruz. *"Âşık olursam acı çekerim"* dediğinizde de bedeniniz öne gidiyorsa; evet, bu inanç sizin hücrelerinizde kayıtlı demektir. Bu inancın sizde kayıtlı olması demek; siz, her âşık olduğunuzda acı çekeceksiniz demektir. Çünkü hücrelerinizde DNA kodlarınız aşkla acıyı birleştirmiştir. Bu inancı değiştirmek ve diğer inançlarınıza da bakmak gerekir.

"Âşık olursan en kötü ne olur?" sorusunu sorup aldığımız cevapları da Theta frekansında değiştiriyoruz.

Çalışmamız bitince tekrar kuzey yönünde ayakta durdurarak aynı inancı test ediyoruz. "Âşık olursam acı çekerim" dediğinizde, daha önce öne giden bedeniniz; şimdi arkaya gidiyor. Bedenin ters yöne gitmesi bu inancın değiştiğini gösterir.

Siz de hemen ayağa kalkarak kendinizdeki inandığınız DNA kodlarına bakabilirsiniz.

Önce "EVET" ve "HAYIR" diyerek bedeninizin yönlerini bulun.

Ne yönde gideceğinizi anlamadıysanız internet sitemizde uygulamalı olarak yer alan videolardan daha detaylı izleyip yapabilirsiniz.

(yesimkuzu.com)

Instagram @yesimkuzu

ÖRNEK TEST EDİLECEK DNA KODLARI:

"KENDİMİ SEVİYORUM."
"KENDİMDEN NEFRET EDİYORUM."
"BEN ŞANSLIYIM."
"BEN GÜZELİM."
"HAYAT ZOR."
"PARA ZOR KAZANILIR."
"SEVİLİYORUM."
"DEĞERLİYİM."
"MUTLUYUM."
"SAĞLIKLIYIM."
"HUZURLUYUM."
"BOLLUK BEREKET İÇİNDEYİM."
"BEN YETERLİYİM."
"SEVGİYİ HAK EDİYORUM."
"NEŞELİYİM."
"KADIN OLMAYI BİLİYORUM."
"FAKİRLİK YEMİNİM VAR."
"KITLIK BİLİNCİNDEYİM."

Aklınıza gelebilecek her türlü cümleyi söyleyip test edebilirsiniz.

Burada tek önemli nokta cümlelerin olumlu söylenmesi gerekmektedir. Gözler mutlaka kapalı olmalıdır. Eğer bu kayıtlar negatif çıkarsa mutlaka değiştirilmelidir. Sizlere kolay gelsin.

DEVAM EDEN DÖNÜŞÜMLER

Eğitimden sonra öğrendiğim her şeyi uygulamaya başlamıştım. Kızımda ve kendimde durmadan çalışmalar yapıyordum. Bir ay boyunca sütümü sağıp verdikten sonra, kendi DNA kodlarımı değiştirince kızımı 18 ay emzirdim.

Kızıma, gece ve gündüzün tanımını hücrelerine, Theta frekansında indirdik. O günden sonra hiç uykusuzluk çekmedik. Şimdi, indirdik deyince nasıl yani diyebilirsiniz. İngilizcede "*download*" kelimesini düşünün. Türkçe sözlük anlamı *indirmek*, nasıl ki bilgisayarınıza oyun indiriyorsunuz; onun gibi, biz de DNA'mıza oyun değil ama doğru kodları indirince o kod bizde çalışmaya başlıyor.

Bilmediğimiz duyguları hissedemeyiz, hissedemeyince de onu yaşayamayız. Hissetmek için de bu "*indirme*" işlemi bire bir işe yarar. Kızımın DNA'sına bilmediği hisleri indirip çalışmasını sağlayan bir teknik bulmuştum, daha ne isterdim ki?

Ama şöyle bir sorunumuz vardı. Önce annenin bu hisleri bilmesi gerekiyordu. Bebeğe bu kod tanımlansa bile anne bilmediği için bazen işe yaramayabiliyordu. Neyse ki kendimdeki negatif DNA kodlarını bulmakta hiç zorlanmadım. Kas testi süper bir şekilde işe yarıyordu.

Kayıtlarımızı bulmak için yazmak beyni çalıştırıyordu. Gün içerisinde en çok kullandığımız cümleler, annemizden– babamızdan veya çevremizden duyduğumuz cümleler, en çok tepki verdiğimiz sözlerdir. Bunları fırsat buldukça yazarsak neye inandığımızı bulmak çok kolay ve keyifli oluyordu. Her gün uygulama yapıp kendimde birçok negatif kodu bulup dönüştürüyordum. Birdenbire şunu fark ettim; "Kızım henüz bebek ve ben henüz çalışmaya başlayamam, en az bir yıl kadar evde oturup kızımı büyütürüm. Bu öğrendiklerimi de kimseye uygulayamam."

Şimşekler çaktı sanki. Neden kızım bebek diye kendimi engelliyordum? Bu uygulamaları kullanmak için yan yana veya yüz yüze olmak gerekmiyordu. Uzaktan bile birine uygulama yapabiliyorduk. O zaman neden şimdi ben evde oturduğum yerden uygulama yapmıyordum ki?

Yaşam koçluğu aldığım zamanlarda kendime bir blog hesayfası açmış, yazılar yazıyordum. Bu konu ile ilgili hemen yazılar yazdım. Theta tekniğini ve DNA'da nasıl değişim olacağını anlatan bir yazı yayınladım. Bu konuyla ilgili uygulamaları uzaktan da yapabileceğimi yazdım. Sosyal medya hesaplarımdan duyurular yaptım.

Tüm bunları kendi üzerimde dört ay çalıştıktan sonra yaptım çünkü en önemli korkularımı ancak temizlemiştim. ☺

Bu süreçte ilk talep gelmişti. Tanıdığım birinden. Heyecanlanmıştım. Aslında çok da yüz yüze tanıdığım biri değildi. Sosyal medya üzerinden tanıştığım bir şarkıcı, NİL ÖZALP, benden bireysel bir çalışma talep etti. Kendisi ve arkadaşı için. Öncelikle, kendisine bir bebeğimin olduğunu söyledim. "Sorun değil bebeğini de alıp bize gelirsin, bizim evde yapalım," dedi. "Tamam," dedim. Eşimin bizi götürmesi için hafta sonuna sözleştik. Tüm çalışma kâğıtlarımı, notlarımı alıp gittim. Her şeyi eksiksiz yapmak istiyordum. Tabii ki sonucunda ne olacağını bilemiyordum. Hem ünlü biriyle çalışacaktım hem karşılığında para alacaktım. Hizmet satmak, çoğu insana göre çok zordur. Ama inandığın her şeyi satabilirsin. Ben yaşadığım dönüşümler sonucunda, öylesine inandım ki bu tekniğe, sonuçta çok güzel başarılara imza attım.

Çalışmamız, müzik piyasasında yeni bir albüm çıkarmak isteyen bir şarkıcıylaydı. Çok güzel bir uygulama sonucunda sevgili NİL, çok geçmeden önemli bir müzik firmasıyla sözleşme imzaladı.

Kendisi çok memnun kaldığı için ajansından bana çalışma teklif etti. Haftada iki üç gün bebeğimle birlikte çalışmayı kabul ettim. Çalıştığım kişilerin arasında hepimizin tanıdığı pop şarkıcılar, menajerler vardı. Benim için güzel deneyimler oldu.İki hafta sonunda eşimin bir ayda kazandığından daha fazla para kazandım. Bu imkânsız mıydı? Hayır! Çünkü parayla ilgili kendimde o kadar çok negatif DNA kodu değiştirmiştim ki, sonuç bana bu şekilde yansıyordu.

Blog sayfamdan bireysel çalışma talep eden kişilerle görüşmeye başladım. Öncelikle telefonla uygulama yapıp, bunların sonucunu değerlendirdim. Sonuçlar beklenmedik şekilde hızlı geliyordu. Herkesin şaşırdığı ortak konu, çalışmanın uzaktan nasıl bu kadar etkili olduğuydu. Çünkü bu teknikte uygulayıcı, bilincini Theta frekansında kişinin alanına gönderip, onun DNA'sında bu değişimi izliyordu.

Peki, bu frekanslar nelerdi?

THETA FREKANSI NEDİR?

Beynimizin yaydığı bazı frekanslar vardır. Bunlar;
Alfa (8– 12 Hz)
Beta (13– 30 Hz)
Theta (4– 8 Hz)
Ve Delta (0.1– 4 Hz) 'dır.

(Beyin dalgalarını 1924 yılında keşfeden Alman Psikiyatr Hans Berger ile başlayan laboratuvar testleri sonucunda beynin alfa, beta, theta ve delta dalgaları diye adlandırılan elektriksel etkinliklerde bulunduğu saptanmıştır.)

Beta frekansı, bilinçli yaptığımız, gün içinde yaydığımız frekansımızdır. Alfa frekansı uykuya dalmak için yaydığımız frekanstır. Kendimizde yaptığımız kuantum çalışmaları ve olumlama telkinlerini bu frekansta bilinçaltımıza kaydederiz. Yaptığımız her olumlama ve inanç değişikliği için 21 günlük periyotları, 3 ay devam ederek bilinçaltımıza kaydedip sonuçları görmeye başlarız. Kişi kendi üzerinde alfa frekansında çalıştığında 3– 6 ay arasında yeni inancını DNA'sında aktif hale getirir.

Theta frekansında ise bu değişim hemen, "o an" olur.

Theta frekansına, derin meditasyon ve uyku hali diyebiliriz.

Bu frekans, bilinçaltımızın yaydığı frekanstır.

Çocukların 6 yaşına kadar beyinleri theta frekansından ağırlıklı yayın yaparlar Yani daha da açacak olursak, 0– 2 yaşta delta frekansından, 2– 6 yaş theta frekansından 6– 12 yaş ise beyinleri alfa frekansından daha çok yayın yapar.

Bilinçaltımızda kayıtlı tüm negatif inançları theta frekansında anında değiştirebiliriz. Çocukların en yaratıcı olduğu dönemde beyinleri her şeyi kaydederler. O yüzden çocukların ilk 6 yılı çok önemlidir ve bu nedenle ailelerin bu döneme çok dikkat etmeleri gerekmektedir.

Delta frekansı; Derin rüya görme halidir diyebiliriz.

"Theta rüya durumunun ilk aşamasıdır."

"Theta hipnoz seanslarında kullanılır."

"Theta bilinçaltı olarak düşünülebilir."

"Theta hatıraları ve duyguları tutar."

"Theta tutum, inanç ve davranışları yönetir".

"Theta, yaratıcı, ilham verici ve çok spritüaldir."

"Theta bilinç halinin altında hareket etmenize olanak sağlar."

VİANNA STİBAL

KENDİ YOLCULUĞUM DEVAM EDİYORDU

Bir yıl, iki ay boyunca hem kendime hem de başkalarına bireysel uygulamalar yaptım. Sonra bu kadar etkili olan bu tekniğin eğitmeni olmaya karar verdim. Eğitmen olup, isteyen herkese bu tekniği öğretmek için kolları sıvadım. Öncelikle Theta frekansında hayal kurduğumuz zaman daha çabuk gerçekleşeceğini öğrenmiştim. Bu konuda Theta frekansında hayallerimi kurup beklemeye başladım. Eşimin birinden alacağı vardı. Eşime bir çalışma yaptım, dört gün sonra adam parayı hesabımıza yatırdı. Eşim bana söz vermişti, bu parayı alırsam "eğitmenlik" eğitimine gidebilirsin demişti. Tabi dört gün içinde paranın geleceğini hiç tahmin etmiyordu. ☺

Pasaport başvurularımı yaptım ve hemen kendime eğitmenliğin olduğu ülkeye gidiş dönüş bilet aldım. Henüz vizeye başvurmamıştım bile. Çoğu kişi vizeyi alamayacağımı düşünüyordu. İlk kez gidenler için zor vize verdiklerini söyleyip duranlar vardı. Ama öncelikle ben kendimde çalışma yaptım.

"Keyifle kolaylıkla ve rahatlıkla vizemin onaylanacağını biliyorum."

"Eğitmen olmanın nasıl bir his olduğunu biliyorum."

"İşlerimin kolaylıkla ve keyifle sonuçlanmasının nasıl bir his olduğunu biliyorum."

"Eğitmen olmayı hak ediyorum."

"Kendime güvenmenin nasıl bir his olduğunu biliyorum."

"Bolluk bereket içindeyim."

"Ben her konuda şanslı olmayı biliyorum."

"Yeterli olmanın nasıl bir his olduğunu biliyorum."

Bu kodları DNA'ma indirdim. Evet! Evet! Gülmeyin, siz de indirin çalışıyor.

Vizem onaylandı. Ben eğitime gittim, sertifikalarımı aldım ve Türkiye'ye döner dönmez daha önce bireysel çalışmalar yaptığım bir danışanıma eğitim verdim. Hayat benim inandığım her şeyi bana sunmaya devam ediyordu.

KÖK İNANÇLAR NASIL OLUŞUYORDU?

Daha önce de bahsettiğim gibi oturup kalkıp, kendi üzerimde dört ay boyunca kök inançlarımı bulup bulup değiştiriyordum. Bu inançlar neydi? Nasıl oluşuyordu? Öncelikle 0– 6 yaşlarında anne– babamızdan ve çevremizden çok fazla duyduğumuz her şey kök inançlarımızı oluşturabilir. Bebekler, anne karnından itibaren annenin duygularını, hislerini, yaşadığı olumsuz her şeyi hissederler ve bu yaşananların kendisinin bir parçası olduğunu zannederler. Doğduğu zaman da negatif durumlar devam ediyorsa eğer, bunları kaydetmeye devam eder.

Genetikten aktarımlar yedi nesile kadar olur.

Bunlar yalnızca boy, kilo, göz rengi olarak değil, negatif DNA kayıtları, hastalıklar olarak da aktarılır. Ayrıca son yıllarda yapılan çalışmalarda, toplum bilinciyle birlikte on üç– on dört nesile kadar aktarımların olduğu bulunmuştur.

Toplum bilinci de bizler için çok önemlidir. Hangi

toplumda yaşıyorsak, bizim inandıklarımız, örf ve adetlerimiz, göreneklerimiz, hepsi bizim üzerimizde etkilidir. Kolektif bilinçdışı kayıtları dediğimiz bu kayıtlar da bizde mevcut olabilir.

Ayrıca kök inançlarımız, ruh olarak dünyaya gelmeden önce vermiş olduğumuz sözler ve yeminlerden de (bazı kaynaklarda kontrat olarak da geçer) oluşabilir.

Bunlar da DNA'mızda kayıtlıdır.

Ruh, her şeyi bilir. Sadece bazı şeyleri dünyaya geldiğinde hatırlamaz.

NEGATİF DNA KAYITLARI BİZİ NASIL ETKİLER?

Söylediğimiz her söz, her düşünce bizden çıkar ve bize bumerang misali tekrar geri döner. Titreşim yasası gereği, tüm evrenin yapısı bunun üzerine kurulmuştur. Her maddenin ve her insanın titreşimi vardır. İnsan bedeninde her organın da bir titreşimi vardır. Biz negatif düşündüğümüzde ya da konuştuğumuzda o titreşimleri bozmaya başlarız. Dünyaya gönderildiğimiz andan itibaren hepimizin titreşimi koşulsuz sevgi titreşimi olmasına rağmen, büyüdükçe bu titreşimler DNA'mızdaki kodlara göre de şekillenir. Koşulsuz sevgi yerini, artık koşullu sevgi ve diğer negatif duygulara bırakır.

Örneğin, biz büyürken anne, babamız veya bize bakan kişiler sürekli olumsuz sözler söylüyorsa, bizim ilkel beynimiz bunun doğru olduğuna inanır ve kaydeder.

Çünkü anne babamızın söylediği her şey bize göre, özellikle 0– 6 yaş aralığında doğrudur. Bizim en güvendiğimiz kişiler onlardır. Onların söylediklerini DNA'mıza hiç sorgulamadan yerleştiririz.

Büyürken ailemizden duyduğumuz olumsuz cümlelerden bazıları;

– Koşma, düşersin.
– Sen yapamazsın, otur.
– Beceriksizsin.
– Sakarsın.
– Küçükler bilmez.
– Senin yüzünden kardeşin düştü.
– Ben sana demedim mi? Sus.
– Sabırsız.
– Çok konuşma.
– Paramız yok alamayız.
– Hayat çok zor.
– Nazar değdi.
– Yıldızı düşük bunun.

Büyüklerimiz bu sözcükleri bizim iyiliğimiz için söylerler. Ama ne yazık ki ilkel beynimiz iyilik için olduğunu anlamaz. Doğru kabul edip, kaydetmeye devam eder. Mesela bu örneklerden gidecek olursak; Anne çocuğuna sürekli "Beceriksiz" diyorsa çocuk bunu bir zaman sonra kabul eder ve "Ben nasıl olsa beceriksizim," diyerek büyüdüğünde yeni bir işe başlayamaz.

Ya da sürekli "Paramız yok alamayız!" sözünü duyan bir çocuk ilerde parası olsa da hiçbir şey alamayacağına inanır ve o parayı çar çur ederek mal sahibi olamaz.

"Koşma düşersin" sözü de çocuklarda "Koşarsam düşerim" inancını güçlendirir. İlerde hiçbir spor faaliyetlerine katılamaz veya başarılı olamaz.

Çocuklarımıza ne söyleyeceğimize dikkat etmeliyiz. Güzel sözler söyleyerek onların DNA'sını programlamalıyız.

"Koşma, düşersin" yerine "Yavaş yürü" diyebiliriz.

"Paramız yok" yerine, "Henüz buna ayıracak bütçemiz yok" ya da "Şu an yok" diyebiliriz. "Henüz" kelimesi de bizim için önemli bir kelimedir.

"Henüz evim yok"

"Henüz arabam yok" gibi günlük hayatımızda kullanabiliriz. Çocuğumuza "Yapamazsın" demek yerine "Yapabilirsin" diyerek motive edebiliriz. "Sen değerlisin, seni seviyorum," cümlelerini ise sürekli içtenlikle çocuklarımıza sarılarak söylemeliyiz. Çocuklarla etkili konuşmak için onlarla göz göze gelerek ve onların göz hizasına inerek iletişim kurmamız onların bizi daha iyi anlamasını sağlar.

GEBELİK KOLESTAZI BİTTİ

İlk kızım Hanzade'ye hamile olduğum otuzuncu haftanın sonlarına doğru "Gebelik Kolestazı" denilen bir rahatsızlık yaşadığımı öğrenmiştim.

Bana, bu rahatsızlığın genetik bir rahatsızlık olduğunu ve doğumdan sonra geçeceğini ama her hafta kan tahlili yaparak, bebeğin kalp atışlarını izleyerek kontrol altında tutulmam gerektiğini söylemişti doktor. Sonrasında ise ben erken doğum yaparak Hanzade'yi dünyaya getirmiştim.

İkinci kızım Kutsal'a hamileyken de doktorum, durumun yine aynı olacağını,

gebelik kolestaznı mutlaka yine yaşayacağımı ve bunu yaşamama gibi bir durumumun söz konusu olmayacağını, değerlerimi kontrol ederek hamileliğimin sonlarına doğru kontrol altında tutmaya çalışacağını söylemişti. Doktorun dediği gerçekleşti.

Kutsal'a hamileyken yine otuzuncu haftada gebelik kolestazı teşhisi kondu.

Kaşınmaya başlamıştım, çünkü hastalık bende oluşmaya başladığında aşırı derecede kaşınma yapıyordu. Kaşınmalarımın sonucunda hemen değerlerimi ölçtürdüm. Değerlerim 30 ile 40 arasında olması gerekirken Kutsal'ın hamileliğinde 720› ye çıkmıştı.

Bu sefer Theta bildiğim için vakit kaybetmeden kendimde çalışmaya başladım. Bu hastalık karaciğerde bulunan enzimlerin yükselmesinden ortaya çıktığı için ve karaciğer öfkeyi tuttuğu için öfke ve kızgınlıklarıma bakmayı tercih ettim. Theta uygulayarak kendime sorular sordum.

"İlk ne zaman bu hastalık başladı?" diye sordum.

İlk hamile olduğum dönemde başlamıştı.

"İlk hamileliğimde neye kızgındım?" diye sordum.

Eşime kızgındım çünkü planlanmayan bir hamilelik yaşıyordum.

Hemen neden çocuk oldu, daha bekleseydik, bir yıl karı koca birlikte gezip dolaşsaydık, diye düşünüyordum.

O an bunlar aklıma gelmişti. O dönemde yaşadığım bütün bu negatif duyguları

Theta frekansında dönüştürdüm.

İkinci hamileliğimde ise aynı soruları yönelttiğimde babama kızgın olduğum aklıma geldi. Çünkü ben Kutsal'a iki buçuk aylık hamileyken babam vefat etmişti.

Yaşayacak daha çok şeyimiz olmasına rağmen neden beni bırakıp gitti diye kızgındım.

Bu dönemde yaşadığım babama olan öfkemi, babamın öldüğünü kabul ettim ve ona olan duygularımı temizledim.

Öfkelerimi temizlediğim anda daha doğum bile yapmamışken değerlerim normale dönmüştü. Doktorum bana değerlerimin çok iyi olduğunu söylemişti ve ben doğuma gebelik kolestazı ile uğraşmadan girmiştim.

İSTİYORUM HATASI

"Araba istiyorum."
"Ev istiyorum."
"Çocuk istiyorum."
"İş istiyorum."
"Sevilmek istiyorum."
"Mutlu olmak istiyorum."
"Aşk istiyorum."
"Huzur istiyorum."

İstiyorum dedikçe YOK enerjisi yayarız. Böyle dedikçe de hep isteme hâlinde kalırız.

Eyleme geçmeden de isteklerimize ulaşamayız. İstiyorum yerine BİLİYORUM diyeceğiz.

BİLİYORUM KELİMESİNİN SİHRİ

"Bilmiyorum" derseniz, bilmeyeceksiniz. "Asla yapamam" derseniz, asla yapamayacaksınız. "Tanrı'nın sevgisine layık değilim" derseniz, o sevgiyi asla alamayacaksınız. Böyle konuştuğunuzda, böyle düşünüyorsunuz demektir. Ve eğer böyle düşünüyorsanız, bu düşüncenin hissi ruhunuza kaydolacak ve ruhunuz düşüncenizi bir realite olarak tezahür ettirecektir. (Weinberg:240) [1]

Weingberg' in kitabına göre, bizler birer bilgisayar gibiyizdir ve bilgisayarımızın içini sürekli kuşkularla, yoksunlukla, eksikliklerle ve bilmemekle doldururuz. Bizler, kendi hayatımızı zorlaştıran kişilerizdir. Ona göre, bilmemiz inandığımızı göstermez. *"İnanmak varsayıma dayanır; bilmek ise mutlaktır. Bilişi getiren tek şey bilmektir." (241)* der. Ona göre, bir şeye inandığımızda, o şeyin gerçekliğini bilmiyorsak, hiç deneyimlemediy-

1 Steven Lee Weinberg, *Ramtha Beyaz Kitap,* çev. Semra Ayanbaşı, Akaşa Yayın ve Dağıtım Ltd.Şti. İstanbul,2003.

sek; ruhumuz, o şeyi bize zorla inandırmaya çalışır. İnsanlar tarih boyunca aydınlık kavramını bilgi ile, bilmek ile bağdaştırmıştır. Kitapta bahsedilen Ramth' ya göre de bilmek, aydınlanmak demektir hem de *"kuşku, inanç, iman ya da umut olmadan" (241)* aydınlanmaktan söz eder. Bilmek, bilginin gerçekliğine ulaşmaktır. Eğer bilme eylemine deneyim yoluyla ulaşırsak, artık bilgiye inanmak için kendimizi ikna etmemize gerek kalmaz çünkü bilgi artık bize aittir.

Weingberg bu kitabında şöyle der; *"Eğer tüm sözcüklerinizi alıp, size yalnızca birkaç sözcük verebilseydim, onlar şunlar olurdu; "Şimdi biliyorum. Kesinlikle eminim. Tamamım. BEN'İM." Eğer bunlardan başka sözcük olmasaydı, artık bu dünyayla sınırlı olmazdınız." (243)*

Kelimelerin gücüne inanın, çünkü sınırlarınızı belirleyen şey kelimelerdir. Eğer siz bilmiyorum derseniz, bilmeyeceksiniz. Biliyorum derseniz, öğrenmeye başlayacaksınız. Ramth' ya göre bilmek hiçbir şeyin ölçüsünü belirlemez. Bilmek yalnızca düşündüklerinizin olmasını sağlar çünkü düşüncelerinizin önüne set çekmez.

Ne güzel anlatmış Weingberg. O nedenle biz; bir hissin nasıl bir his olduğunu, "BU HİSSİ BİLİYORUM" şeklinde, tüm hücrelerinize indirme işlemini yapıyoruz.

HER ŞEY BU KADAR KOLAY MI?

"Biliyorum" deyip DNA'mızı kodlayınca hemen etkisi görülüyor mu?

Hayat bu kadar kolay mı?

Her şeyde işe yarar mı?

Bilmediğim bir şeyi nasıl olur da biliyorum diye söylerim?

Siz çocuk mu kandırıyorsunuz?

☺ Kafanızda deli sorular ☺

Hayır, tabii ki zorlu süreçler var ancak bu süreçleri atlatmak Theta frekansında çok kolay ve bir o kadar da keyifli. "Biliyorum" deseniz bile maalesef ki, çoğu kişide bu sözler işe yaramayacak. Çünkü daha önce de bahsettiğimiz negatif kök DNA kayıtlarımız daha baskındır. Orada neye inandığımız çok önemlidir. Siz eğer, aşkın acı çekmek olduğuna inanıyorsanız, âşık olmanın nasıl bir his olduğunu DNA'nıza indirseniz bile bu program sizde çalışmayacaktır. Çünkü sizin bilgisayarınızda "AŞK ACI ÇEKMEKTİR" kök programı vardır. Bu da sizin bilgisayarınızı durduracaktır. Öncelikle bu kök programını temizleyip, sonrasında doğru programı indirmek gerekir.

KÖK PROGRAMLARI NASIL BULACAĞIZ?

Kök programlarını bulmanın farklı yöntemleri vardır. Theta frekansında, biz uygulayan kişi olarak öncelikle kişilerin negatif enerjilerini temizleriz.

Kişi, hangi konu ile gelirse gelsin, o ana kadar biriktirdikleri tüm enerji bedeninde saklıdır. Bazıları bu enerjiyle çok hasta bile olabilir.

Bu enerjilerden bazıları yoğun öfke, yoğun endişe, yoğun korku veya göz, nazar enerjileri gibi bizi kötü etkileyen enerjilerdir. Bu enerjileri temizlerken biz bilincimizi kolay bir meditasyon yöntemiyle, kendi alanımızdan çıkartarak, Yaradan'ın sevgi enerjisiyle buluşturup "OL" seviyesinde DNA kayıtlarını değiştirebiliyoruz. Kendi bedenimizi kodlayabiliyoruz ve başka birinin bedeninde rezone olabiliyoruz. Kendi alanımızdan çıkmak bize kendimize ve başkasına başka bir pencereden bakma şansı veriyor. Bu pencere bizi, Yaradan'ın koşulsuz sevgisine götürüyor. Yaradan ile her buluşma anında beyin, Theta dalga frekansından yayın yapar. İçten dua ederken, namaz kılarken veya derin meditasyon anında bu frekansa rahatlıkla geçebiliyoruz.

Beta frekansında ise bizi engelleyen birçok negatif DNA kodlarımızın farkına varabiliriz ancak değiştiremeyiz, o nedenle Theta frekansında kalıcı olarak negatif tüm DNA kayıtlarımızı kolayca değiştirebilir, şifaya tanık olabiliriz. Bunu yapmak için üstün bir yeteneğe sahip olmanız da gerekmez. Herkes bu koşulsuz sevgiye tanık olabilir. Bilincin tanık olduğu her şeyi hayatımızda gerçekleşmiş kabul ediyoruz.

Biz kişiyi enerjisel olarak temizlediğimiz anda, o kişinin alanında rezone olduğumuzdan dolayı o da bizimle birlikte theta frekansından yayın yapmaya başlar.

Kök inançları bulmak için kendimize ya da kişiye bazı sorular sorarız.

Kişi o anda theta frekansında olduğu için uygulayıcının sorduğu bu sorulara ruhunun derinliklerinden gelen cevaplarla karşılık verir.

Bu da bizi KÖK programlara götürür.

Kök inancı bulmak için *"İlk ne zaman başladı?"* sorusu önemli bir sorudur.

Sorunlarımızın veya hastalıklarımızın ilk başladığı anlarda hayatımda neler oluyordu ve ben ne hissettim?

Duygum neydi?

gibi sorular sorarak kendimiz köke inebiliyoruz.

Duygularımızın farkına vardığımız zaman almamız gereken dersleri de kolayca alıyoruz.

İşte kök inancı bulduğum ve bireysel danışmanlık yaptığım bazı hikâyeleri bundan sonraki bölümde okuyabilirsiniz. (Bu hikâyelerdeki isimler tamamen değiştirilmiştir.)

ANNE OLMAK İSTİYORUM.

Bir kadın için en doğal istektir anne olmak. Peki, ya gerçekten istemiyorsa? İşte bunu görmek için kas testi yapmalıyız.

Aliye Hanım, bana geldiğinde "Anne olmayı o kadar çok istiyorum ki, tek hayalim bu" demişti.

– Yeşim Hanım, benim gelme amacım bebek. Yani o kadar çok istiyorum ki... Tüp bebek de denedik ama olmadı.

Ne yazık ki olmuyor. Aslında hiçbir engelim yokmuş ama neden olmuyor anlamadım.

– Hemen, kas testi yapalım olur mu? diye sordum.

– Tabii ki nasıl yapacağız? dedi Aliye Hanım.

– Kas testi, aynı zamanda kinesyoloji de dediğimiz bir bilim dalıdır. Beden, inandığınız veya inanmadığınız şeylere farklı tepki verir.

– Sizi ayağa alıyım. Gözleriniz kapalı olsun ve önce sesli olarak sadece EVET diye söyleyin bakalım. Bedeniniz öne mi yoksa arkaya mı eğilecek? "EVET" (beden hafif öne doğru eğildi)

– Şaşkınım sanki biri beni öne itti, dedi.

– Güzel şimdi de HAYIR diyelim.

– "HAYIR" (beden arkaya doğru eğildi)

– Dizlerimden sanki biri beni arkaya itti.

Çok enteresan.

Şimdide şunu söyleyin:

"Ben anne olmayı hak ediyorum."

Aliye Hanım sesli bir şekilde gözleri kapalı olarak cümleyi söyler;

"BEN ANNE OLMAYI HAK EDİYORUM!"

– Aaa arkaya gittim yani hayır mı demek oluyor?

– Ne yazık ki anne olmayı hak etmediğinize inanıyorsunuz. Bir de şunu söyleyin:

"Çocuğumun olmasından korkuyorum."

– Öne gidiyorum.

Aslında hiç korktuğumu düşünmezdim.

– Şimdi oturabilirsiniz ve ben size sorunun nereden kaynaklandığını bulacağımız soru– cevap yöntemimizle sorular soracağım.

– Peki, çok heyecanlıyım ve çok üzüldüm. Nasıl olur da korkarım!

– Üzülmeyin. Bu durumu çözmek için buradasınız. Şimdi gözlerinizi kapatın ve benim sorduğum sorulara ilk aklınıza gelen cevabı söyleyin lütfen.

Öncelikle Aliye Hanım'ın bedeninde negatif enerji temizliği yaptık ve sonrasında ise sorularımı sordum.

– Çocuğunuz olursa sizce en kötü ne olur?

– Özgürlüğüm kısıtlanır.

– Sonra ne olur?

– İşimi kaybederim.

Sonra ne olur?

Sanırım çocuk olduktan sonra eşimin maaşı ile geçinemeyiz.

– Sonra ne olur?

– Hayallerimi gerçekleştiremem ve mutsuz olurum.

– İlk ne zaman mutsuz oldunuz?

– Ben küçükken, babam bana yaz tatili geldiğinde bisiklet alacağına dair söz vermişti ama bana o yaz bisiklet almamıştı. Kendimi çok mutsuz hissetmiştim.

– Ne öğrendiniz bu durumdan?

– İstediklerim hemen olmaz, diye düşündüm ve beklemeyi, sabretmeyi öğrendim çünkü babamın işleri kötü gidiyormuş. Bana tekrar söz verdi ve bir yıl sonra bisiklet aldı.

– Tamam, şimdi yine kas testi yapalım. Şunu söyleyin;

"İstediklerimin olması için beklemek zorundayım."

EVET!

Aliye Hanım, kas testinde tekrar öne doğru gitti. Bu durumda Aliye Hanım istediklerini elde etmek için beklemesi gerektiğine inanıyor.

Aliye Hanım'ın şimdiki isteği ise çocuk sahibi olmak ve sebepsiz yere çocuğunun olması için bekliyor.

Yaşayarak öğrendiğimiz bu hayatta, çok şey deneyimliyoruz.

Kâh gülüyoruz, kâh ağlıyoruz.

Öğrenirken hep bir şeyleri doğruymuş, gerçekmiş gibi kaydediyoruz.

Gün gelip de benzer bir şeyle karşılaşınca bu kayıtlar daha da pekişiyor ve kalın bir duvar gibi bizi çepeçevre sarmalıyor.

Öyle kalın bir duvar oluyor ki, kimse bu duvarın yıkılması gerektiğine sizi inandıramıyor. Oysa bu duvar yıkıldığında Yaradan tarafından sizin için hazırlanan daha güvenli, keyifli ve neşeli bir hayat sizi bekliyor

Aliye Hanım'ın "İstediklerimin olması için beklemek zorundayım" inanç programını; "Yaradan'ın tanımıyla istediklerimin istediğim zaman benim ve bütünün hayrına olacak şekilde gerçekleşmesini biliyorum" şeklinde değiştirdik.

Neden Yaradan'ın tanımı diyoruz?

Çünkü Yaradan'ın tanımı tektir.

Gerçektir, saf tanımdır.

Kaynaktır.

Özdür.

Koşul ve şart yoktur.

Bu tanım, koşulsuz sevgiden işler.

Buyeniprogramıçalıştırmakiçindeyenihislerindirdik. Kök inancı bulunca bu inancı destekleyecek hisleri de DNA'sına tanıtmalıyız ki, program sorunsuz çalışsın.

BU ÇALIŞMA İÇİN ÖRNEK HİSLER:

"İSTEKLERİME KOLAYLIKLA VE KEYİFLE ULAŞMAYI BİLİYORUM."

"ANNE OLMANIN NASIL BİR HİS OLDUĞUNU BİLİYORUM."

"ANNE OLMAYI HAK ETTİĞİMİ BİLİYORUM."

"YARADAN'IN TANIMI İLE ANNE OLMAYI BİLİYORUM."

"ANNE OLMANIN BENİM İÇİN MÜMKÜN VE GÜVENLİ OLDUĞUNU BİLİYORUM."

"ANNE OLMAK İÇİN HAZIR OLMA HİSSİNİ BİLİYORUM."

"ANNE OLMAYA İZİNLİ OLDUĞUMU BİLİYORUM."

"ÇOCUKSUZ KALMA ZORUNLULUĞU OLMADAN YAŞAMAYI BİLİYORUM."

"ANNE OLDUĞUM ZAMAN DA ÖZGÜR OLACAĞIMI BİLİYORUM."

"ANNE OLDUĞUMDA DA İSTEDİĞİM İŞTE ÇALIŞMANIN NASIL BİR HİS OLDUĞUNU BİLİYORUM."

"ANNE OLDUĞUMDA DA BOLLUK BEREKET İÇİNDE YAŞAYACAĞIMI BİLİYORUM."

"MUTLU BİR ANNE OLMANIN NASIL BİR HİS OLDUĞUNU BİLİYORUM."

"MUTLU BİR ANNE OLMAYI HAK ETTİĞİMİ BİLİYORUM."

Kişinin alanına rezone olduğunuz zaman, onun ihtiyacı olan hisler sizin dilinize gelir, siz sadece bunları hissedersiniz, teker teker dilinizden dökülür ve bunları onun DNA'sına, hücrelerine indirmek için izin almak için sorarsınız.

"Tüm bu hisleri bilmek ister misiniz?"

"Evet" dediğinde indirme işlemini onun alanında gözlemleyerek bitirirsiniz.

Biz, Aliye Hanıma seans sonunda çok güzel bir hamilelik hayali, sağlıklı bir doğum hayali, mutlu ve sağlıklı bir annelik hayali kurdurarak çalışmamızı bitirdik.

Aliye Hanım, hayalinde kendisini çok mutlu hissetti. Eğer bu hayalinde, kendini kötü hissetseydi, konu üzerinde çalışmaya devam edecektik.

Hayal ile gerçeği ayırt edemeyen ilkel beynimizi kullanarak, sanki o hayalleri gerçekten yaşıyormuş gibi, hissederek yaptığımızda, tüm hayallerimize daha çabuk kavuşuruz.

Siz de her akşam yatmadan önce theta frekansında iken hayal kurup isteklerinize daha çabuk ulaşabilirsiniz.

BABAMIN BENİ SEVMESİ İÇİN AZ PARAM OLMALI

Semih Bey'in sesi, telefonda ürkek ve puslu çıkıyordu. Öncelikle ben, ona sordum:

– Hangi konu üzerinde çalışmak istersiniz Semih Bey?

– Maaşlı bir işte çalışıyorum, aynı zamanda da biyoenerji terapistiyim ama bu mesleğimden hiç para kazanamadım. Müşteri gelse de bana para vermez, diyorum ve hep ücretsiz yapıyorum bu işi. Dedem dua okuyor ama bana el vermiyor. Ben sana el versem, sen şimdi dua okumak için para alırsın, diyor.

Sanki dedemle ilgili beni durduran bir şeyler var. Para konusunda çalışmak istiyorum.

– Peki babanız ne iş yapıyor?

– Babam kendi işini yapıyordu sonra maaşlı bir işe girdi.

– Önce kas testi uygulamasını yaptığımız için, lütfen ayağa kalkıp size söyleyeceğim inançları test eder misiniz?

"Para ancak maaşla kazanılır." EVET

"Para sınırlıdır." EVET

"Benim fakirlik yeminim var." EVET

"Ben değerliyim." HAYIR

Bu inançları test etme gereği duydum, çünkü para ile ilgili sorunları olan kişilerde genelde bu inançlar vardır.

– İlk ne zaman kendinizi değersiz hissettiniz?

– Arkadaşımla oynuyordum, annesi ona yiyecek verdi, bana vermedi.

– Ne öğrendiniz o zaman?

– Benim hakkım yok, ben almamalıyım

– Bu size olumlu ne kazandırdı?

– Diğer insanları düşünmeyi, anlayışlı olmayı.

Kök inançlar:

"Benim almaya hakkım yok!"

"Anlayışlı ve düşünceli biri olmayı öğrenmek için almamam gerek."

– Bu inançlarınızın değiştirilmesini ister misiniz?

– EVET

Theta frekansında inançlar değiştirilir,

diğer değişiklikler yapılır ve derin kazmaya devam edilir.

– Para sınırlıdır inancı, size ne kazandırıyor?

– Belirli oluyor.

– Çok paranız olursa sizin için en kötü ne olur?

– Babam istemez. Babam beni engeller. Babam engelledikçe kendimi geri çekiyorum.

– Bu size ne kazandırıyor?

– Güvende oluyorum.

Kök inançlar:

"Güvende olmak için kendimi geri çekmeliyim."

"Babamın beni sevmesi için az paramın olması gerekir."

YENİ İNANÇ PROGRAMI:

"YARADAN'IN PERSPEKTİFİ VE TANIMIYLA GÜVENDE OLMAYI VE BABAM TARAFINDAN SEVİLMEYİ BİLİYORUM."

Kendi bereketimizi engellediğimizin farkında mıyız? Sevilmek için parasız kalmayı seçtiğimizi bilseydik buna inanır mıydık? Semih Bey'e ben bunları bilinçli bir şekilde söyleseydim, durumun böyle olduğunu kabul eder miydi?

Hangimiz kabul ederiz ki?

Bilmediğimiz ya da farkında olmadığımız ne kadar çok negatif DNA kodumuz var...

Semih Bey'in tüm negatif kök kayıtlarının yerine olumlu inanç programları ve hisler tüm hücrelerine indirildi.

BU ÇALIŞMA İÇİN ÖRNEK HİSLER:

"GÜVENDE OLMANIN NASIL BİR HİS OLDUĞUNU BİLİYORUM."

"HER DURUM VE KOŞULDA BABAM TARAFINDAN SEVİLMEYİ BİLİYORUM."

"BOLLUK BEREKETLE PARA KAZANMANIN NASIL BİR HİS OLDUĞUNU BİLİYORUM."

"BOL PARA KAZANMAYI HAK ETTİĞİMİ BİLİYORUM."

"HEM SEVİLMEYİ HEM DE BOL PARA KAZANMAYI BİLİYORUM."

"KENDİMİ GERİ ÇEKMEDEN DE GÜVENDE OLMAYI BİLİYORUM."

"PARAYA SINIR KOYMA ZORUNLULUĞUMDAN KENDİMİ SERBEST BIRAKMANIN NASIL BİR HİS OLDUĞUNU BİLİYORUM."

"ALMANIN NASIL BİR HİS OLDUĞUNU BİLİYORUM."

"ALMANIN GÜVENLİ OLDUĞUNU BİLİYORUM."

"ALMA VE VERME DENGESİNİN NASIL BİR HİS OLDUĞUNU BİLİYORUM."

"VERDİĞİM HER HİZMETİN BEDELİNİ TAM VE ZAMANINDA PEŞİN OLARAK ALMANIN NASIL BİR HİS OLDUĞUNU BİLİYORUM."

"PARANIN BİR ENERJİ OLDUĞUNU VE YARADAN'IN SONSUZ BEREKET KAYNAĞINDAN BANA GELMESİNİN NASIL BİR HİS OLDUĞUNU BİLİYORUM.

BİR DAHA ALTIN TAKMAM!

Almanya eğitimlerindeyken, tatlı bir ablamız beni yemeğe götürdü. Yemekteyken benimle tanışmaya gelen biri vardı.

Sohbet esnasında, onunla da bazı kök inançlara ulaşmıştık.

Sohbetimiz şu şekilde oldu:

– Ben altın takmayı hiç sevmem, dedi.

– Neden?

– Yıllar önce bir kuyumcudan beyaz altın almıştım. Meğer kuyumcu bir dolandırıcıymış. Altınlarımın sahte olduğunu öğrendim.

Türkiye'den Almanya'ya gelmeden yıllar önce almıştım bu altınları. Bu sene bu altınları verip yerine yenilerini almak istediğimde götürdüğüm kuyumcu onların sahte olduğunu söyledi.

Ne öğrendin bundan?

– Hiçbir şey, altın almamayı öğrendim.

– Bir daha altın almam.

– Peki, bir daha altın alırsan, en kötü ne olur?

– Benim için altın çok kötü bir şey.

– Neden?

– Yıllar önce kardeşim trafik kazası yaptı. O zaman, yeni evlenmiştim.

– Üzerimde takılar varken, kazanın olduğu yere, kardeşimin yanına gittim.

Eve döndüğümde, kayınvalidem bana çok kızdı.

Bana, "ya seni altınlarla kaçırsalardı" diye bana bağırdı.

Ben o sırada kardeşimin ölmediğine sevinirken, kayınvalidem altınları düşünüyordu.

Bütün altınları çıkarıp kayınvalidemin önüne attım.

O gün bugündür hiç altın takmadım.

Altın kardeşimin hayatından daha değerli değil.

Bilinçdışı, işte böyle bir şey.

Altın takmamasının altında yatan sebep, KAYINVALİDESİNE ÖFKE.

Altın takarsa kardeşini değersiz göreceğini düşünüyordu. (Bu sohbet esnasında yapılan bir çalışma örneğiydi sadece)

PARAM OLURSA BABAM GİBİ SEVGİSİZ OLURUM

– Ben para kazanamıyorum Yeşim Hanım. Ne yaptıysam sürekliliği olmuyor.

Aslında mimarım, para kazanabilirim.

Yaptığım işler hep çok beğenilir ama ödemeleri ya çok geç alırım ya da hiç alamam.

İşimi çok severek yapıyorum.

– Peki, ilk ne zaman işinizi yaptığınız zaman paranızı alamadınız?

– Çok güzel bir proje almıştım, işi bana veren kişi genç bir iş adamıydı ve hatırı sayılır bir kişinin oğluydu. Ben çok tanımasam da onun hakkında biraz çapkındır laflarını duymuştum.

– Sizinle de yakınlaşmak istedi mi?

– İlk başlarda ben anlamadım ama birlikte çalıştığımız bir arkadaşım vardı, o sürekli "Gördün mü adamın sana bakışlarını, resmen seni gözleriyle taciz ediyor" demesiyle niyetini anlamaya başlamıştım. Hiç bana göre biri değildi. Ben ona yüz vermedim. Sonra benimle iş bağlantısı kesildi.

– Neden?

– Ben kendisine yüz vermeyince işi başkasına verdiler.

– Peki bu durumda siz nasıl hissettiniz?

– Çok üzüldüm. İşimi iyi yapan biri olarak, adamı başka yollardan tatmin etmeye çalışmadığım için işi kaybettiğimi düşündüm.

– Daha önce tacize uğradınız mı?

Sevgi Hanım anlatıyordu:

– 5 yaşında tacize uğradım. Anne tarafından bir akrabamızdı. Ben çocukça oyun sandım ama onun için durum hiç de öyle değilmiş.

O, bana hep oyuncaklar getirirdi, çünkü benim en sevdiğim şey oyuncaklardı.

Beni hep öperdi.

Annem ve babam oyuncakları hep çok gereksiz görmüşlerdi. Bu yüzden bana hiç oyuncak almazlardı. "Ablanın oyuncakları yepyeni onlarla oyna" derdi babam."

– Babanız sizi kucaklar mıydı, öpüp saçlarınızı sever miydi?

– Asla, hiç kucağına aldığını hatırlamam, zaten evde çok durmazdı.

– Nerede olurdu?

– İşi gücü vardı, dışardaydı, "Çok para lazım, ben çalışmazsam aç kalırız" der dururdu. Babamdan hiç sevgi görmedim. Hep çok işi vardı.

(Ağlamaya başladı.)

– Peki babanızın sevgisizliği size neyi öğretti?

– Çok çalışmam gerektiğini, babam gibi çok çalışırsam para kazanabilirdim ama ben babam gibi olmak istemiyorum. O, çok duygusuz ve sevgisiz biri. Para kazanıp onun gibi olmaktansa, sevgi dolu biri olmayı tercih ederim.

– Peki sizi taciz eden akrabanız nasıl biriydi?

– O, çok sevgi dolu biriydi hep beni kucağına alır, okşar öperdi. Annem biraz bu durumdan rahatsız olunca bir daha gelmedi bize.

Ben erkekler tarafından sözlü tacize de uğradım.

– Ne öğreniyorsunuz bundan?

– Kendimi korumayı, sınır koymayı ve aynı zamanda en önemlisi; beğenildiğimi, fark edildiğimi, sevildiğimi...

– O zaman kas testi yapalım. Bakalım neye inanıyor hücreleriniz?

– Lütfen, önce EVET diye sesli bir şekilde söyleyin. Bedeniniz öne doğru mu, arkaya doğru mu gidecek ona bakalım. (Evet dediğinde öne doğru eğiliyor, hayır dediğinde arkaya doğru eğiliyor.)

– Peki, gözleriniz kapalı olsun ve şöyle söyleyin:

"Beğenilmek ve sevilmek için tacize uğramalıyım." (EVET)

– Kendimi korumayı ve sınır koymayı öğrenmek için tacize uğramalıyım.

(EVET)

– Tacize uğrayınca seviliyor, beğeniliyor ve de kendi sınırlarınızı koruyorsunuz.

Bu inancınızın değiştirilmesini ister misiniz?

– Kesinlikle isterim. EVET.

YENİ İNANÇ PROGRAMI:

"YARADAN'IN TANIMIYLA SEVİLMEYİ, FARK EDİLMEYİ, BEĞENİLMEYİ VE SINIR KOYMAYI BİLİYORUM" olarak değiştirildi.

– "Para kazanırsam babam gibi sevgisiz biri olurum." Bu inancınızı da test edelim.

– EVET, bu inanç da bende var.

– Peki, bu inancınızın değiştirilmesini ister misiniz?

– EVET, çok isterim.

– YENİ İNANÇ PROGRAMI İSE ŞU OLDU: "YARADAN'IN TANIMIYLA HEM PARA KAZANMAYI HEM SEVGİ DOLU BİRİ OLMAYI BİLİYORUM."

– Bunu bilmek ister misiniz?

– EVET

BU ÇALIŞMA İÇİN ÖRNEK HİSLER:

"PARA KAZANMAYI BİLİYORUM."

"YARADAN'IN PARA KAZANMA TANIMINI BİLİYORUM."

"PARA KAZANMAYI HAK EDİYORUM."

"SEVGİ DOLU OLMAYI VE AYNI ZAMANDA PARA KAZANMAYI BİLİYORUM."

"TACİZE UĞRAMADAN SEVİLMEYİ BİLİYORUM."

"YARADAN'IN SEVGİ TANIMINI BİLİYORUM."

"TACİZE UĞRAMADAN BEĞENİLMEYİ BİLİYORUM."

"YARADAN'IN BEĞENİLME TANIMINI BİLİYORUM."

"KENDİ SINIRLARIMI KORUMAYI VE NEREDE SINIR KOYACAĞIMI BİLİYORUM."

"TACİZE UĞRAMA ZORUNLULUĞUNDAN KENDİMİ SERBEST BIRAKMA HİSSİNİ BİLİYORUM."

"TACİZE UĞRADIĞIM TÜM ZAMANLARIN BİTTİĞİNİ BİLİYORUM."

"TACİZE UĞRADIĞIM TÜM ANLARDA YAŞADIĞIM ÜZÜNTÜLERİMİ, ÖFKEMİ, ACIMI, TRAVMAMI, YEMİN VE ANLAŞMALARIMI, BOŞ GEZEN HATIRA OLARAK YARADAN'IN IŞIĞINA GİTTİĞİNİ VE YERİNE SEVGİ DOLDUĞUNU BİLİYORUM."

BOLLUK, BEREKET VE PARA ÜZERİNE

(Telefonla online yaptığım bir çalışma)

– Hangi konu üzerinde çalışmak istersin?

– Bolluk bereket. Para geliyor ve durmadan gidiyor benden.

– Ne zamandan beri böyle?
– Aslında ilk para kazandığımdan beri böyle.
– İlk ne zaman para kazandın, ne iş yapıyordun, ne kadar kazanıyordun?
– Para artı primli bir işti ve güzel kazanıyordum ama sürekli birilerinin borcunu ödüyordum, hâlâ daha ödüyorum.
– O zaman, kazandığın parayla kimin borcunu ödemiştin?
– O zamanlar, borç değildi ama kardeşime ve etrafımdakilere harcamak durumundaydım.
Şimdi de eski eşimin borçlarını ödemekle devam ediyor.
– Tamam, şimdi gözlerini kapat ve o ana git. Parayı kazandın ve ona buna harcıyorsun. Ne hissediyorsun?
– Mutsuz değilim, aslında birileri için bir şeyler yapmak hoşuma gidiyor.
– O zaman kas testi yapıyoruz
Kas testinden sonuç olarak:
"Kazandığım parayı sevdiklerim için harcamalıyım"
(Evet çıktı.)
– Peki, parayı onlar için harcamazsan ne olur?
– Kazandığım parayı sevdiklerime harcamazsam zor duruma düşerler, mağdur olurlar.
– Mağdur olurlarsa ne olur?
– Bir şey yapmazsam kendimi kötü hissederim, onlara ihanet etmiş olurum, onları sevmiyor olurum. Onlara üzülürüm ve kendimi suçlu hissederim.
Sevdiklerime para yardımı yapmazsam onları sevmediğimi düşünürler ve kendilerini yalnız hissederler. Bu durum da beni üzer.
– Sevdiklerime para yardımı yapmazsam onlara ihanet etmiş olurum.

– Test edelim.

– Evet çıktı, Yeşimciğim.

– Kim yardım almayınca yalnız kaldı ve üzüldü?

– Annem, çaresiz kalan annemdi.

– Kötü bir evliliğe sahip ve parası olsaydı devam etmeyeceği bir evlilikti.

– Kas testi yapalım.

"Sevdiklerime maddi yardım etmezsem annem gibi çaresiz kalırım."

(Kas testi evet çıktı.)

– Annen gibi deneyimler yaşamaktan ne öğreniyorsun?

– Para yardımı yaparsam, borç ödersem, çaresiz kalmam, başkalarına muhtaç ve yalnız kalmam.

– Borç ödeyerek ne kazanç sağlıyorsun?

– Güçlü oluyorum.

– Tamam, şimdi test edelim.

"Borç ödeyerek güçlü oluyorum,

Muhtaç ve yalnız kalmamak için borç ödemeliyim. Bu iki cümleyi test et."

– Evet, borç ödeyerek güçlü oluyorum. Evet!

Muhtaç ve yalnız kalmamak için borç ödemeliyim. Evet!

– Evet, bu inançları değiştirelim.

– Borç ödeyerek güçlü olurum" yerine "Ben zaten güçlüyüm" inancını bilmek ister misin?

– Güçlü olmak için borç ödemeye gerek olmadığını ve Yaradan'ın güçlü olma tanımını bilmek ister misin?

"Muhtaç olmamak için borç ödemeliyim, yalnız kalmamak için borç ödemeliyim"

bunun değiştirilip, yerine;

"Her zaman sevdiklerim yanımdadır ve istediğim zaman onlara maddi yardımda bulunabilirim."

"Beni her zaman severler."

"Para yardımı yapmadan da sevilmeyi biliyorum hak ediyorum."

"Tüm bunlar benim için kolay, mümkün ve güvenlidir."

"Para yardımı yaparsam güçlü olurum korkusu, endişesi olmadan sevilmeyi biliyorum."

"Para yardımı yapma zorunluluğundan kendimi serbest bırakıyorum."

"Güçlü olmak zorundayım inancının da değiştirilmesini ister misin?"

"Zaten güçlüyüm!" Bunu bilmek ister misin?

"EVET."

– Kim para yardımı yaparak güçlü olurdu? Kimseye muhtaç olmazdı ve sevilirdi?

– Annem.

– Annene olan öfkeni, kızgınlıklarını ve kırgınlıklarını bitirmek ister misin?

Annen gibi olma zorunluluğundan kendini serbest bırakmak ister misin?

– Evet isterim.

– "Annem gibi çaresiz olmamak için borç içinde olmalıyım."

İnancını test eder misin?" (Evet çıktı.)

– "Annem gibi güçlü olmak için borç içinde olmalıyım." Bu cümleyi de test et.

– Bunun sonucu da evet!

(Kişi bu durumda çift inanca sahiptir.)

– Bunların da değişmesini ister misin? diye sordum.

"Borç içinde olma zorunluluğundan kendini serbest bırakıp hem güçlü olmanın hem de sevdiklerinle mutlu, huzurlu, bereketli bir hayat yaşamanın nasıl hissedildiğini bilmek ister misin?" dedim.

"Borçların bittiğini bilmek ister misin?"

"Çaresizliklerin bittiğini bilmek ister misin?"

"Yalnız kalıp muhtaç olma zorunluluğundan kendini serbest bırakmak ister misin?"

"Aileni de kendine muhtaç etme zorunluluğundan kendini serbest bırakmak ister misin?"

– Evet, cevabını verdi.

– Annene benzemekten, onu kopyalayarak yaşamaktan ne elde ediyorsun?

– Fedakâr oluyorum sanırım. İyi bir insan oluyorum.

– "Fedakâr insanlar, iyi insanlardır. Test et."

– Bunda biraz güç de var. Güçlü oluyorum.

– "Annem gibi olursam iyi bir insan olurum." Test et.

"Allah fedakâr insanları sever." Bunu da test et.

(Hepsi EVET çıktı.)

– "Annem gibi olursam iyi bir insan olurum."

Yerine "Kendim olarak zaten iyi bir insan olduğumu biliyorum."

"Allah fedakâr insanları sever" yerine "Allah herkesi sever ve beni seviyor, gerektiği zaman yardımcı olmayı biliyorum."

"Allah'ın beni sevdiğini biliyorum."

"Annem gibi olma ihtiyacıma son veriyorum."

"Fedakâr olduğumda güçlü oluyorum" yerine

"Yaradan'ın perspektifinden güçlü olmayı biliyorum."

Tüm bunları bilmek ister misin?"

– "Evet, evet, evet."

– Şimdi gözlerini kapat ve ilk para kazandığın âna git.

O paraları kendine harcadığını ve biriktirdiğini hayal et, ne hissediyorsun?

– Evet harika bir imgeleme yaptım, paraları bankaya da yatırdım.

– Gerektiğinde, "hayır" demenin, nasıl bir his olduğunu bilmek ister misin?

– Evet.

– Şimdi, bu yaşadığın üzüntünün, acının, travmanın ve boş gezen hatıraların da temizlenmesini ve yerine koşulsuz sevgi doldurulmasını ister misin?

BORÇLARLA ilgili derslerin bittiğini ve şu anda, bereket içinde olmayı bilmek ister misin?

– Evet, isterim.

– Oldu, oldu, oldu. Evet, gözlerini kapat ve istediğin hayatı hayal et.

– Teşekkür ederim.

ANNEMLE EVLİYİM

(Bu bölümde bahsedilen evlilik, ruhsal düzeyde anne ile yapılan bir sözleşmedir.)

– Hangi konu üzerinde çalışmak istersiniz?

– Müzmin bir bekârım, evlenmek istiyorum.

– Tamam o zaman, önce hayal kuralım. Nasıl bir eş istiyorsunuz, onu hayal edin?

– Güvenilir, dürüst, beni seven ve benim sevebileceğim birini hayal ediyorum.

– Peki, böyle biriyle evli olursanız en kötü ne olur?

– Ailemi (annemi) ihmal edebilirim.

– Ailenizi ihmal ederseniz en kötü ne olur?

– Ailemi ikinci planda bırakmış olurum.

– "Kas testi yapalım."

(Kas testi sonucu: Evet, beden arkaya eğildi;
Hayır, beden öne eğildi)

"Annemle evliyim." cümlesini kas testinde denediğimizde beden arkaya doğru eğildi, ilk yaptığımız evet–hayır kas testinin sonucuna göre, bize "evet" cevabını veriyordu.

(Ruhsal olarak, anne ya da baba ile evli olmak, kişilerin evlenme kararı vermeleri önünde engel olabilir.)

– Annenizle evli olmak size ne kazandırıyor?

– Güvende oluyorum.

Kök inanç: "Güvende olmak için annemle evliyim."

YENİ İNANÇ PROGRAMI:

"YARADAN'IN PERSPEKTİFİ VE TANIMIYLA GÜVENDE OLMAYI BİLİYORUM."

Bu inanç değiştirildi. Ruh eşini hayal etti ve mutlu SON ☺

BU ÇALIŞMA İÇİN ÖRNEK HİSLER:

"GÜVENDE OLMANIN NASIL BİR HİS OLDUĞUNU BİLİYORUM."

"HEM EVLİ OLUP HEM GÜVENDE OLMAYI BİLİYORUM."

"ANNEMLE EVLİ OLMA İHTİYACIMA SON VERMEYİ BİLİYORUM."

"TEK BAŞIMA DA GÜVENDEYİM."

"RUH EŞİMİ HAYATIMA ÇEKMEYİ BİLİYORUM."

"GÜVENİLİR, DÜRÜST, BENİ SEVEN BİR EŞLE BİRLİKTE OLMANIN, EVLİ OLMANIN NASIL BİR HİS OLDUĞUNU BİLİYORUM."

"YARADAN'IN TANIMIYLA MUTLU BİR EVLİLİK YAPMANIN NASIL BİR HİS OLDUĞUNU BİLİYORUM.

ERKEKLER KÖTÜDÜR

(Bu seans örneği, telefonda gerçekleşmiştir.)

"İlişkiler üzerine çalışmak istiyorum, Yeşim Hanım. İki ilişkim oldu ama iki ilişkim de doğru düzgün ilerlemedi ve bitti. İlk ilişkimdeki kişi, güvenilmez biriydi, diğeri de yalancı. İlk sevgilim, arkadaşlarımla flört ediyordu ama ben ilişkimi bitirmek yerine takıntılı şekilde devam ettiriyordum. Daha sonra sevgilim, en yakın arkadaşımla evlendi. Bir yıl boyunca üçümüz aynı yerde çalışmak zorunda kaldık. Bu durum beni çok yıprattı. Bu süreç içerisindeyken bir arkadaşımı evliyken birine âşık olduğu için çok kınadım. Daha sonra evli bir adama âşık oldum.

Âşık olduğum bu adam da yalancı bir kişiliğe sahipti. İkinci kez evlenmiş ve şu an bu evliliği sürdürüyordu. Bana bu durumdan hiç bahsetmemişti. Benden 13 yaş büyüktü. Çocuğu olmuyordu ve ben bu haliyle onu kabul ediyordum. Başımdan geçen bu iki ilişkinin ortak özellikleri; Borçları olması, belirli bir rahatsızlıkları olması ve aldatmaya meyilli kişilikleri olmasıydı. Eski sevgililerimi, takıntılı bir şekilde, sürekli sosyal medyadan takip ediyorum. Tüm bu olanları unutmak, doğru kişiyle birlikte olmak ve bir yuva kurmak istiyorum. Yaşım 32 oldu ve ben hâlâ evlenemedim. Takıntılıyım. Hayatıma biri girmeden, önceki ilişkimi unutamıyorum. İlgiye açım. Sevgiye açım."

Kas testiyle test edilen inançlar

"Değerliyim." HAYIR
"Ben ezik bir insanım." EVET
"Ben güzelim." HAYIR
"Ben kötüyüm." EVET

"Evlenmezsem değersiz olurum." EVET
"Sevilmeye layığım." HAYIR
"Kimse beni sevmez." EVET
"İntikam almak istiyorum." EVET
"Hep ben mutsuz oluyorum." EVET
"Ben erkeğim." EVET

– Evlenirseniz en kötü ne olur?

– Aldatılırım. Ayrılırım. Bir daha kimseye güvenememem.

– İlk kime güvenemediniz?

– Komşum tarafından taciz edildim. Çok küçüktüm.

– Ne öğrendiniz?

– Erkekler kötüdür, güvenilmezdir.

– Peki, güvenilmez erkekler size ne öğretiyor?

– Kendimi korumayı.

Kök inanç;

"Kendimi korumayı öğrenmek için güvenilmez erkekler ile birlikte olmalıyım."

– Anne ve babanızın evliliği nasıldı?

– Kötüydü. Babam, annemi ve bizi döverdi.

Kumar oynardı ve evlenirsem benim de evliliğimin böyle olacağını zannediyorum.

Evlenirsem hayatımın kötü gideceğini düşünüyorum ve eğer öyle olacaksa hiç evlenmemek daha iyi olur diyorum.

– Lütfen, babanızı karşınızda hayal edin ve ona söylemek isteyip de söyleyemediğiniz ne varsa içinizi boşaltın.

Bitince bana haber verin devam edelim.

(Danışanımız Ağlar)

"Babanıza olan öfkenizin temizlenmesini ve tüm hücrelerinizin koşulsuz sevgiyle dolmasını ister misiniz?"

– EVET

– Anne ve babanızın evliliğinden kurtulmak, özgür kalmak ister misin?

– EVET

– Yaradan'ın evlilik tanımını bilmek ve anlamak ister misiniz?

– EVET

– Ben erkeğim inancı, yerine; BEN kadınım, inancını bilmek ister misiniz?

– EVET

– Kadın olmanın güvenli olduğunu bilmek ister misiniz?

– EVET

– Peki, hayallerinizin gerçekleşmesi için neye ihtiyacınız var?

– Kendimi sevmeye.

– Kendinizi, olduğunuz her halinizle sevmenin, değer vermenin ve kabul etmenin nasıl bir his olduğunu bilmek ister misiniz?

– EVET

BEKÂR KALIRSAM ÖZGÜR OLURUM

– Kulağımda çok fazla basınç ve duyma kaybı var, Sebebi bilinmiyor.

– Ne zaman başladı?

– 15 yıl önce.

– 15 yıl önce neler yaşadınız?

– Erkek arkadaşımdan ayrıldım. Bir sene sonra ataklar geçirmeye başladım. Dualarla hayata tutunmaya başladım. 7 sene önce tekrar ataklar başladı.

– 7 sene önce hayatınızda ne oldu?

Bir ayrılık daha yaşadım ama ayrılmayı ben istemedim. İki ilişkimde de ayrılığın sonunda aslında evlenmekten korktuğumu hissettim.

– Önce kas testi yapalım.

(Kas testinin sonucu: Evet, öne doğru gitti; hayır, arkaya doğru gitti.)

Kas testinin sonuçları şu şekilde;

"Evlenmekten korkuyorum." (Evet)

"Kendimi duymaya kapattım." (Evet)

"Benim bekârlık yeminim var." (Evet)

"Hep kendimi suçluyorum." (Evet)

"Üniversite yıllarında erkek arkadaşım tarafından taciz edildim, ölümle tehdit edildim, bana bıçak çekmesi gibi olaylar yaşadım. Bekâretimi, ikinci ilişkimde istemeyerek verdim.

Evlilik aşamasına geldiğimizde, ilişki bitti."

– Bu ilişkilerden ne öğrendiniz?

– Kontrollü yaşamayı ve kendimi korumam gerektiğini öğrendim.

– Evlenirsen en kötü ne olur?

– Özgürlüğüm kısıtlanır. Bunalırım. İlişkiyi bitiririm ve tekrar bekâr olup özgür olurum.

Kök inanç:

"Özgür olmak ve kendimi korumak için bekâr kalmalıyım."

YENİ İNANÇ PROGRAMI:

"YARADAN'IN PERSPEKTİFİ VE TANIMIYLA HEM ÖZGÜR HEM EVLİ OLMAYI BİLİYORUM."

BU ÇALIŞMA İÇİN ÖRNEK HİSLER:

"ÖZGÜR OLMANIN NASIL BİR HİS OLDUĞUNU BİLİYORUM."

"EVLENDİĞİM ZAMAN DA ÖZGÜR OLMAYI BİLİYORUM."

"KENDİMİ DUYMAYI, DUYULMAYI BİLİYORUM."

"BEKÂRLIK YEMİNİMİN ŞİMDİ BİTMESİNİN NASIL BİR HİS OLDUĞUNU BİLİYORUM."

"EVLENMEYE HAZIR OLMAYI BİLİYORUM."

"KENDİMİ SUÇLU HİSSETME ZORUNLULUĞUNDAN SERBEST BIRAKMAYI BİLİYORUM. BU DERS BİTTİ."

"EVLENMEYİ HAK EDİYORUM, LAYIĞIM, İZİNLİYİM."

SEVİLMEKTEN KORKUYORUM

(Danışan gözlerini kapatır ve ayakta kas testi yapılır. Kas testi sonucu: Evet, öne doğru eğilme; hayır, arkaya doğru eğilme çıkmıştır.)

Kas testi sonucu:

"Sevilmekten korkuyorum." (Bedeni öne doğru eğildi, evet)

– Sevilirsen en kötü ne olur?

– Terk edilirim.

– Terk edilirsen en kötü ne olur?

– Üzülürüm.

– İlk ne zaman üzüldün?

– Annemle babam boşandığında.

– Annenle baban boşandığında kendini nasıl hissettin?

– Yalnız.

– Annenle babanın boşanmasından ne öğrendin?

– Özgür olmayı öğrendim.

– Başka ne öğrendin?

– Evlilikler zor yürür. Evlilik zordur.

– Kas testi yapalım.

"Özgür olmak için yalnız olmam gerekir." (Evet)

– Peki, evlenirsen en kötü ne olur? Evlilik uzun sürerse senin için nasıl olur?

– Sıkılırım. Boşanmak isterim.

– Boşanırsan en kötü ne olur?

– Hayata sıfırdan başlamam gerekir.

– Hayata sıfırdan başlarsan en kötü ne olur?

– Beceremeyebilirim.

– Beceremezsen en kötü ne olur?

– Mutsuz olurum.

– Mutsuzluğu hayatında ilk kez ne zaman deneyimledin? Mutsuz olmaktan ne öğreniyorsun? Hayatında nasıl bir fayda sağlıyor?

– Yalnız kalmayı seviyorum. Mutsuz olmak yerine yalnız kalmayı tercih ederim.

KÖK İNANÇ

"Biriyle birlikte olup mutsuz olmaktansa yalnız olup mutlu olurum."

YENİ İNANÇ PROGRAMI:

"YARADAN'IN PERSPEKTİFİ VE TANIMIYLA MUTLU BİR EVLİLİĞİN NASIL OLDUĞUNU BİLİYORUM."

BU ÇALIŞMA İÇİN ÖRNEK HİSLER:

"MUTLU OLMANIN NASIL BİR HİS OLDUĞUNU BİLİYORUM."

"MUTLU OLMAYI HAK EDİYORUM."

"BİR EŞ İLE MUTLU OLMAYI BİLİYORUM."

"HEM EVLİ OLMAYI HEM ÖZGÜR OLMAYI BİLİYORUM."

"YARADAN'IN TANIMIYLA EVLİ OLMANIN NASIL BİR HİS OLDUĞUNU BİLİYORUM."
"BOŞANMA KORKUSU OLMADAN RUH EŞİMLE EVLENMEYİ BİLİYORUM."
"SEVİLMEYİ BİLİYORUM."
"SEVMEYİ BİLİYORUM."
"YARADAN'IN SEVGİ TANIMINI BİLİYORUM."
"YARADAN'IN AŞK TANIMINI BİLİYORUM."
"YARADAN'IN RUH EŞİ TANIMINI BİLİYORUM."
"YARADAN'IN SEVİLME TANIMINI BİLİYORUM."

KENDİMİ SEVİYORUM

Binlerce bireysel çalışma yaptım. Binlerce sertifika verdim. Bu süreçte en çok çalıştığım konu sevgi oldu. Genel olarak insanların şikâyeti sevilmemek ancak bu problemin altında yatan ilk sebep, kişinin kendini sevememesidir.

Neden kendimizi sevemiyoruz? Tüm kişisel gelişim kitaplarında yazan, "KENDİNİ SEV" cümlesini hayata geçirmek bu kadar zor mu?

Sabah akşam, yatıp kalkıp, "KENDİMİ SEVİYORUM" derseniz maalesef anlık olarak rahatlama sağlarsınız.

Kendinizi sevmemenin altında yatan kök inancı bulursanız o zaman kesin olarak bu duruma çözüm bulabilirsiniz.

Kitabın bu bölümünden önce, birçok örnek çalışmada da kimsenin koşulsuz sevgiyi tatmamış olduğunu gördük. Sevgi, hep bir şarta bağlanmıştır. Özellikle çocukluğumuzda gördüğümüz sevgi, karşılıklı olduğu için sadece şartlı sevgiyi öğreniyoruz. Yalnızca Yaradan'ın bize olan sevgisi koşulsuzdur.

Öncelikle, tüm hücrelerimizde "ONUN" sevgisini hissedinceye kadar, bu sevgi tanımını kendimize indireceğiz.

(Koşulsuz sevgi, THETA FREKANSINDAYKEN YAPILIR)

BEN DEĞERLİYİM

Çalışmış olduğum en önemli bir diğer konu ise değersizlik duygusu ve inancıdır. Seanslara gelen kişilerin çoğunda değersizlik inancı çıkar. Değersiz hissettiğimiz anlarda kendimizde bu kaydı oluştururuz. Kendimizin değerli olduğuna inanmadığımızda, lokantadaki garson bizi görmez, yolda giden boş taksi bize durmaz. Hep kötü şeyler bizim başımıza geliyor gibi gelir.

Kendimize değer vermediğimizde kimse bize değer vermez.

Kendimizde, ben değersizim inancı varsa eğer, kendimize şu soruyu sormalıyız, "Ben ilk nerede kendimi değersiz hissettim?"

Bu sorunun cevabı aklınıza ilk gelen şeylerdir.

RUHUNUZ, ZİHNİNİZ, KALBİNİZ ve BEDENİNİZ cevabı biliyor, GÜVENİN.

Kendinizi ilk ne zaman değersiz hissettiyseniz o âna gittiğinizi hayal edin. O an, kendinizin artık değerli olduğunu kulağınıza fısıldayın. O zamanı güzel bir anıya dönüştürün. Çerçeveniz böylelikle değişecektir.İnanç çalışmalarında, değersizlik duygusunun altında yatan kök inancı bulup değiştirince, kendimizde bu durumu tamamen değiştiriyoruz. Bir daha değersiz hissedemiyoruz ☺ Kendinizde değersizlik inancı var mı, yok mu test edin.

Ayağa kalkın ve kuzey yönüne dönün, önce EVET

diyerek sonra HAYIR diyerek, EVET– HAYIR yönünüzü bulun. "BEN DEĞERLİYİM" cümlesini kulağınızın duyacağı şekilde sesli söyleyin, "EVET" yönüne mi, "HAYIR" yönüne mi gittiniz bakın.

Olması gereken, "BEN DEĞERLİYİM" dediğinizde bedeninizin "EVET" yönü neresi ise oraya eğilmesidir. Bu sonuç, inancınızın sizde doğru kodlandığını gösterecektir.

İNSANLARA KIZGINIM

(Seans sırasında danışanım biraz öfkeliydi.)

– İnsanlara kızgınım.

– Neden?

– Çünkü insanlar kötü.

– Neden insanlar kötü?

– İnsanlar bana zarar verirler.

– İlk ne zaman sana zarar verdiler?

– Babam.

Babam bana hep SUS derdi. Aslında babam bana hep zarar verdi.

Hep susturuldum.

NE ÖĞRENDİN?

– Kendimi ifade etmeyi ve yazmayı öğrendim.

– Test edelim. (Kas testi uygulaması yapılır.)

Kendimi ifade edebilmeyi öğrenmek için susmalıyım.

(Sonuç evet olarak çıktı.)

YENİ İNANÇ PROGRAMI:

"YARADAN'IN PERSPEKTİFİ VE TANIMIYLA KENDİMİ İFADE ETMEYİ BİLİYORUM."

BU ÇALIŞMA İÇİN ÖRNEK HİSLER:

"KENDİMİ NASIL VE NE ZAMAN İFADE EDECEĞİMİ BİLİYORUM."

"KENDİMİ İFADE ETTİĞİM ZAMAN DA KABUL GÖRECEĞİMİ, DİNLENECEĞİMİ BİLİYORUM."

"SUSTURULMA ZORUNLULUĞU OLMADAN KONUŞMAYI BİLİYORUM."

"BABAMA OLAN KIZGINLIĞIMIN SEVGİYE DÖNÜŞTÜRÜLMESİNE İZİN VERMEYİ BİLİYORUM"

"BABAMI OLDUĞU GİBİ KABUL ETMEYİ BİLİYORUM."

"YARADAN'IN TANIMI İLE AFFETMEYİ BİLİYORUM."

"SUSTURULDUĞUM HER ANIN BİTTİĞİNİ BİLİYORUM."

"İNSANLARI OLDUĞU GİBİ SEVMEYİ, KABUL ETMEYİ BİLİYORUM."

YÜKSEKLİK KORKUSU

Danışanımız yüksekten korktuğunu söyledi. Bunun için öncelikle kas testi yaparak vücudunun "Evet" ve "Hayır" yönünü tespit ederek yükseklik korkusunun gerçekten var olup olmadığını öğrenmek için tekrar kas testini uyguladık.

"Yüksekten korkuyorum." (Kas testinde evet çıktı.)

4 kattan daha yüksek apartmanlara çıkamıyorum. Bu korkum benim işimi etkiliyor çünkü 30 katlı binalarda toplantı yapmam gerekirken gidemiyorum ve işimi yapamıyorum. Bu korkudan kurtulmak istiyorum.

– "30 katlı bir binaya çıkarsan en kötü ne olur?

– Ben binanın içindeyken deprem olursa oradan kurtulamam ölürüm.
– Ölürsen ne olur?
– Sevdiklerimden ayrılırım.
– Sonra ne olur?
– Çocuklarım yalnız kalır.
– Çocukların yalnız kalırsa ne olur?
– Kendilerini koruyamazlar.
– Koruyamazlarsa ne olur?
– Perişan olurlar.
– Perişan olurlarsa ne olur?
– Başkalarına muhtaç olurlar.
– Sonra ne olur?
– Aciz kalırlar, herkes onları dışlar. Tıpkı benim dışlandığım gibi.
– İlk ne zaman dışlandınız?
– İlkokuldayken, annem beni okula bıraktı.

Öğretmenim, artık annenle vedalaşman gerek burada tek başınasın, demişti. Annemin elini bıraktığım zaman çok aciz hissettim. İçeriye giren en son kişi bendim ve herkesin yanında arkadaşı vardı. Ben, tek başıma en arkaya oturdum. O an, annemin beni yalnız bırakmasına çok kızmıştım.

– Bundan olumlu olarak ne öğrendin?
– Asla çocuklarımı yalnız bırakmayacağıma dair kendime söz verdim.

Çocuklarımın her zaman yanında olmayı öğrendim. İyi bir anne olmayı öğrendim.

"İyi bir anne olmayı öğrenmek için dışlanmam gerekir" inancı değiştirildi.

YENİ İNANÇ PROGRAMI:

"YARADAN'IN PERSPEKTİFİ VE TANIMIYLA İYİ BİR ANNE OLDUĞUMU BİLİYORUM."

BU ÇALIŞMA İÇİN ÖRNEK HİSLER:

"ÇOCUKLARIMIN ÖZGÜR OLMASINA İZİN VERİYORUM."

"ÇOCUKLARIMA BAĞIMLI OLMADAN YAŞAMAYI BİLİYORUM."

"ÇOCUKLARIMIN KENDİNE AİT ÖZGÜR İRADESİ OLDUĞUNU KABUL EDİYORUM."

"ANNEMİ OLDUĞU GİBİ KABUL EDİYORUM."

"ÇOCUKLARIMI, BENİM KADERİMİ YAŞAMA ZORUNLULUĞUNDAN, ONLARI SERBEST BIRAKIYORUM."

"ÇOCUKLARIMI VE KENDİMİ ACİZ OLMA ZORUNLULUĞUNDAN SERBEST BIRAKIYORUM."

"ÇOCUKLARIMIN ELİNİ BIRAKTIĞIMDA ACİZ OLMAYACAKLARINI BİLİYORUM."

"ÖLÜM KORKUSU OLMADAN YAŞAMAYI BİLİYORUM."

"DIŞLANDIĞIM TÜM ZAMANLARIN BİTTİĞİNİ BİLİYORUM."

"DIŞLANDIĞIM O ANLARDA YAŞADIĞIM ÜZÜNTÜMÜN, ACIMIN TRAVMANIN, VARSA YEMİN VE ANLAŞMALARIMIN BOŞ GEZEN HATIRA OLARAK YARADAN'IN IŞIĞINA GÖNDERİLDİĞİNİ, YERİNE KOŞULSUZ SEVGİ DOLDURULDUĞUNU BİLİYORUM."

"İYİ BİR ANNE OLDUĞUMU BİLİYORUM."

(Kas testiyle, yüksekten korkuyorum inancını tekrar test ediyoruz, sonuç değirse kökten bu inanç bitmiş demektir.)

ANLAŞILMAZSAM KENDİMİ GELİŞTİRİRİM

– Potansiyelimi açığa çıkaramıyorum.

– Potansiyelini açığa çıkarırsan ne olur?

– İnsanlar yadırgar.

– Konuşma özgürlüğüm kısıtlanır. Rahat konuşamam.

– İlk ne zaman rahat konuşamadın?

– İlkokulda, konuştuğum zamanlarda çevremdekiler tarafından anlaşılamadım.

– Anlaşılamamak sana ne öğretti?

– Fikirlerimi özgürce, rahat rahat ifade edemedim.

– Bu durum sana ne kazandırdı?

– Okumayı ve kendimi geliştirmeyi.

– Kendimi geliştirmeyi öğrenmek için anlaşılmamam gerekir. Kas testiyle bu cümleyi test edelim. (Kas testinin sonucu evet çıktı)

– Bu inancının değiştirilmesini ve yerine, Kendini geliştirmenin Yaradan tanımını bilmek ister misin?

– EVET.

YENİ İNANÇ PROGRAMI:

"YARADAN'IN PERSPEKTİFİ VE TANIMIYLA KENDİMİ GELİŞTİRMEYİ VE ANLAŞILMAYI BİLİYORUM."

BU ÇALIŞMA İÇİN ÖRNEK HİSLER:

"FİKİRLERİMİ ÖZGÜRCE İFADE ETMENİN NASIL BİR HİS OLDUĞUNU BİLİYORUM."

"RAHAT KONUŞMANIN NASIL BİR HİS OLDUĞUNU BİLİYORUM."

"KENDİMİ HER KONUDA GELİŞTİRMEMİN NASIL BİR HİS OLDUĞUNU BİLİYORUM."

"ANLAŞILMAMA ZORUNLULUĞUNDAN KENDİMİ SERBEST BIRAKMANIN NASIL BİR HİS OLDUĞUNU BİLİYORUM."

"POTANSİYELİMİ TAM OLARAK ORTAYA ÇIKARMANIN NASIL BİR HİS OLDUĞUNU BİLİYORUM."

"KONUŞMA ÖZGÜRLÜĞÜMÜN KISITLANMASI KORKUSU OLMADAN YAŞAMAYI BİLİYORUM."

KENDİME KIZGINIM

– Kendime kızgınım.

– Neden?

– Çünkü hata yaptığım.

– İlk ne zaman hata yaptın?

– Gözümün önüne bebekliğim geliyor.

– Peki, ne olmuş o zaman?

– Altımın alınması gerekiyor, ağlıyorum ve annem çok öfkeli.

Bana kızıyor.

Anneme yük olduğumu hissediyorum.

– Annene yük olduğunu hissetmek sana ne öğretiyor?

– Bir daha hata yapmamam gerektiğini, başka insanlara yük olduğumu; yük olmamalıyım.

– Peki, yük olduğunda ne öğrendin?

– Güçlü olmayı, kendi ayaklarımın üzerinde durmam gerektiğini, kendi başıma bir şeyler yapabilmeyi.

(Kişi, bunları yapabilmesi için birilerine yük olması gerektiğine inanıyor)

– Test edelim.

Kök inançlar; Güçlü olmayı öğrenmek için yük olmam gerekir. Kendi ayaklarımın üzerinde durmak için yük gibi hissetmem gerekir.

– Tüm inançlar "EVET" çıktı.

YENİ İNANÇ PROGRAMI:

"YARADAN'IN PERSPEKTİFİ VE TANIMIYLA GÜÇLÜ OLMAYI VE KENDİ AYAKLARIMIN ÜZERİNDE DURMAYI BİLİYORUM."

BU ÇALIŞMA İÇİN ÖRNEK HİSLER:

"GÜÇLÜ OLMANIN NASIL BİR HİS OLDUĞUNU BİLMİYORUM."

"GÜÇLÜ OLMANIN NASIL BİR HİS OLDUĞUNU YARADAN'IN TANIMIYLA BİLİYORUM."

"GÜÇLÜ OLMAYI HAK EDİYORUM."

"GÜÇLÜ OLMAYA LAYIĞIM."

"GÜÇLÜ OLMAYA İZİNLİYİM."

"YÜK GİBİ HİSSETME ZORUNLULUĞUNDAN KENDİMİ SERBEST BIRAKMANIN NASIL BİR HİS OLDUĞUNU BİLİYORUM."

"KENDİ AYAKLARIMIN ÜZERİNDE DURMAMIN NASIL BİR HİS OLDUĞUNU BİLİYORUM."

"HATA YAPMA KORKUSU OLMADAN İLERLEMENİN NASIL BİR HİS OLDUĞUNU BİLİYORUM."

"KENDİMİ DEĞERLİ HİSSETMEMİN NASIL BİR HİS OLDUĞUNU BİLİYORUM."

"SEVİLMENİN NASIL BİR HİS OLDUĞUNU BİLİYORUM."

"SEVİLMENİN MÜMKÜN VE GÜVENDE OLDUĞUNU BİLİYORDUM."

"ANNEM TARAFINDAN SEVİLMENİN NASIL BİR HİS OLDUĞUNU BİLİYORUM."

"ANNE SEVGİSİNİN NASIL BİR HİS OLDUĞUNU BİLİYORUM."

"ANNEMİ AFFETMENİN NASIL BİR HİS OLDUĞUNU BİLİYORUM."

ANNEME KIZGINIM

– Anneme kızgınım,

– Neden annene kızgınsın?

– Çünkü annem kardeşimi benden daha çok seviyor.

– İlk ne zaman böyle hissetin?

– Küçükken, annem hep ablamla ilgilenirdi, kendimi üvey evlat gibi hissederdim.

– Böyle hissetmek sana ne öğretti?

– Sevilmek için kendimi göstermeliyim. Bu nedenle hep şımarıklık yapmışımdır.

– Test edelim. (Kas testi)

– Kendimi gösterirsem sevilebilirim. (Test sonucu evet çıktı)

YENİ İNANÇ PROGRAMI:

"YARADAN'IN PERSPEKTİFİ VE TANIMIYLA SEVİLMEYİ BİLİYORUM."

BU ÇALIŞMA İÇİN ÖRNEK HİSLER:

"SEVİLMENİN NASIL BİR HİS OLDUĞUNU BİLİYORUM."

"KENDİMİ SEVMENİN NASIL BİR HİS OLDUĞUNU BİLİYORUM."

"ANNEM TARAFINDAN SEVİLMENİN NASIL BİR HİS OLDUĞUNU BİLİYORUM."

"HEM SEVİLMENİN HEM AİLEM TARAFINDAN GÖRÜNMENİN NASIL BİR HİS OLDUĞUNU

BİLİYORUM."

"SEVİLMENİN YARADAN TANIMINI BİLİYORUM."

"SEVİLMENİN MÜMKÜN OLDUĞUNU BİLİYORUM."

"SEVİLMEYİ HAK EDİYORUM."

"SEVİLMEYE LAYIĞIM."

"SEVİLMEYE İZİNLİYİM."

İLERLEMEKTEN KORKUYORUM

– Hangi işe girersem gireyim, belli bir süre sonra ilerleyemiyorum ve kendimi durduruyorum. Bu konuda çalışmak istiyorum.

– Kas testi ile test edelim.

"İlerlemekten korkuyorum."

(Kişinin bu korkusunu kas testi ile test ettik cevap evet olarak çıktı.)

– Peki, ilerlersen en kötü ne olur?

– Çelme takarlar.

– Sana çelme takarlarsa en kötü ne olur?

– Tökezlerim.

– Tökezlersen en kötü ne olur?

– Hayal kırıklığı yaşarım.

– İlk ne zaman bu duyguyu yaşadın?

– Annem beni komşu teyzelere kötülemişti. O an, hayal kırıklığına uğradığımı hissettim.

– Bu durumdan ne öğrendin?

– Herkese, her yönümü göstermemem gerektiğini öğrendim.

– Herkese, her yönünü göstermemek sana ne kazandırıyor?

– Görünmez olurum ve isteklerime ulaşırım.

Kök inanç:

"Ancak görünmez olursam isteklerime ulaşırım" ya da "İsteklerime ulaşmak için görünmez olmalıyım."

YENİ İNANÇ PROGRAMI:

"YARADAN'IN PERSPEKTİFİ VE TANIMIYLA HEM İSTEKLERİME ULAŞMAYI HEM DE GÖRÜNÜR OLMAYI BİLİYORUM."

BU ÇALIŞMA İÇİN ÖRNEK HİSLER:

"İSTEKLERİME ULAŞMANIN NASIL BİR HİS OLDUĞUNU BİLİYORUM."

"GÖRÜNMEZ OLMADAN YAŞAMANIN NASIL BİR HİS OLDUĞUNU BİLİYORUM."

"GÖRÜNMEZ OLMADAN İSTEKLERİME ULAŞMANIN NASIL BİR HİS OLDUĞUNU BİLİYORUM."

"HAYAL KIRIKLIĞINA UĞRAMADAN YAŞAMAYI BİLİYORUM."

"İLERLEMENİN NASIL BİR HİS OLDUĞUNU BİLİYORUM."

"İLERLEMENİN MÜMKÜN VE GÜVENDE OLDUĞUNU BİLİYORUM."

"HAYAL KIRIKLIĞI YAŞAMADAN İLERLEMEYİ BİLİYORUM."

"HAYALLERİMİN GERÇEKLEŞMESİNİN NASIL BİR HİS OLDUĞUNU BİLİYORUM.

"HAYALLERİMİN GERÇEKLEŞMESİNİN MÜMKÜN VE GÜVENLİ OLDUĞUNU BİLİYORUM."

"İLERLEMEYİ HAK EDİYORUM."

"İLERLEMEK İÇİN KENDİNE İZİN VERMENİN NASIL BİR HİS OLDUĞUNU BİLİYORUM."

RUHUMUZUN ÖĞRENDİĞİ DEĞERLER

Canınızı sıkacak, sizi üzecek kişiler ve olaylar her an karşınıza çıkabilir, bu çok normaldir. O an, ne hissettiğinize odaklanın ve o hissi, "İlk ne zaman, nerede yaşadım?" diye kendinize sorun. Bu durumun size ne öğrettiğini düşünün.

Fark edin. İlk his ile son his arasında yalnızca kişiler değişmiştir.

Yaşattıkları his ise aynıdır. O kişiyi zihninizde hayal edin ve ona tüm öfkenizi kusun. Karşınızda küle dönüştüğünü hayal edin. "Bu ders bitti" diyerek anı yaşayın. Evrenle birlikte hareket ediyorsanız, doğru kişiler size doğru gelir.

Doğru taksi şoförü, doğru öğretmen, doğru eş, doğru garson...

Eğer siz, bazı insani davranışları, değerleri yeni öğreniyorsanız, örneğin; iyi bir insan olma değerini öğrenecekseniz, karşınıza kötü insanlar çıkar ve siz bu değerleri tecrübe ederek öğrenirsiniz. Size sunulan bu dersi bitirmelisiniz. Eğer bu değeri öğrenmediyseniz, size bu dersi öğretmek için karşınıza başka biri çıkar.

Sevmediğiniz kişiler de size bir şeyler öğretir.

Hayatta, olumsuz olan her şey; bize, insanlığımıza ve ruhumuza bir değer öğretir.

Bizler, her hayalimizi gerçekleştirecek güce sahibiz. Yaradan bize, iste ki vereyim demiş ve ben Theta eğitimlerini almaya başladığımdan beri hayatımda, her an istemenin gücünü gördüm.

Bu satırlarımı, Vianna Stibal'ın Amerika'daki çiftliğine giderken uçakta yazıyorum.

Koçluk eğitimlerinde öğretilen ve kişisel gelişime önem veren kurumsal firmaların motivasyon eğitimlerinde sorulan bir soru vardır.

"Beş yıl sonra kendini nerede görmek istiyorsun?"

Bu soru, sihirli bir sorudur. Kişiyi düşündürür, düşündürür ve düşündürür.

Beş yıl bize çok uzun bir zaman gibi görünse de aslında öyle değildir. Zaman su gibi akıp geçer ve bir bakarsınız ki; beş yıl sonra olmak istediğiniz yerdesinizdir ya da olmak istediğiniz yere ulaşamayıp, yerinizde saymışsınızdır.

O zaman, şimdi kendinize bu soruyu sorun.

"Beş yıl sonra kendinizi nerede ve nasıl görmek istersiniz?"

Benim hayatımı değiştiren sorulardan biridir bu soru. Ben şu an, olmak istediğimden de fazlasına ulaştım. Engellerimi ve korkularımı bir bir değiştirdim ve hâlâ değiştiriyorum.

Tekâmül sürecimiz devam ediyor, belki yine engeller çıkacak ve ben yine kendi içimde, beni engelleyen kayıtlarımı değiştirmeyi seçeceğim.

Biz, bu dünyaya gelmeden önce ruh olarak bazı sözler verdik, bu sözleri bilinçli olarak hatırlayamıyoruz ama bazen çocuklar bize bu verdiğimiz sözleri hatırlatıyor

Tüm bunları gerçekten bizim seçtiğimizi saf sevgileriyle dillendiriyorlar.

Öğrendiğim şeylerden biri "üçüncü göz" bir diğer adıyla "duru görü." Adına ne derseniz deyin. Enerjisel olarak iç gözümüzün, alnımızın ortasında olduğu söyleniyor ve ben de eğitimlerimde öğrendiğim şekliyle anlatıyorum.

Kızım henüz 3,5 yaşındayken bana, "Anne benim üçüncü gözüm var" dedi.

Hemen, "Aaaa nerede?" diyerek göstermesini istedim.

Parmağını alnının ortasını götürerek, "tam burada işte" dedi ve devam etti.

"Gözlerimi kapattığımda üçüncü gözüm açılıyor" dedi.

Şok oldum, kendimi toplayarak, söyledikleriyle bana rehberlik etmesine izin verdim.

Eğitimde öğrenip, somut varlığı henüz ispatlanmayan birtakım bilgileri kızım aracılığıyla Yaradan bana gösteriyordu.

Kızım Hanzade,

"Ben üçüncü gözümle buradan babaannemin evini görebiliyorum" dedi.

Harika değil mi?

Hemen ona sorular sordum, "Nasıl, anlat?" dedim ve bana gördüklerini anlattı. O gün bugündür birlikte üçüncü göz oyunumuz vardır.

Örneğin bana, "Anne ben banyoya ellerimi yıkamaya gidiyorum. Bana üçüncü gözünle bak bakalım ellerimi yıkadım mı?" der.

Aklımızdan sayı tutarız, gözlerimizi kapatırız ve bu sayıyı bilme oyunu oynarız.

Bazen odaklanamaz, başka şeyler ilgisini çeker ve sayıyı bilemez. O zaman ona, "üçüncü gözünle bak bakalım" derim ve nokta atışı yapar.

Bu kadim bilgiler ezelden beri zaten var ama bu bilgileri, insanın kendi kızından duyması gerçekten muazzam bir şey.

Bu konuya ruhun seçimlerinden bahsederken gelmiştim. Bir danışanımın çocuğu, "Anne, ben seni seçerek geldim bu dünyaya biliyor musun?" diye sormuş.

Danışanım çok şaşırmış ve çocuğuna nasıl seçtiğini sormuş. Bana seninle birlikte, birkaç kişiyi daha gösterdiler ve ben seni seçtim. Sonra babamı, sonra da kardeşimi seçtim demiş.

Bunu söylediğinde oğlu 3 yaşındaymış.

Bu çocuk gibi, ruh seçimlerini hatırlayan birçok çocuk var.

Theta tekniği ile saf sevgiyle bu bilgilere kolaylıkla ulaşabiliyoruz.

Ama önce saf sevgiye ulaşmamız gerekiyor.

Saf sevgiye koşulsuz sevgi de diyebiliriz. Koşulsuz sevgi Yaradan'ın en yüksek titreşimidir.

Bu titreşime ulaştığımız zaman Yaradan ile birlikte anda o sevgiye tanık oluruz.

İşte o zaman hayallerimiz gerçek olur.

Bu satırları yazarken,

Amsterdam'a inmiştim, oradan da Amerika'ya gittim. Benim için gerçekten değişik bir maceraydı bu.

Vianna der ki, "Siz, kutsal zamanınızda nerede olmanız gerekiyorsa orada olursunuz."

Sanırım benim kutsal zamanımda, Ağustos 2017'de, Amerika'da olmak vardı.

Amerika'da, "Hastalıklar ve Rahatsızlıklar" adlı seminerlere katıldım. Sonra da "DNA 3" eğitimini aldım. 2018 Ağustos ayında "VAROLUŞ SEVİYELERİ" eğitimi için yine Amerika' ya gelmeyi seçmişim. Bakalım bundan sonraki maceramız nasıl olacak?

KENDİMİ HASTA EDİYORMUŞUM!

Yaşadığımız her şeyin bir sebebi olduğu gibi hastalıkların da bizim inandıklarımızla doğru orantılı olduğunu gördüm. Şöyle ki; siz, hasta olmak zorunda olacağınıza inanıyorsanız hasta oluyorsunuz.

Hasta olmak, bize bir kazanç sağlıyor ya da tekâmülde ruhumuzun bir üst seviyeye geçmesi için bir ders veriyor.

Bu nasıl gerçekleşiyor?

Siz, hasta olmanız gerektiğine neden inanıyor olabilirsiniz?

Önce buradan başlayalım.

HAZIR MISINIZ?

HASTALIKTAN SAĞLIĞA

Çocukluktan itibaren hasta bir ebeveyn ya da kardeşe sahipseniz ve o kişi, çok fazla ilgi görüyorsa; ona, diğerlerinden daha fazla özen gösteriliyorsa sizin beyniniz, inanç sistemini bebeklikten ya da çocukluktan itibaren şöyle oluşturuyor; "Annem hasta ve herkes ona hasta olduğu için ilgi gösteriyor, demek ki ben de ilgi görmek için hasta olmalıyım" veya "Kardeşim hasta, annem ve babam onu daha çok seviyor."

Bu durumda kişi,şöyle bir kayıt geliştiriyor,

"Sevilmek için hasta olmam gerekiyor."

Bu kayıt, büyük bir yazılım olan beyninize kaydediliyor ve zamanı geldiğinde bu kayıt ortaya çıkıyor ve siz hasta oluyorsunuz.

Hastalıkların bir başka nedeni ise *genlerinizdir.* Atalarımızdan yalnızca; boy, pos, kilo veya göz rengi almıyoruz.

Duyguları ve hastalıkları da genler aracılığıyla miras alıyoruz.

Bu durum da aslında ruhumuzun seçimiyle ilgili.

Ruh, bu dünyaya gelmeden önce her şeyi bildiği için "Ben bu hastalığı çözerim" ya da "Ben bu konuların üstesinden kolaylıkla gelirim" diyor ve tekâmül süreci başlıyor.

Dünyaya geldiğimiz andan itibaren kayıtlar sıfırlanıyor ve biz, neden hasta olduğumuzun gerçek sebebini fark etmiyoruz.

Bazı kültürlerde, dinlerde veya inanışlarda, Allah'ın sevgili kulu olduğumuz için bu hastalığı aldığımıza inanıyoruz ve bu inanç bizi motive ediyor.

Bu inanca sahip olan kişilerden de "Allah'ın beni sevmesi için hasta olmalıyım" kaydını geliştiriyoruz.

Bir diğer çalıştığımız konu, geçmiş yaşamlardan veya kolektif bilinç dediğimiz toplumsal inanışlardan kaynaklı hastalıkları taşımak.

Her ne olursa olsun bu hastalığı, nerede seçmiş olursak olalım, fark etmemiz gereken nokta şu; bizim ruhumuz, hangi güzelliklerin farkına varmak için bu hastalığı bize yaşatıyor?

Evet, sizde var olan bir güzelliğin farkına varamadınız ki hasta oldunuz.

Bu güzellikler, Yaradan'ın bize ruhlar âleminde sonsuz bahşettiği değerlerdir.

Nedir bu ruhunuzun öğrenmesi gereken değerler?

Dürüst olmak.

Ahlaklı olmak.

İyi niyetli olmak.

Umutlu olmak.

İnançlı olmak.

Tevazu sahibi olmak.
Sabırlı olmak.
Neşeli olmak.
Merhametli olmak.
Teslimiyet içerisinde olmak.
Yaratıcılık.
Âdil olmak.
Adaletli olmak.
Huzurlu olmak.
Bilgili olmak.
Bunlara siz de ilaveler yapabilirsiniz.

Ruh, tekâmül sürecinde hasta olmayı seçiyorsa kendinize mutlaka şu soruları sorun;

"Şimdi bu hastalık bana neyi gösteriyor?"

"Ne öğrenmemi sağlıyor?"

"Bu hastalığın bana sağladığı ikincil fayda ne?"

Farkında olmak, iyileşmenin ilk adımıdır.

Bu teknikleri kullanarak, hastalıklarla ilgili BİNLERCE seans yapıldı.

Bazı hastalar hızlı bir şekilde iyileşti, bazılarıysa hasta olmaya devam etmeyi seçmeye devam etti.

HER HASTALIĞIN BİR SEBEBİ VAR

Eğer bu işlerin içine hiç girmemiş olsaydım ve bana biri, "Kendini sen hasta ediyorsun, biliyor musun?" deseydi, "Nasıl yani?" derdim. İnanmazdım, ama sistem tam olarak böyle işliyor.

Ruhumuz bazen hasta olarak, ağır derslerden geçiyor.

Peki, bu hastalıkların sebepleri neler olabilir?

Biz bu hastalıkları kendimizde nasıl iyileştirebiliriz?

Hangi inançlarımız/kayıtlarımız bizi hasta eder?

HASTA OLMAMIZIN NEDENLERİ

Öncelikle, bizim hasta olmamızın en büyük nedeni ruhsal olarak kendimizi geliştirmemizi sağlamaktır. Ruhumuz olgunlaşırken, yaşadıklarımız bize hep bir şeyler öğretir.

Peki, bu hastalıklar ruhumuza ne öğretebilir ki? Kanserden ne öğrenebilirim ya da migrenden nasıl bir ders çıkarabilirim.

En basitinden bir baş ağrısını düşünelim, bana nasıl bir ders verebilir. Hiç düşündünüz mü?

Bugüne kadar hastalıkların zihinsel, ruhsal, duygusal ve fiziksel nedenlerini içeren birçok kitap yazıldı, hâlâ daha yazılmaya devam ediliyor.

Ben bu kitapta, bu hastalıkların veya rahatsızlıkların nedenlerinin yanında, bunları oluşturan sebeplerin yerine, aslında DNA kayıtlarımızda neler olması gerektiği üzerinde duracağım.

Birçok kaynaktan yararlanarak edindiğim bilgileri ve theta frekansında bulduğum kök inançları da bu kitapta bulacaksınız.

Hastalıklar bölümünü okurken kas testinden faydalanmanızı tavsiye ediyorum.

Hastalık sizde olmasa da genetiğinizde kayıtlı olabilir.

Burada paylaşılan DNA kayıtlarını test etmenizde fayda var.

En azından bulduğunuz cevaplarla kendinizin farkına varır ve değişirsiniz. Asıl kendi yerinde olması gereken kaydı DNA'nıza koyduğunuzda, gelecek nesillere sizin negatif DNA kayıtlarınız aktarılmamış olur.

Gelecek nesiller için temiz DNA kayıtları bırakalım.

AĞZIMDA YARALAR VAR

Elif Hanım, "Ağzımda sürekli çıkan yaralardan şikayetçiyim," dedi.

– İlk ne zaman başladı?

– Altı ay önce.

– Ne oldu altı ay önce?

– Hiçbir şey olmadı.

– Daha önce, küçükken de olur muydu bu yaralar?

– Aslında şimdi hatırladım, ben 6 yaşındayken olmuştu ilk.

Fark ettiğimde canım çok yanmıştı.

– Ne oldu siz 6 yaşındayken?

– Tacize uğradım (Ağlamaya başladı. Anlattığına göre babasının bir arkadaşı tarafından tacize uğramıştı.)

– Peki, ne hissettiniz o an?

– Çok korktum. Hemen kaçtım.

Babam duyarsa onu döver, diye düşünerek susmuştum.

Kimseye söyleyemedim.

– Bu olayı yaşamak size ne öğretti?

– Yalnız kalmamam gerektiğini öğrendim, kendimi korumam gerektiğini, kimseye güvenmemem gerektiğini öğrendim.

– Tüm bunlardan ne öğrendiniz?

– Cesaretli olmam gerektiğini ve doğruları dürüstçe söylemem gerektiğini.

KÖK İNANÇ

"Dürüst olmayı öğrenmek için susmam gerekir."

Kas testi sonucu "Evet" çıktı.

Yeni İNANÇ

YARADAN'IN TAMIMIYLA DÜRÜST OLMAYI VE DOĞRULARI SÖYLEMEYİ
BİLİYORUM.

(Not: Ağız ile ilgili diğer kök inançlar için "Ağız" bölümüne bakabilirsiniz.)

BU ÇALIŞMA İÇİN ÖRNEK HİSLER:

"DÜRÜST VE CESARETLİ OLMANIN NASIL BİR HİS OLDUĞUNU BİLİYORUM."

"DÜRÜST VE CESARETLİ OLMANIN MÜMKÜN VE GÜVENLİ OLDUĞUNU BİLİYORUM."

"DÜRÜST VE CESARETLİ OLMAYI HAK EDİYORUM, LAYIĞIM.

DÜRÜST VE CESARETLİ OLMAYA İZİNLİYİM."

"KENDİMİ HER ZAMAN RAHATLIKLA İFADE ETMEYİ BİLİYORUM.

SUSMA ZORUNLULUĞU OLMADAN YAŞAMAYI BİLİYORUM."

"GÜVENİLİR İNSANLARI HAYATIMA ÇEKMENİN NASIL BİR HİS OLDUĞUNU BİLİYORUM."

"BU OLAYDAN ÖĞRENMEM GEREKEN TÜM DERSLERİ ÖĞRENDİM BİTTİ."

MİGREN

Ayşe Hanım geldiğinde artık katlanamayacağı bir baş ağrısı olduğunu, doktorların bunun migren olduğunu söylediğini anlattı.

"İlk ne zaman başladı bu ağrılar? "diye sordum.

– Önemli bir proje hazırlıyordum. Birden dayanılmaz bir ağrı girdi. Ağrı kesici bir ilaç içtim. O an rahatladım ama geçmedi.

Devam eden günlerdeyse, ne zaman çok büyük bir projeye başlasam başım ağrır oldu. Lütfen beni kurtarın, diye devam etti.

– Peki, bu ağrıların başlangıcında, bu işlerle ilgili neyden korktunuz?

– Yetiştirememekten korktum.

– "Peki, işleri yetiştiremezseniz en kötü ne olur? "

– Rezil olurum.

– İlk ne zaman rezil oldunuz?"

– İlkokulda şiir okuma yarışması vardı.

Şiiri okurken bir yerde takıldım ve kendimi çok kötü hissettim.

Arkadaşlarım bana güldü.

(Bu hatıra aklına gelir gelmez ağlamaya başladı. Ağlamak o duygunun açığa çıkmasını sağladı ve ona büyük bir rahatlık sağladı.)

– Ne öğrendiniz o zaman?

– Çok çalışmayı öğrendim. O gün bugündür hep çalışırım.

– Çok çalışmak size ne kazandırdı?

– Başarılı oldum.

Kök inanç:

"Başarılı olmak için çok çalışmalıyım."

YENİ İNANÇ PROGRAMI:

"YARADAN'IN PERSPEKTİFİ VE TANIMIYLA BAŞARILI OLMAYI BİLİYORUM."

BU ÇALIŞMA İÇİN ÖRNEK HİSLER:

"BAŞARILI OLMANIN NASIL BİR HİS OLDUĞUNU BİLİYORUM."

"BAŞARILI OLMAK BENİM İÇİN MÜMKÜN VE

GÜVENLİDİR."

"BAŞARILI OLMAYI HAK EDİYORUM."

"BAŞARILI OLMAYA İZİNLİYİM."

"ÇOK ÇALIŞMA ZORUNLULUĞU OLMADAN DA BAŞARILI OLMAYI BİLİYORUM."

"REZİL OLMADAN DA BAŞARILI OLMAYI BİLİYORUM."

"İŞLERİMİ HER ZAMAN YETİŞTİRMENİN NASIL BİR HİS OLDUĞUNU BİLİYORUM."

"ARTIK BU RAHATSIZLIĞIMDAN ALMAM GEREKEN DERSİ ALDIM VE BİTTİ."

"GÜVENDEYİM."

(NOT: MİGREN İÇİN TEST EDİLMESİ GEREKEN DNA KAYITLARINA "MİGREN" BAŞLIĞI ALTINDA BULABİLİRSİNİZ)

SAFRA KESEMDE TAŞ VAR

– Hangi konuda çalışmak istersiniz?

– Benim safra kesemde taş var; o da beni rahatsız ediyor. Ameliyat olmak istemiyorum. Bunun geçmesini istiyorum.

– Öncelikle biz hastalıklarınızı iyileştirmiyoruz. Hastalıkların altında yatan kök inançların değişmesini sağlıyoruz. DNA' nıza sağlıklı olmakla ilgili yeni programları öğretiyoruz.

– Çok merak ediyorum, gerçekten çok da fazla inanmayarak geldim.

– İnanıp inanmamanız çok önemli değil. Önemli olan bizim bunun altında yatan sebebi bulmamız. Sizin de benim sorduğum sorulara cevap olarak ilk aklınıza geleni söylemeniz.

– Tamam.

– Öncelikle bu rahatsızlık ilk ne zaman başladı?

– Bir yıldır benimle birlikte bu taşlar.

– Peki bir yıl önce hayatında neler oldu?

– Bir yıl önce ailem yüzünden kötü şeyler yaşadım.

– Neler olduğunu anlatmak ister misiniz?

– Hayır.

– Tamam, en çok kime kızdınız o zaman?

– Ablama kızdım. Beni hiç desteklemedi. Babama karşı beni savunmadı.

Hiç de bir suçum yoktu. Suçlanan ben oldum.

– Bu size ne hissettirdi?

– Suçlanmış, kötü, çaresiz hissettirdi.

– Peki ablanızın size hissettirdiği bu hislerden siz ne öğrendiniz?

– En yakınımdakine bile güvenmemeyi.

– En yakınınızdakine bile güvenmemek size ne kazandırıyor?

– Dikkatli olmayı, güçlü olmayı ve her zaman sadece kendime güvenmeyi.

– Ruhunuz ne öğreniyor, hangi değerleri öğrenmeye çalışıyor bu yaşadıklarınızdan?

– Aslında ruhum sakin ve dingin olmayı, sabretmeyi öğreniyor.

– O zaman ruhunuzun da tekâmülde bu dersleri öğrenmesi için sakin olmayı, dingin olmayı, sabretmeyi Yaradan'ın tanımıyla bilmek ister misiniz?

– Evet.

– Ablanızı da affetmeyi, artık bu dersin bittiğini bilmek ister misiniz?

– Evet.

Kök inanç: Sakin ve dingin olmayı öğrenmek için kimseye güvenmemem gerekir.

YENİ İNANÇ PROGRAMI:

YARADAN'IN TANIMIYLA VE PERSPEKTİFİYLE SAKİN VE DİNGİNİM, GÜVENİLİR İNSANLARI KENDİME ÇEKERİM.

BU ÇALIŞMA İÇİN ÖRNEK HİS YÜKLEMELERİ

"DİKKATLİ OLMANIN, GÜÇLÜ OLMANIN VE KENDİME GÜVENMENİN NASIL BİR HİS OLDUĞUNU, MÜMKÜN VE GÜVENLİ OLDUĞUNU BİLİYORUM."

"SAKİN VE HUZURLU OLMAYI BİLİYORUM."

"DİNGİNLİĞİ RUHUMDA HİSSEDEBİLİYORUM."

"DOĞRU İNSANLARA GÜVENMEYİ BİLİYORUM."

"KENDİMİ VE İNSANLARI SEVİYORUM."

"SABRETME ERDEMİNİ BİLİYORUM."

"DOĞRU ANLAŞILMAYI BİLİYORUM."

"HER ZAMAN BİR ÇIKIŞ YOLU OLDUĞUNU BİLİYORUM."

HASTALIK YEMİNİ

(Parkinson ile ilgili örnek çalışma)

– İlk ne zaman başladı bu rahatsızlık?

– 16 yıl önce.

– Ne oldu o dönemde hayatınızda?

– Ben, eşim ve eşimin annesi birlikte yaşıyorduk. İkinci kızımı yeni doğurmuştum. Eşimle biraz tartıştıktan sonra başka bir odaya gitmiştim. Yanlarına geri dönerken eşimin, annesine şunu dediğini duydum; "Merak etme anne, ben zaten onu Türkiye'ye gidince orada bırakacağım." Türkiye'den buraya yıllar önce yerleşmiştik.

– Ne hissettiniz bunu duyunca?"

– Çok öfkelendim ve içimden" Ben öyle bir hastalık geçireyim ki, sen ömür boyu bana bakmak zorunda kal" dedim eşime."

Bu konuşma, eğitimde yaptığımız derin kazmanın bir bölümüydü. Konuşmanın yapıldığı bu kişi, aslında kendi kendine nasıl hastalık yemini ettiğini fark etti.

Eğitime eşiyle birlikte onun koluna girerek gelmişti. Destekle yürüyebiliyordu. Eğitimimizde el ve ayaklarının titremesi azaldı ve on altı yıldır hiçbir yere tek başına gidemezken on altı yıl sonra ilk defa tuvalete desteksiz, tek başına yürüyerek gidebildi.

Benim için en güzel dönüşümlerden biriydi.

ŞİMDİ UYGULAMA ZAMANI!

KAS TESTİ

Ayağa kalkın ve kuzey yönüne dönün.

Üç kere ayakta iken aşağıdan yukarı doğru fermuar çekiyormuş gibi yapın.

Önce sadece EVET diyerek bedeniniz öne mi arkaya mı eğiliyor, ona bakın.

Sonra sadece HAYIR dediğinizde bedeninizi takip edin.

EVET ve HAYIR yönünüz birbirinin tam tersi çıkmalıdır.

Ve test etmek istediğiniz cümleyi ayaktayken sesli ve gözleriniz kapalı olacak şekilde söyleyin.

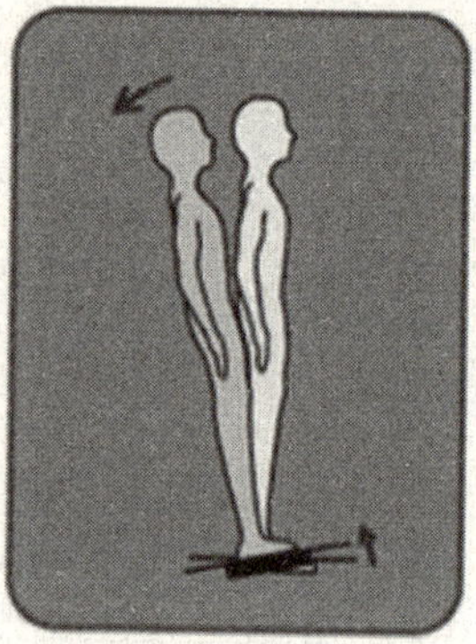

Hayır

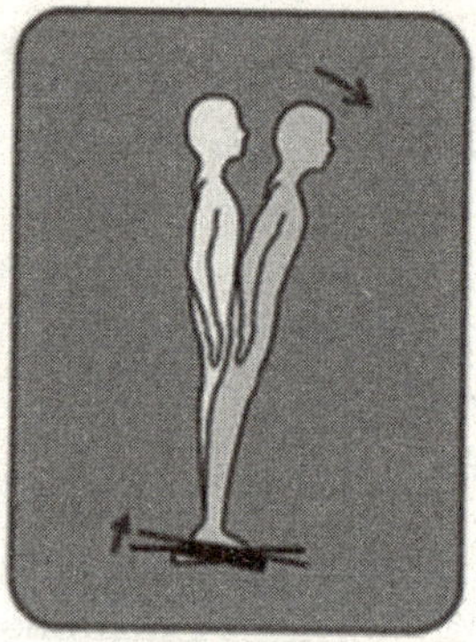

Evet

Örneğin:

Ağzınızda yaralar var ve AĞIZ ile ilgili test edilmesi gereken DNA kayıtlarının sayfasını açın.

İlk test etmeniz gereken;

"İstediklerimi elde etmenin imkânı yok."

Bunu sesli ve gözleriniz kapalı olacak şekilde söylediğinizde evet yönüne mi gittiniz, yoksa hayır yönüne mi gittiniz?

Eğer evet yönüne gittiyseniz,

Bu DNA kaydına sahipsiniz demektir. İsteklerinize ulaşamıyor olabilirsiniz, bu da sizin ağzınızda yaralara sebep olabilir.

Şimdi bunu değiştirmek için önce theta frekansına geçin, theta meditasyonunu internet sitemizden bulabilirsiniz.

Bu meditasyon ile kendinizi kodlayabilirsiniz.

İlgili hastalığın altında yer alan inanç kayıtları sizde bulunuyorsa theta frekansında iken, hastalığınızın olduğu DNA kayıtlarının tamamen hücrelerinizden çıktığını ve yerine **"Tavsiye Edilen Yeni DNA Kayıtlarında"** karşılık gelen inançları kendinize ve tüm hücrelerinize yerleştiğini imgeleme yapabilirsiniz.

İmgeleme bitince, "Artık bu hastalıktan özgürleştim ve bu ders benim için bitti. Artık sağlıklıyım.

Teşekkür ederim. OLDU, OLDU, OLDU" diyebilirsiniz.

İşte bu kadar basit.

Halka Tekniği

Tüm kas testlerinin doğru sonuç vermesi için öncelikle vücudunuzun yeterli miktarda su almış olması gerekmektedir.

Halka tekniğinde ellerimizi ve parmaklarımızı kullanırız. Bu tekniği size başkası uygulayabileceği gibi siz de kendinizde uygulayabilirsiniz.

Başlayalım!

Üç kere aşağıdan yukarı doğru fermuar çekiyormuş gibi yapın.

Halka tekniği tek halka ve çift halka olarak iki farklı şekilde uygulanabilir.

Tek halka tekniğinde herhangi bir elinizin baş ve işaret parmaklarını birleştirerek bir halka formu oluşturun.

Parmaklarınıza baskı uygulayın.

Diğer elinizin baş, işaret ve orta parmaklarını birleştirin.

Test edeceğiniz parmaklarınız halka oluşturduğunuz parmaklarınız olacak. Test eden parmaklarınız üç parmağınızı birleştirdiğiniz eliniz olacak.

EVET diyerek üç parmağınızı halkanın içine geçirip baskı uygulayarak gözlemleyin.

Aynı işlemi HAYIR diyerek tekrar edin.

Çift halka tekniğinde, tek halka tekniğindeki gibi herhangi bir elinizin başparmağı ve işaret parmağı birleştirerek bir halka formu oluşturarak sıkıca tutun.

Diğer elinizin aynı parmaklarıyla, oluşturmuş olduğunuz halkanın içinden geçen ikinci bir halka oluşturun. Sonuçta iç içe geçmiş iki halka görüntüsüne sahip olalım.

Güçlü olduğunu düşündüğünüz elinizi test edeceğiniz eliniz olarak belirleyin. Öncelikle EVET diyerek parmaklarınızla oluşturduğunuz halkaları güçlüce birbirinden zıt yöne çekerek gözlemleyin.

Aynı olayı HAYIR diyerek tekrar gözlemleyin.

EVET dediğinizde parmaklarınız açılmıyor ve HAYIR dediğinizde parmaklarınız açılıyorsa kas testiniz doğru sonuç verecektir. Artık inanç kayıtlarını deneyebilirsiniz. Eğer tam tersi çıkarsa su içerek bir süre bekledikten sonra tekrar deneyin.

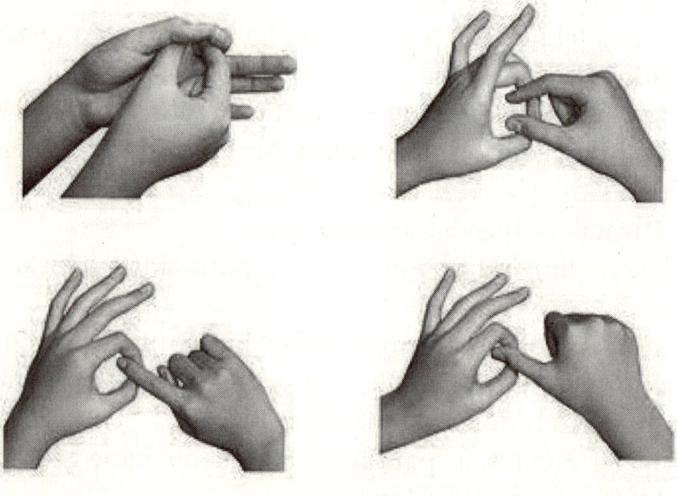

HASTALIKLAR

Örnek hislerde bahsi geçen cümleler ile verilen DNA kayıtlarına dair cümleler, yazarın belirttiği ve tekniğe ait cümlelerdir.

A

ADDISON

Kortizol hormonunun böbreküstü bezlerinde az salgılanmasından ortaya çıkan bir rahatsızlıktır. Kortizol hormonu stresi engellemeye yönelik salgılanan bir hormondur. Bu hastalık kişinin duygusal doyumsuzluk yaşadığını ya da stresle baş edemediğini, korku duyduğunu gösterir.

Addison rahatsızlığı için test edilmesi gereken DNA kayıtları:

- Yönümü kaybettim.
- Kendimi hayal kırıklığına uğrattım.
- Anneme babama boyun eğmeliyim.
- Hayatım tehlikede.
- Vazgeçmeliyim.
- İnsanlar kötüdür.
- Hayatta hiçbir yerim yok.
- Öz saygımı yitirdim.
- Ben kurbanım.

DNA kayıtlarını test etmeniz için ilk önce kas testi yapmanız gerekiyor.

Bu kayıtlardan hangisi sizde varsa, o kaydı DNA'nızdan değiştirerek yenisini zihninize/ hücrelerinize indirmeniz gerekiyor.

Addison için tavsiye edilen yeni DNA kayıtları:
- Yönümü bulmayı biliyorum.
- Hayal kırıklıkları olmadan yaşamayı biliyorum.
- Annemle/ babamla nasıl iletişim kuracağımı biliyorum.
- Hayatım güvende.
- Vazgeçme zorunluluğu olmadan ilerlemeyi biliyorum.
- İyi insanları kendime çekerim.
- Hayattaki yerimi biliyorum.
- Öz saygım ve özgüvenim tam.
- Ben cesurum.

ADRENAL RAHATSIZLIKLARI

Bu türden rahatsızlıklar genel olarak kişinin hayattaki düzeninin bozulmasının vücuduna yansıdığını gösterir.

Adrenal rahatsızlıklar için test edilmesi gereken DNA kayıtları:
- İnsanlara güvenimi yitirdim.
- Cesaretim kolayca kırılır.
- Her zaman stresli ve gerginim.
- Hayat çok zor.
- Kendimi kurban gibi hissediyorum.
- Paramı, işimi kaybetmekten korkuyorum.
- Kendimden nefret ediyorum.
- Umutlarımı kaybettim.
- Dinlenecek vaktim yok.
- En iyisini yapmalıyım.
- Mükemmel olmalıyım.

Adrenal rahatsızlıklar için tavsiye edilen yeni DNA kayıtları:

– Güvenilir insanları kendime çekerim.
– Cesaretliyim.
– Her zaman neşeliyim.
– Hayat kolay ve keyiflidir.
– Cesur olmayı biliyorum.
– İşimde güvendeyim.
– Kendimi seviyorum.
– Her zaman bir umudum var.
– Dinlemeyi biliyorum.
– Potansiyelimi en iyi şekilde kullanıyorum.
– Kendimi olduğum her halimle kabul ediyorum.

AĞIZ

Ağız bölgesinde ortaya çıkan problemler iletişimle ilgili sorunlar, duyguların ifade edilmesinde güçlük, yaşananların sindirilememesi, gerçek hayatla iç dünya arasında bağları koparmaya çalışma gibi durumların sonucunda ortaya çıkar.

Ağız rahatsızlıkları için test edilmesi gereken DNA kayıtları:
– İsteklerimi elde etmemin imkânı yok.
– Yutamadığım bir şey var.
– Üzgünüm.
– Annemin ve babamın arasındaki uyumsuzluk beni rahatsız ediyor.
– Yeni olan düşünceleri ve fikirleri kabullenmekte zorlanırım.
– Fikirlerimi ve düşündüklerimi söylemekte zorlanırım.

– Beklentilerim hep boşa çıkar.
– Kötü sözler söyleyerek insanları incitiyorum.
– İhtiyacım olanları alanıma almayı hak etmiyorum.
– Yaşamın hiç âdil olmadığına inanıyorum.

Ağız rahatsızlıkları için tavsiye edilen yeni DNA kayıtları:
– İsteklerimi elde etmem mümkün ve güvenlidir.
– Yutmayı biliyorum.
– Mutluyum.
– Annem ve babamın uyumlu olmasının nasıl bir his olduğunu biliyorum.
– Yeni düşünce ve fikirlere açık olmayı biliyorum.
– Fikirlerimi açıkça söylemeyi biliyorum.
– Beklentilerimi Yaradan her zaman karşılar.
– İyi sözler söyleyerek karşımdakilere pozitif enerji veririm.
– İhtiyacım olan her şeyi alanıma almayı biliyorum.
– Yaşam herkese âdildir.

Ağız kuruluğu için test edilmesi gereken DNA kayıtları:
– Endişeliyim.
– Bedenimle duygularım uyumsuz çalışır.
– Sevgiye açım.
– İlgiye açım.
– Cesaretim yok.

Ağız kuruluğu için tavsiye edilen yeni DNA kayıtları:
– Güvendeyim.
– Bedenimle duygularım uyumlu çalışır.
– Sevginin gerçek tanımını biliyorum.

– İlginin gerçek tanımını biliyorum.
– Cesaretli olmanın tanımını biliyorum.

Ağızdaki aftlar için test edilecek DNA kayıtları:
– Ağzımı/ çenemi kapatmalıyım.
– İnsanlarla iletişimi kesersem rahat olurum.
– Sessiz kalmam gerekir.
– Acı çekmeliyim.
– Yeni fikirleri reddetmeliyim.
– Özgüvenim yok.
– Pişmanım.
– Kendimden şüphe duyuyorum.

Ağızdaki aftlar için tavsiye edilen yeni DNA kayıtları:
– Ağzımı/ çenemi istediğim zaman açmaya izinliyim.
– İnsanlarla iletişim hâlinde iken çok rahatım.
– Sessiz kalma zorunluluğum bitti. Kendimi rahatlıkla ifade ederim.
– Acı çekme deneyimlerim bitti. Güzel günler yaşamayı hak ediyorum.
– Yeni fikirlere açığım.
– Özgüven sahibi olmanın tanımını biliyorum.
– Tüm pişmanlıklarımdan arındım.
– Kendimi seviyorum.

Ağızda, damaktaki rahatsızlıklar ile ilgili test edilmesi gereken kayıtları:
– Değerimi kaybettim.
– Mutlu olmamın imkânı yok.
– Öfkemden besleniyorum.
– Sahip olduğum şeyler(ev/araba) elimden alındı.
– Kurallara göre yaşamalıyım.

Damak rahatsızlıkları için tavsiye edilen yeni DNA kayıtları:

- Değerimi biliyorum.
- Mutlu olmam mümkün ve güvenlidir.
- Öfkemden arınıyorum.
- Sahip olduğum şeyleri koruyorum.
- Kurallarımı kendim koymayı biliyorum.

Ağız kokusu için test edilecek DNA kayıtları:

- Hayatımda yaşadıklarımla baş etmekte zorlanıyorum.
- İnsanları kendimden uzaklaştırmalıyım.
- Negatif düşünceler beni yiyip bitiriyor
- Kin tutmalıyım.
- İntikam almak istiyorum.
- X kişisinden intikam almalıyım.

Ağız kokusu için tavsiye edilen yeni DNA kayıtları:

- Hayatımda yaşadıklarımı kendim seçiyorum ve güzel olan şeyleri seçmeyi biliyorum.
- İnsanlarla bir arada olmaktan mutluyum.
- Pozitif düşünmeyi biliyorum.
- İntikam alma zorunluluğum bitti.
- X kişisini affediyorum.

Ağız kanseri için test edilecek DNA kayıtları:

- İnsanların arkasından konuşarak acımı hafifletiyorum.
- İnsanlara karşı yıkıcı duygular besliyorum.
- Hayattan zevk almamın imkânı yok.
- Boşluktayım.
- Sevgiye ihtiyacım var.

– Kendime kızgınım.
– Hayatın güzelliklerini görmeyi reddediyorum.

Ağız kanseri için tavsiye edilen yeni DNA kayıtları:
– İnsanların yüzüne karşı ve iyiliklerine konuşmayı biliyorum.
– İnsanları olduğu gibi kabul ediyorum.
– Hayattan zevk almayı biliyorum.
– Boşlukta olma zorunluluğum bitti.
– Seviliyorum.
– Hayatın güzelliklerini görmeyi biliyorum.

Ağlamak isteyip de ağlayamayanların test etmesi gereken kayıtlar:
– Ağlamak yanlıştır.
– Ağlarsam güçsüz olurum.
– Ağlamak zayıflıktır.
– Ağlamak yalnızca bebeklere özgüdür.
– Erkek adam ağlamaz. (Erkekler için)
– Mutlu olmak için ağlamalıyım.
– İnsanlar beni yok sayıyor.

Ağlamak için tavsiye edilen yeni DNA kayıtları:
Ağlamak bazen gereklidir. Bu kayıtları; "Gerektiği zaman ağlamayı biliyorum." şeklinde değiştirebilirsiniz.
– Erkek adam gerektiğinde ağlayabilir. Bu mümkündür.
– Mutluluk gözyaşları dökmem mümkün.
– İnsanlar beni olduğum gibi kabul eder, varlığımı görür.

AGORAFOBİ/ AĞRI (Fibromiyalji) / AIDS

Agorafobisi olanların test etmesi gereken DNA kayıtları:

– Ölümden korkuyorum.
– Anneme bağımlıyım.
– Güvenim yok.
– Güvenli alanımdan çıktım.
– Sürekli eleştirilen biriyim.
– Annemi eleştiriyorum.
– Annemle sevgi alışverişim yok.
– Kendimi sevmeyi biliyorum. ("Hayır" çıkarsa değiştirin.)
– Yerimi kaybetmekten korkuyorum.

Agorafobisi olanlar için tavsiye edilen yeni DNA kayıtları:

– Ölümden korkma zorunluluğum bitti.
– Annemden özgürleştim.
– Güvendeyim.
– Nereye gidersem gideyim güvenli alanımdayım.
– Sürekli motive edilen biriyim.
– Annemi olduğu gibi kabul ediyorum.
– Annemle sevgi dolu bir ilişkimiz var.
– Kendimi sevmeyi biliyorum.
– Yerimi koruyorum ve ilerliyorum.

Bu bölümde "Ölmekten ve yerimi kaybetmekten korkuyorum" kayıtlarının altında yatan kök inanç bulunursa daha faydalı bir çalışma olur.

Ağrı çekenlerin test etmesi gereken DNA kayıtları:

– Dikkat çekmeliyim.
– Ağrılarla kendimi cezalandırıyorum.

– Derin bir suçluluk duygum var.
– İçsel olarak acı çekiyorum.
– Korkularımla yüzleşemeyeceğime inanıyorum.
– Hassasım.
– Varlığımı hissetmek için ağrılarımın olması gerekir.
– Ahlaki yönden acı çekiyorum.
– Farkında olmayı erteliyorum.
– Dinlenmeye vaktim yok.
– Duygusal yönden dengesiz olduğuma inanıyorum.

Ağrı çekenler için tavsiye edilen yeni DNA kayıtları:
– Dikkat çekmeyi biliyorum.
– Kendimi cezalandırma zorunluluğum ve bu konuyla ilgili dersim bitti.
– Suçluluk hissetmeden yaşamayı biliyorum.
– İçsel olarak güvendeyim.
– Korkularımla yüzleşmek güvenlidir.
– Duygularımı yönetmeyi biliyorum.
– Varlığımı hissetmeyi biliyorum.
– Ahlaki yönden güvendeyim.
– Her yönden farkında olmayı biliyorum.
– Dinlenmek için kendime vakit ayırmayı biliyorum.
– Duygusal olarak dengedeyim.

AĞRI / Baş Ağrısı için test edilmesi gereken DNA kayıtları:
– Stres ve gerginlik içindeyim.
– Her şeyi ben başarmalıyım.
– Takıntılıyım.
– Duygu ve düşüncelerim negatif.
– Yorgunum.
– Gerçeklerle yüzleşmekten korkuyorum.

– Her şeyi kontrol etmeliyim.
– Mükemmel olursam başarılı olurum.
– İçimden geldiği gibi davranmayı reddederim.
– Kalbimin sesini dinlemek yerine kafamın sesini dinledim.
– Kalbimdeki istekleri durdurmalıyım.
– Kendimi olan güvenimi kaybediyorum.
– Kızımla/annemle/kadınlarla sorunum var.
– Oğlumla/ babamla/ erkeklerle sorunum var.
– Zihnim ve duygularım yanlış yöne doğru gidiyor.

Baş ağrısı çekenler için tavsiye edilen yeni DNA kayıtları:
– Mutlu ve güvendeyim.
– Başarılı olmayı ve başarıyı paylaşmayı biliyorum.
– Takıntılarımdan özgürleşmeyi biliyorum.
– Duygu ve düşüncelerimi pozitif yönde tutmayı biliyorum.
– Dinlenmeyi biliyorum.
– Gerçeklerle yüzleşmeyi biliyorum.
– Kontrolcülüğümden özgürleşmeyi biliyorum.
– Başarılı olmayı biliyorum.
– İçimden geldiği gibi davranmayı biliyorum.
– Kalbimin sesini dinlemeyi biliyorum.
– Kalbimdeki isteklere sahip olmayı biliyorum.
– Kendime her zaman güveniyorum.
– Kızımla/annemle/ kadınlarla ilişkilerim sevgi dolu.
– Oğlumla/babamla/erkeklerle ilişkilerim sevgi dolu.
– Zihnim ve duygularım doğru yönde ilerliyor.

AĞRI

Bel ağrısı için test edilmesi gereken DNA kayıtları:
– Çocuğum için aşırı kaygılıyım.
– Maddi kaygılar içindeyim.
– Her şeyin direği benim.
– Ben olmazsam her şey yarım kalır.
– Cinsel konularla ilgili endişeliyim.
– Küçükken annem tarafından desteklenmediğimi biliyorum.
– Başkalarının sorumluluğunu taşımalıyım.

Bel ağrısı çekenler için tavsiye edilen yeni DNA kayıtları:
– Çocuğum her zaman güvendedir.
– Maddi olarak güvendeyim.
– Sadece kendi sorumluluklarımı alırım.
– Ben olmadığımda da işlerim yürür ve ilerler.
– Cinsel konularla ilgili rahatım.
– Annem her zaman beni destekler.
– Diğerlerinin benimle birlikte sorumluluk almaları mümkündür.

AİDS için test etmesi gereken DNA kayıtları:
– Değersiz olduğuma inanıyorum.
– Kendimi özgürce ifade edemeyeceğime inanıyorum.
– Sevgi ve üzüntüyü bir arada yaşarım.
– Sevgiye dair suçluluk duygum var.
– Öfke ve korkularımı bastırdım.
– Kendimi tamamen yok etmeliyim.
– Kendimi olduğum gibi kabul etmediğime inanıyorum.

– Yetersiz olduğuma inanıyorum.
– Ailemin ilgisini ve sevgisini kazanmamın tek yolu AIDS olmaktır.
– Ailemin utanç kaynağıyım.
– Kim olduğumu bilmiyorum.
– Kimliğimi reddediyorum.
– AIDS ile cezalandırıldım.

AIDS olanlar için tavsiye edilen yeni DNA kayıtları:
– Değerliyim.
– Kendimi her zaman özgürce ifade ederim.
– Sevilmeyi ve neşeli olmayı biliyorum.
– Öfkelerimle ve korkularımla yüzleşmeyi biliyorum.
– Kendi varlığımı onaylıyorum, ben varım.
– Kendimi olduğum her halimle kabul ediyorum.
– Yeterliyim.
– Ailem her zaman benimle ilgilenir ve sever.
– Ailemin gurur kaynağıyım.
– Kim olduğumu biliyorum.
– Kimliğimi kabul ediyorum.
– AIDS ile ilgili tüm derslerim bitti.

AKCİĞER

Akciğerler yaşam için en gerekli olan havayı kullanabilmemi sağlar, dolayısıyla akciğerde ortaya çıkan sorunlar yaşamın ta kendisiyle alakalıdır.

Akciğer rahatsızlıkları için test edilmesi gereken DNA kayıtları:
– Hayatı içime çekmek yanlıştır.
– Akciğer rahatsızlıklarım sayesinde var olduğumun

farkına varıyorum.
– Nefes almamın imkânı yok.
– Nefes alırken acı çekiyorum.
– İnsanlara karşı güvenim sarsıldı.
– Gözyaşlarımı içime akıtmalıyım.
– Oksijensiz kaldım.
– Kendimi serbest bırakmamın imkânı yok.
– Baskı altındayım.
– Hayattan korkuyorum.
– Sıkışmış hissediyorum.
– Hiçbir çıkış yolum yok.
– Kendimi güvensiz hissediyorum.
– Güçsüzüm.
– Yaşamak için bir sebep arıyorum ama yok.
– Hayat amacıma ulaşmayı engelledim.
– Sigara içtiğim için akciğerlerim rahatsızlandı. (Sigara içenler için)

Akciğer rahatsızlıkları için tavsiye edilen yeni DNA kayıtları:
– Hayatı keyifle içime çekmeyi biliyorum.
– Var olmayı biliyorum.
– Nefes almak benim için mümkündür.
– Keyifle nefes almayı biliyorum.
– Güvenilir insanları hayatıma çekerim.
– Gerektiğinde ağlarım.
– Oksijen almayı biliyorum.
– Kendimi serbest ve rahat bırakmayı biliyorum.
– Güvendeyim.
– Hayat keyifli ve ben güvendeyim.
– Rahat hissetmeyi biliyorum.
– Her zaman bir çıkış yolu var.

– Her zaman güvendeyim.
– Güçlüyüm.
– Yaşamak için çok sebebim var.
– Hayat amacıma ulaşmayı biliyorum.
– Sigarayı kolaylıkla bırakmayı biliyorum.

Akciğer kanseri için test edilmesi gereken DNA kayıtları:
– Ölümden korkuyorum.
– Üzüntülerimi içime atmalıyım.
– Sevdiklerimi kaybettim.
– İşimi kaybettim.
– Yaşam nedenimi kaybettim.
– Kendimi mahkûm gibi hissediyorum.
– İnsanlar beni yargılar.
– Hayatımın anlamını kaybettim.
– Sahip olduklarımı kaybetmekten korkuyorum.
– Artık dayanamayacağıma inanıyorum.
– Başkaları için yaşamalıyım.
– Sevdiklerimin hayatını ben kurtarmalıyım.

Akciğer kanseri için tavsiye edilen yeni DNA kayıtları:
– Yaşamayı biliyorum.
– Üzüntülerimle yüzleşip bitirmeyi biliyorum.
– Sevdiklerim her zaman yanımdadır.
– Sevdiğim işi yapıyorum.
– Yaşam amacıma uygun yaşamayı biliyorum.
– Kendimi özgür hissediyorum.
– İnsanlar beni olduğum gibi kabul eder.
– Hayatım anlamlıdır.
– Sahip olduklarımla güvendeyim.

- Şükrediyorum.
- Kendim için yaşıyorum.
- Sevdiklerim kendi hayatını kurtarabilir/yaşayabilir.

AKNE

Utanma, değersizleştirme, cinsellikten çekinme, bastırılan duyguların sonucunda ortaya çıkar.

Akne ile ilgili test edilmesi gereken DNA kayıtları:

- Ben değersiz olduğuma inanıyorum.
- Kendime öfkeliyim.
- Kendimden nefret ediyorum.
- Kendimi reddediyorum.
- Ben istenmeyen biriyim.
- Utanç duyuyorum.
- Kendimi cezalandırıyorum.
- Kendimi kabul etmediğime inanıyorum.
- Boşluk içindeyim.
- Görülmekten kaçıyorum.
- Fiziğimle yüzleşmekten korkuyorum.
- İtibarımı kaybetmekten korkuyorum.
- Kim olduğumu bilmiyorum.
- Cinselliğimi reddediyorum.
- Huzurlu olmak için içime kapanmalıyım.
- Huzurlu yaşamak için insanlardan uzak durmalıyım.
- Başkalarıyla kıyaslanmalıyım.
- İnsanları memnun etmeliyim.
- Aşırı duygusalım.

Akne için tavsiye edilen yeni DNA kayıtları:

- Ben değerliyim.

- Kendimi affettim.
- Kendimi seviyorum.
- Kendimi olduğum her halimle kabul ediyorum.
- Ben istenen biriyim.
- Tüm utanç duygumdan arındım ve dersimi aldım.
- Tüm cezalandırmalar bitti.
- Kendimi kabul ediyorum.
- Sevgi içerisindeyim ve güvendeyim.
- Görülmek güvenlidir.
- Fiziğimle kolaylıkla yüzleşirim.
- İtibarlıyım ve güvendeyim.
- Kim olduğumu biliyorum.
- Cinselliği kabul ediyorum.
- Her zaman huzurluyum.
- Huzurlu olmayı biliyorum.
- Kendi başarımla mutluyum.
- Mutlu ve memnun insanları kendime çekerim.
- Duygularımı dengelemeyi biliyorum.

ALERJİLER

"Çevremde kime alerjim var?" sorusunu kendimize sormalıyız.

Alerjilerle ilgili test edilmesi gereken DNA kayıtları:
- Başkalarından rahatsızım.
- Gücüm tükendi.
- Sevdiğimden ayrıldım.
- Sevdiklerim beni incitir.
- Beni incitenleri affetmemin imkânı yok.
- Ailem beni yönetiyor.
- Sevgi ve şefkatten yoksunum.

– Ailemi cezalandırıyorum.
– Nasıl sınır koyacağımı biliyorum. ("Hayır" çıkarsa değiştirin.)
– Öfkemi bastırmalıyım.
– Kurallara boyun eğmeliyim.
– Anneme (ya da babama) alerjim var.
– Kendimi tıkanmış hissediyorum.
– Kendimi sürekli savunmalıyım.
– Herkes beni eleştirir.
– Sevdiklerime mesafe koymalıyım.
– Kendim olamıyorum.
– Hayır demeyi biliyorum. ("Hayır" çıkarsa değiştirin.)

Alerjiler için tavsiye edilen yeni DNA kayıtları:
– Başkalarını olduğu gibi kabul ediyorum.
– Güçlüyüm ve gücümün farkına varmayı biliyorum.
– Sevdiklerimle bir arada olmayı biliyorum.
– Sevdiklerim beni destekler.
– Beni incitenleri affetmeyi biliyorum, bu ders bitti.
– Ailem benim fikirlerimi kabul eder.
– Sevgi ve şefkat içerisindeyim.
– Ailemi seviyorum.
– Nasıl sınır koyacağımı biliyorum.
– Öfkemi boşaltmayı biliyorum.
– Kurallara boyun eğmeden yaşamayı biliyorum.
– Annemle/babamla iyi geçinmeyi biliyorum.
– Kendimi özgür hissediyorum.
– Kendime inanıyorum.
– Herkes beni olduğum gibi kabul eder.
– Sevdiklerimle yakın olmayı biliyorum.
– Kendim olmayı biliyorum.
– Hayır demeyi biliyorum.

ALZHEIMER

Alzheimer rahatsızlığı kişinin zaman, gerçeklik ve hayatla ilgili problemleri olduğunu gösterebilir.

Alzheimer için test edilecek yeni DNA kayıtları:

- Hayatla savaşıyorum ve yorgunum.
- Kendimi yetersiz görüyorum.
- Kendimi korumasız hissediyorum.
- Sadece anne ve babamın yanında kendimi güvende hissederim.
- Çocukken hayat daha güvenliydi.
- Hayatın merkezi benim.
- Gerçeklerle karşı karşıya gelmekten korkarım.
- Yakınlarım beni unuttu.
- Yakınlarımın artık bana sevgi duymadığına inanıyorum.
- Hayattan yavaş yavaş koptuğumu hissediyorum.
- Hayatı reddetmeye çalışırım.
- Zamanın varlığını yok sayarım.

Alzheimer için tavsiye edilen yeni DNA kayıtları:

- Hayatı keyifle yaşamak için enerjiye sahibim.
- Yeterli olduğumu biliyorum.
- Korunduğumu hissetmeyi biliyorum.
- Kendimi her zaman güvende hissetmeyi biliyorum.
- Hayatı şimdi de güvenli yaşamayı biliyorum.
- Her insanın özel olduğunu biliyorum.
- Gerçeklerle yüzleşmeyi kabul ediyorum.
- Yakınlarım beni hatırlar.
- Yakınlarım beni sever.
- Hayatla aramda bir sevgi bağı olduğunu hissederim.

– Hayatı kabul ederim.
– Zamanın varlığını biliyorum.

ANKİLOZAN SPONDİLİT

Genel olarak aile ile ilgili sorunların vücuda yansımasıdır.

Ankilozan Spondilit sorunları için test edilmesi gereken DNA kayıtları:
– Ailemi korumak için kendimi kurban ederim.
– Ailemi ayakta tutmaya çalışırım.
– Ailemin tüm yüklerini üstlenirim.
– Ailemi güvende tutmaya çalışırım.
– Hayatta kalabilmek için sağlam temeller atmalıyım.
– Hayatımı ben kontrol etmeliyim.
– Yaptıklarımın sonuçlarını alamayacağıma inanıyorum.
– İnsanlara yardım etmeyi biliyorum. ("Hayır" çıkarsa değiştirin.)
– Yapmak istemediğim şeyleri hayır diyemediğim için yaparım.
– İstemediğim bir cinsel birlikteliğe zorlandım.
– Cinsel birliktelik için reddedildim.

Ankilozan Spondilit için tavsiye edilen yeni DNA kayıtları:
– Ailemin kendilerini koruyacak güce sahip olduğunu biliyorum.
– Ailemin ayakları üstünde durabileceğimi biliyorum.
– Ailemin yüklerinden kurtulmayı kabul ediyorum.
– Ailemin güvende olduğunu biliyorum.

– Hayatta kalmak için sağlam temeller atmayı biliyorum.
– Hayatımı nasıl kontrol etmeyi biliyorum.
– Emeklerimin karşılığını almayı biliyorum.
– İnsanlara yardım etmeyi biliyorum.
– Hayır demeyi biliyorum.
– Yalnızca istediğim zaman cinsel birliktelik yaşamayı biliyorum.
– Cinsel birliktelik için kabul edilmeyi biliyorum.

ANÜS

İçten içe duyulan suçluluk duygusu, vücudun bu bölümünde rahatsızlıklara sebep olur. Ayrıca vücudun boşaltım sistemi bölümlerinden biri olduğu için duygusal olarak da arınma temizlenmeyi, duyguların boşaltımını temsil eder.

Anüs sorunları için test edilmesi gereken DNA kayıtları:
– Geçmişteki yanlış kararlarım için suçluyum.
– Pişmanım.
– Huzursuz hissediyorum.
– Kendime kin duyuyorum.
– …….. kişisine (isim) kin duyuyorum.
– Terk edilmekten korkuyorum.
– Kaybetmekten korkuyorum.
– Affedemeyeceğime inanıyorum.
– Sürekli kendimi veya başkalarını eleştiririm.
– Geçmişten ders çıkaramadım.
– Kendimden hoşnut olmadığıma inanıyorum.
– Hayatımdan hoşnut olmadığıma inanıyorum.

- Ne yaparsam yapayım yetmeyeceğine inanıyorum.
- Hayatımı kontrol etmeliyim.
- İhanete uğrarım.
- Kendi doğrularımdan kuşku duyarım.
- Yaşamda iyi şeyler hak etmediğime inanıyorum.

Anüs için tavsiye edilen yeni DNA kayıtları:
- Geçmişteki yanlış kararlarım için kendimi affediyorum.
- Pişmanlıklarımdan arındım.
- Huzurluyum.
- Kendimi her halimle seviyorum.
- Başkalarını oldukları gibi kabul ediyorum.
- Kendimle yüzleşmeyi biliyorum.
- Kaybetme korkumla yüzleşmeyi biliyorum.
- Affetmeyi biliyorum.
- Kendimi ve başkalarını fazlasıyla eleştirmeden yaşamayı biliyorum.
- Geçmişten derslerimi aldım/ biliyorum.
- Kendimden hoşnudum.
- Hayatından hoşnudum.
- Her şeyden bol bol var, yeterliyim.
- Güvendeyim.
- İhanete uğramadan yaşamayı biliyorum.
- Kendime ve kendi doğrularıma inanırım.
- Yaşamda daima iyi şeyleri hak ediyorum.

ASTIM

Geçmişte yaşananlar yüzünden kendini yaşamaya değer görmeme durumu.

Astım rahatsızlıkları için test edilmesi gereken DNA kayıtları:

– Çocukken yaşadığım kötü anları tekrar yaşamaktan korkarım.
– Bazı şeylere haddinden fazla tutulu kalırım.
– Anlık kaygılar yaşarım.
– Duygularımı ifade etmek yerine içimde saklarım.
– Aile içinde otorite sahibi kişiye karşı korku duyarım.
– Kendi düşüncelerimi savunmakta zorlanırım.
– Nefessiz kalıp boğulacakmışım gibi hissederim.
– İnsanlarla aynı havayı solumayı reddederim.
– Hayatı yaşamayı reddederim.
– Yaşadığım hayat benim potansiyelim için az geliyor.
– Hayatımı değiştirmek için aldığım kararları endişelerim yüzünden ertelerim.
– Geçmişten kurtulmak için çabalarım.
– Annem benim yerime nefes alıyor, benim nefes almaya ihtiyacım yok.
– Başka bir yerde yaşama arzusu duyuyorum.
– Çözemediğim problemlerimden kaçmayı düşünürüm.
– Gücü, statü ile elde etmeye çalışırım.
– İnsanları memnun ederek varlığımı hissederim.
– Mükemmel olmaya çalışırım.
– İnsanların hayatlarıma müdahale etmesine izin veririm.

Astım rahatsızlıkları için tavsiye edilen yeni DNA kayıtları:

– Artık büyüdüm, güçlüyüm.
– Geçici heveslerimdense asıl ilgi alanıma yönelmeyi biliyorum

– Hayatımı huzur içinde yaşamayı kabul ederim.
– Duygularımı doğru kelimelerle ifade etmeyi biliyorum.
– Ailemin bana her zaman şefkat gösterdiğini biliyorum.
– Kendi düşüncelerimi ifade edecek güce sahibim.
– Bana hayat veren nefesi kolaylıkla içime çekmeyi biliyorum.
– İnsanları sevmeyi ve onlarla aynı havayı solumayı kabul ediyorum.
– Hayatı yaşamayı kabul ediyorum.
– Kendi potansiyelimi ortaya çıkaracağım bir hayatı kendime çekmeyi biliyorum.
– Hayatımı değiştirecek adımları kolayca atarım.
– Geçmişi geride bırakarak şimdiyi yaşamayı biliyorum.
– Yaşamak ile annem arasında kurduğum bağın ayrılmasını ve kendim için nefes almayı kabul ediyorum.
– Kendimi huzurlu hissettiğim yerde yaşamayı biliyorum.
– Problemlerimle yüzleşmenin beni daha güçlü bir insan haline getireceğini biliyorum.
– İhtiyacım olan gücün içimde var olduğunu biliyorum.
– Varlığımı hissetmek için insanları memnun etmeme gerek olmadığını biliyorum.
– Mükemmel olma duygusunu biliyorum.
– Hayatımla ilgili tüm tercihlerimin kendime ait olmasını kabul ediyorum.

ATARDAMARLAR

Damarlar sevginin vücuda yayılmasını sağlayan kanallardır.

Atardamar rahatsızlıkları için test edilmesi gereken DNA kayıtları:

- Kalbimle bağlantım koptu.
- Başkalarının negatifliklerine yenik düşüyorum.
- Sınırlandırılıyorum.
- Sevmekten korkuyorum.
- Evde ve işte çatışma içinde kalıyorum.
- Kendimi istediğim gibi ifade edemeyeceğime inanıyorum.
- Yaratıcılığımı sınırlandırıyorum.
- Sevgi açlığı hissediyorum.
- Başkalarıyla bağlantımı koparmalıyım.
- Bitik ve güçsüz hissediyorum.
- Kendi sezgilerimi görmezden gelirim.
- Kendimden nefret ediyorum. Suçluyum.

Atardamar rahatsızlıkları için tavsiye edilen yeni DNA kayıtları:

- Kalbimle bağlantım sağlamdır.
- Başkalarından etkilenmeden yaşamayı biliyorum.
- Özgürüm.
- Sevmeyi gerçekten biliyorum.
- Evde ve işte güvendeyim.
- Kendimi istediğim gibi ifade ederim.
- Yaratıcılığımı her zaman kolaylıkla arttırırım.
- Sevgiye doyuyorum.
- Başkalarının yanında da güvendeyim.

– Güçlü ve dincim.
– Kendi sezgilerime güveniyorum.
– Kendimi seviyorum.

AYAKLAR

Ayaklar, hayata karşı duruşumuzun, çizdiğimiz yolda yürümenin, kararların temsilcisidir.

Ayak rahatsızlıkları için test edilmesi gereken DNA kayıtları:
– Yanlış yönde ilerliyorum.
– Sezgilerime kulak asarsam yanılırım.
– Kafam çok karışık.
– Gerçeklerle bağlantımı kestim.
– Sıkışmış hissediyorum.
– Başkalarına muhtacım.
– Resmin bütününü görmekten kaçıyorum.
– Kararsız olduğuma inanıyorum.
– Bataklıkta gibi hissediyorum.
– Temelim zayıf.
– İlerlemek benim için çok zor.
– Kendimi durdurmalıyım.
– Kendi ayağıma çelme taktım.
– Hüsrana uğradım.
– Alma verme dengem yok.

Ayak rahatsızlıkları için tavsiye edilen yeni DNA kayıtları:
– Doğru yönde ilerlemeyi biliyorum.
– Sezgilerim beni doğru yöne götürür.
– Kafamdakileri sakince dile getiririm.

– Gerçeklerle bağlantılı olmayı biliyorum.
– Sıkışmadan, keyifle yaşamayı biliyorum.
– Gerektiğinde başkalarından destek görmeyi biliyorum.
– Resmin bütününü görürüm.
– Kararlıyım.
– Huzurlu hissediyorum.
– İlerlemek benim için çok kolay.

B

BACAKLAR

Bacaklar, geçmişi geride bırakan, geleceğin temsilcileridir.

Bacak rahatsızlıkları için test edilmesi gereken DNA kayıtları:
– Yaşadığım yerde güvende olmadığıma inanıyorum.
– Yalnız kalırsam endişelenirim.
– Anneme (babama, sevgilime, arkadaşıma...) kızgınım.
– Önemli kararlar almakta zorlanıyorum.
– Seçim yapmak zorunda kaldığımda karar veremeyeceğime inanıyorum.
– Geçmişte yaşadığım ihanetleri unutamayacağıma inanıyorum.
– Kendi düşüncelerimi değersiz görüyorum.

– Kendi hayallerimin peşinden gidemeyeceğime inanıyorum.
– Hayallerimin peşinden gidecek gücüm yok.
– Başkalarını kendimden daha çok önemsiyorum.
– Başkalarının amaçlarının peşinden gidiyorum.
– Annem bana destek olmadığı için başarılı olmam zor.
– Annemin baskılarından kurtulursam özgür olurum.
– Anneme olan bağlılığımdan kopmam gerek.
– Değişmek beni endişelendiriyor.
– Üzerimde çok fazla sorumluluk var.
– Evde olmak, kendimi güvensiz hissettiriyor.
– Kendimi, çevremdekilere yük olarak görüyorum.
– Emek vermediğim için mutlu olmadığıma inanıyorum.
– Benim kimseye ihtiyacım yok.
– Ben her zaman haklıyım.

Bacak rahatsızlıkları için tavsiye edilen yeni DNA kayıtları:
– Güvende olduğum yerde olmayı biliyorum.
– Sevenlerimin hep yanımda olduğunu biliyorum.
– Affetmeyi biliyorum.
– Önemli kararlar almayı biliyorum.
– Seçim yapma hakkına sahibim ve istediğim şeyi seçmeyi biliyorum.
– Geçmişimi affetmeyi biliyorum.
– Kendi düşüncelerimin değerli olduğunu biliyorum.
– Kendi hayallerimin peşinden gidiyorum.
– Güçlü olmayı biliyorum.
– Değerli hissediyorum.
– Önce kendi hayallerimi önemsediğimi biliyorum.
– Başarılı olmayı biliyorum.

– Özgür olmak nasıl bir duygu biliyorum.
– Değişmek beni geliştirir.
– Evrenin her yerinde güvende olduğumu biliyorum.
– Yüklerimden kurtulmayı biliyorum.
– Kendimi olduğum gibi kabul ediyorum.
– Mutlu olmayı biliyorum.
– Başkalarıyla yardımlaşmayı biliyorum.
– Başkalarının da haklı olma ihtimallerinin farkındayım.

BADEMCİKLER

Vücudumuzun ağız bölgesinde yer alan bademciklerimiz, doğru ve yanlış bilgiyi birbirinden ayırma özelliğine sahiptir. Bademciklerimizdeki rahatsızlıklar genellikle iletişim problemlerimiz ile ilgilidir.

Bademciklerdeki rahatsızlıkları için test edilmesi gereken DNA kayıtları:
– Kendimi kötülüklere karşı korumasız hissediyorum.
– Yaşadıklarımın gerçekliğini kabullenmekte zorlanıyorum.
– Hayatımı kökten etkileyecek kararlar almaktan kaçıyorum.
– Söylemek istediklerimi, sonucu kötü olur diye söylemeye çekiniyorum.
– Beni anlamayacaklarını düşündüğüm için susuyorum.
– Kimsenin beni dinlemeyeceğine inanıyorum.
– Dışlanmamak için herkesin istediklerini yapıyorum.
– Yeteneklerimin saçma olduğunu düşündüğüm için kendimi bu konuda geliştiremeyeceğime inanıyorum.

– Ailem tarafından dışlanmamak için gerçek düşüncelerimi dile getiremeyeceğime inanıyorum.

Bademciklerdeki rahatsızlıkları için tavsiye edilen yeni DNA kayıtları:
– Kendimi koruyacak güce sahibim.
– Yaşadıklarımın gerçekliğine varabiliyorum.
– Hayatımla ilgili önemli kararları alabileceğimi biliyorum.
– Söylemek istediklerimi söylemenin beni rahatlatmasını biliyorum.
– Konuşma hakkına sahibim.
– Düşüncelerimin değerli olduğunun farkındayım.
– Hayır demenin ne olduğunu biliyorum.
– Yeteneklerimi geliştirme gücünü kendimde buluyorum.
– Gerçek düşüncelerimi paylaştığımda ailemin beni kucaklayacağını biliyorum.

BAĞIRSAKLAR

Bağırsaklarımız, bedenimizin ruhsal gerçekliğini yansıtan noktasıdır. Yaşadığımız olayları, gözden geçirerek benimsediğimiz ve ne yapacağımıza yönelik verdiğimiz kararlar bu bölgemizi etkiler.

Bağırsaklarımızda ortaya çıkan rahatsızlıklar için test edilmesi gereken DNA kayıtları:
– Kendimi kandırılmış hissediyorum.
– Takıntılı biriyim.
– Her şeyi en ince ayrıntısına kadar düşündüğüm

için, karar verirken kıstaslarımı belirleyemeyeceğime inanıyorum.
- Aşırı mükemmeliyetçi olmaktan rahatsızlık duyuyorum.
- İnsanları sürekli yargılıyorum.
- Vedalar beni çok üzer. (Bir yola çıkmak)
- Kendimi çaresiz hissediyorum.
- Parasız kalmaktan korkuyorum.
- Annem çok titiz biri, onu memnun etmeliyim.

Bağırsak rahatsızlıkları için tavsiye edilen yeni DNA kayıtları:
- Güvende olduğumu biliyorum.
- Kendimle yüzleşmenin iyi hissettireceğini biliyorum.
- Kendimle ilgili sınırları belirleyebilirim.
- İnsanları oldukları gibi kabul etmeyi biliyorum. (Kendimi olduğum gibi kabul ediyorum.)
- Hayatın gerçekleriyle barışık yaşamayı biliyorum.
- Her sorun için bir çare bulabileceğimi biliyorum.
- Annemi memnun etme zorunluluğumun olmadığını biliyorum.

İnce bağırsak rahatsızlıkları için test edilmesi gereken DNA kayıtları:
- Kendimi yetersiz hissediyorum.
- Terk edilmekten korkuyorum.
- Hayatı elimden kaçırmış hissediyorum.
- Kendimi kaybolmuş gibi hissediyorum.
- Katı, eleştirel tavırlara sahibim.
- Hayata bir türlü uyum sağlayamadığıma inanıyorum.
- Alınganım.

İnce bağırsak rahatsızlıkları için tavsiye edilen yeni DNA kayıtları:

– Kendi isteklerimi gerçekleştirmek için yeterliliğe sahibim.
– Hayatımdan çıkmak isteyenlerin bu kararına saygı duyuyorum.
– Hayatı yakalayacağımın farkına varabiliyorum.
– Kendi yönümü bulacak güce sahibim.
– Rahat olmayı biliyorum.

Kalın bağırsak rahatsızlıkları için test edilmesi gereken DNA kayıtları:

– Yapmak istediğim şeyler olduğunda eyleme dökecek gücü kendimde bulamayacağıma inanıyorum.
– Değer verdiğim insanları kıskanıyorum.
– Geçmişe takılı kaldım.
– Hakkımda kötü şeyler söyleyecekler, beni eleştirecekler diye yapmak istediklerimden vazgeçiyorum.
– Kendimle ilgili kararları başkaları verdiğinde rahatlıyorum.
(Sorumluluk almak beni rahatsız eder.)

Kalın bağırsak rahatsızlıkları için tavsiye edilen yeni DNA kayıtları:

– İhtiyacım olan gücün içimde var olduğunu biliyorum.
– İnsanlara güven duymayı biliyorum.
– Geçmişte takılı kaldığım her şeyi affediyorum.
– İsteklerime keyifle ulaşmayı biliyorum.
– Sorumluluklarımın farkına varıyor ve onları sahipleniyorum. Üstesinden geliyorum.

BASUR (BKZ. HEMOROİD)

BAŞ – KAFA – BEYİN

Baş bölgesinde ortaya çıkan rahatsızlıklar için test edilmesi gereken DNA kayıtları:
– Olduğum kişiden farklı biri gibi davranıyorum.
– Başarmak için mükemmel olmam gerek.
– Annemle/kızımla iletişim kuramayacağıma inanıyorum.
– Babamla/oğlumla iletişim kuramayacağıma inanıyorum.
– Her şeyden şüphe ettiğim için insanlara güvensiz hissediyorum.
– Kendimden nefret ediyorum.
– Beğenilmek için çabalamam gerek.
– Duygusal davranırsam (duygularımı belli edersem) güçsüz görünürüm.
– Sorunları çözmekte zorlanıyorum.
– İçimden geldiği gibi davrandığım zaman dalga geçilmesinden çekiniyorum.
– Seçimlerime güvenemeyeceğime inanıyorum.
– Kimsenin bana değer vermeyeceğine inanıyorum.
– İç sesime güveniyorum. ("Hayır" çıkarsa değiştirin.)

Baş bölgesindeki rahatsızlıklar için tavsiye edilen yeni DNA kayıtları:
– Kendimi olduğum gibi kabul ediyorum.
– Başarılı olmayı biliyorum.
– Annemle/kızımla sağlıklı ilişki kurabilmeyi biliyorum.

– Babamla/oğlumla sağlıklı ilişki kurabilmeyi biliyorum.
– Şüphe duymadan, insanlara güvenerek yaşamayı biliyorum.
– Kendimi seviyorum.
– Beğenilmek benim için mümkündür.
– Duygusal olarak da güçlü olduğumu biliyorum.
– Sorunları kolayca çözmeyi biliyorum.
– İçimden geldiği gibi davranırım ve insanlar beni kabul eder.
(İstediğim gibi davranmanın bana verdiği mutluluğu biliyorum.)
– Seçimlerimde doğru kararlar alacağımı biliyorum.
– Değer görmeyi biliyorum.
– İç sesime güvenmeyi biliyorum.

BEL

Bel bölgesinde ortaya çıkan rahatsızlıklar, aile ile ilgili sorumlulukların ağır gelmesi sebebiyle oluşabilir.

Bel bölgesinde ortaya çıkan rahatsızlıklar için test edilmesi gereken DNA kayıtları:
– Ailemi bir arada ve güvende tutmaya çalışırım.
– Ekonomik olarak kendime güven duymakta zorlanırım.
– Çocuklarım için endişe duyarım.
– Kadın olmak bana kendimi değersiz hissettirir.
– Erkek olmak bana kendimi değersiz hissettirir.

Bel bölgesindeki rahatsızlıklar için tavsiye edilen yeni DNA kayıtları:

– Ailemi bir arada ve güvende tutmayı biliyorum.
– Ekonomik olarak kendime güven duyarım.
– Çocuklarım konusunda içimin rahat olmasının nasıl bir duygu olduğunu biliyorum.
– Kadın olmak değerlidir.
– Erkek olmak değerlidir.

BEYİN– BAŞ– KAFA

BOĞAZ

Boğaz kendini dış dünyaya ifade etme ve iletişimle ilgilidir.

Boğaz bölgesinde ortaya çıkan rahatsızlıklar için test edilmesi gereken DNA kayıtları:

– Söylediklerim beni pişman eder.
– Hislerimi bastırır, insanlara belli etmekten korkarım.
– Kendimi ifade etmekte zorlanırım.
– Benimle dalga geçilmesinden çekinirim.
– Çevremden kolayca etkilenirim.
– Kendimi bu dünyaya ait değilmişim gibi hissederim.
– İçimdeki gücün farkına varmaktan korkuyorum.
– Hayal dünyasında yaşarım.
– Cinsel hayatımın kendimden beklediğim gibi olmadığına inanıyorum.
– Öfkeliyim.
– Suçluluk duyuyorum.
– İstemediğim şeyleri yapmam için çevrem tarafından zorlanırım.

– Çevrem beni kısıtlıyor.
– Konuştuğumda insanların kalbini kırıyorum.
– Yapılmış olan kötü şeyleri hazmedemem.
– İstediğim şeyleri elde edemeyeceğime inanıyorum.

Boğaz bölgesindeki rahatsızlıklar için tavsiye edilen yeni DNA kayıtları:

– Sözlerimin arkasında durmayı bilirim.
– Duygularımı ifade etmek beni rahatlatır.
– Kendimi ifade edebilecek güce sahibim.
– Kendimle barışık yaşamayı biliyorum.
– Özgün olmanın beni özgürleştirdiğinin bilincindeyim.
– Ben bu dünyaya aitim.
– Güçlü olduğumu biliyor ve kabul ediyorum.
– Hayal dünyamdaki güzellikleri gerçek dünyama yansıtabilirim.
– Cinsel hayatımdaki sorunları çözmeyi bilirim.
– İnsanları affetmeyi biliyorum.
– Hatalarımdan arınmayı ve kendimi affetmeyi biliyorum.
– Kendim için sınırlarımı korumayı biliyorum. İstemediğim şeylere hayır diyebiliyorum.
– Hayatıma özgürlüğüme saygı duyan insanlar çekerim.
– Dilime gelen cümleler hoş cümlelerdir.
– Yaşadığım her şeyin, benim ders almam için olduğunu biliyorum.
– İstediğim her şeyi elde edebilirim.

BOĞMACA

Bunalma, sıkılma, nefes alacak alana sahip olmadığını düşünme, aile baskısı gibi durumlar boğmacayı tetikleyebilen durumlardır.

Boğmaca için test edilmesi gereken DNA kayıtları:

– Ailemin yanında rahat nefes alamadığıma inanıyorum.

– Anne babamın baskıları yüzünden boğuluyormuş hissine kapılırım.

– Annemin davranışları beni sinirlendirir.

– Anneme karşı tahammülüm kalmadığına inanıyorum.

– Stres altında olduğum için kendi yeteneklerimi geliştiremeyeceğime inanıyorum.

– Babamın bana babalık yapmadığına inanıyorum.

– Kimse için önemli görünmediğime inanıyorum.

Boğmaca için test edilmesi gereken DNA kayıtları:

– Ailemin yanında rahat nefes almayı biliyorum.

– Anne babamın beni rahat bırakmasını biliyorum.

– Annemle aramdaki sevgi bağının varlığını hissetmeyi biliyorum.

– Anneme sabır göstermeyi biliyorum.

– Özgür bir ortamda kendimi geliştirmeyi biliyorum.

– Babamı affetmeyi biliyorum.

– Önemli olduğumu biliyorum.

BOĞULMA– SOLUNUM YOLU– BOĞAZ BOYUN

Boynumuz başımızla bedenimiz arasında bir köprü görevi görür ve başımızı destekler. Sağımızı, solumuzu, arkamızı, önümüzü görebilmemizi sağlayan boynumuzdur. Boynumuz seçtiğimiz yönlerin temsilcisidir. Her yöne dönmemizi sağladığı için görüş açımızı genişletir. Bize kazandırdığı bu özellik sayesinde yaşadığımız olayları tüm yönleriyle görebiliriz. Boynumuzun sağlıklı olması doğru kararlar alabilmemiz için önemlidir. Boynumuz, beden ile baş arasında yer aldığı için; kalbin duygusallığı ve beynin mantıksallığını birbirinden ayırır. Bu bölgede çıkan rahatsızlıklara inatlaşma, direnme, içsel karmaşıklıklar gibi durumlar sebep olabilir.

Boyun bölgesinde ortaya çıkan rahatsızlıklar için test edilmesi gereken DNA kayıtları:
– Düşüncelerim yanlış da olsa doğruluğunu inatla savunurum.
– Fikirlerimi karşı tarafa kabul ettirmek için direnirim.
– Beni ilgilendirmeyen konulara karışırım.
– Bu dünyada yaşama hakkına sahip değilmişim gibi hissediyorum.
– Yaşadığım olayları tüm yönleriyle değerlendiremeyeceğime inanıyorum.
– Yardıma ihtiyacım olsa bile kendi ayaklarım üzerinde tek başıma durmakta diretirim.
– Önüme çıkan engelleri aşamayacağımı düşündüğüm için görmezden gelmeye çalışırım.
– Kendime öfke duyuyorum.
– Kendimi güvende hissetmek için başkalarının sırtına

yaslanırım.
– Kendi hayatımı görmezden geliyorum.
– Gerçek hayatın sorumluluklarından kaçarım.
– Kendimi, karar vermemin imkânsız olduğu seçenekler arasında bırakırım.
– Yaşamak istediğim hayatı toplumsal normlar engeller.
– Ahlaki duygularımla, isteklerim arasında kalırım.
– Başarıya ulaşmak için çok düşünürüm.
– Duygularımdan çok mantığımı kullanırım.
– Sürekli ayrıntıları düşünürüm.
– Geçmişte tacize maruz kaldım.
– Bedenimi kendime ait hissediyorum. ("Hayır" çıkarsa değiştirin)
– Başkalarının görüşlerini önemsemeden yaşıyorum.
– Yeni tanıştığım kişilere önyargılı yaklaşırım.
– Sabit fikirliyim.
– Kendimi baskı altında hissediyorum.
– X kişisinin yanında kendimi boğuluyor gibi hissediyorum.
– Bağlı kalmak zorunda olduğum şeyler beni sıkıyor.

Boyun bölgesindeki rahatsızlıklar için tavsiye edilen yeni DNA kayıtları:
– Hatalarımı kabul eder ve yeni bakış açıları kazanmayı kabul ederim.
– Fikirlere açığım.
– Başkalarının özel hayatlarına saygı duymayı bilirim.
– Bu dünyaya doğdum. Bu dünyada yaşamak benim en doğal hakkım.
– Yaşadığım olaylar için kafamı her yöne çevirerek bakabilirim. Olayları her yönüyle görebilecek güce

sahibim.
– Yardıma ihtiyacım olduğumda seve seve kabul edebilirim. İnsanların bana değer vermelerine izin veririm.
– Kendimi affediyorum.
– Kendimi güvende hissederim, başkalarının sırtına ihtiyacım olmadığını bilirim.
– Her zaman öncelik kendimim.
– Kendi hayatımın sorumluluklarını alırım.
– Hayatımda aldığım tüm kararların bilincindeyim.
– İstediğim gibi yaşamayı biliyorum.
– Ahlaki duygularım ve isteklerim arasında orta yolu bulabilirim.
– Başarıya ulaşmayı keyifle ve kolaylıkla yaparım.
– Duygularıma kulak veririm.
– Basit düşünmeyi biliyorum.
– Tacizden öğrenmem gereken tüm dersleri tamamladım ve bu ders bitti.
– Bedenim bana ait.
– İnsanların görüşlerine saygı duyarım.
– Önyargılarımdan arınmak daha sağlıklı ilişkiler kurmamı sağlıyor.
– Hayatı her yönüyle değerlendiriyorum.
– Baskı hissettiğim kişilerden, yerlerden ve olaylardan kurtuldum.
– X kişisine söylemek istediğim her şeyi söyledim ve rahatladım.
– Bağlarımı kendim kontrol ediyorum.

BÖBREK

Böbreklerimiz "Korku" nun beslendiği yerdir. Böbreklerimiz iyi olanı kötüden ayırmayı bilir. Bizi mutsuz eden duyguları vücudumuzdan atar. Hayatımızdaki zıtlıkları dengelemeyi bilir. Böbreklerimizdeki sorunlar genel olarak özel hayatımızdaki ilişkiler ile ilgilidir.

Böbreklerde ortaya çıkan rahatsızlıklar için test edilmesi gereken DNA kayıtları:

- Sevgilimle/Eşimle sürekli tartışmalıyım.
- Öfkemi ve korkularımı içimde tutuyorum.
- Duygularımdan emin olmakta zorlanıyorum.
- Geçmişim beni çok yordu.
- Mutluluğu başka insanlarda ararım.
- Kendimi güçsüz hissederim.
- İnsanlar kuyumu kazacaklarmış gibi hissederim.
- Geçmişimde pişmanlık duyduğum şeyleri değiştirmek isterdim.
- Kendimi rahatlatmak için kendime yalan söylerim.
- Benimle ilgisi olmayan konuların ucu bana dokunacak gibi hissederim.
- Hayatımla ilgili almam gereken kararları almakta zorlanırım.
- Para benim için çok önemlidir.
- Hayatı yaşamak için hevesim yok.
- Korkularımdan bahsedersem benimle dalga geçeceklerini düşünürüm.
- Bazen çok mutlu, bazen çok mutsuzum.

Böbreklerdeki rahatsızlıklar için tavsiye edilen yeni DNA kayıtları:

– Sevgilimle/Eşimle doğru iletişim kurarak ortak yolu bulabilirim.
– Öfkemi ve korkularımı serbest bırakıp rahatlamayı biliyorum.
– İç sesime kulak vererek duygularımı dinlemeyi bilirim.
– Geçmişin yüklerini sırtımdan bırakabilirim.
– Mutluluğu kendi içimde bulurum.
– Sahip olduğum gücün farkındayım.
– İnsanlara güven duymayı biliyorum.
– Geçmişte yaşadığım her şeyin bana verdiği dersi aldım bitti.
– Kendime karşı dürüstüm.
– Sınırlarımı korumayı bilirim.
– Paranın yalnızca bir araç olduğunu biliyorum.
– Hayatın yaşamaya değer olduğunu biliyorum.
– Duygularımı ne zaman ve kime belli edeceğimi bilirim.
– İçsel dengemi sağlamayı bilirim.

Böbrek taşları:

Duyguların birikerek katılaşmasıdır. Biriken duygular; korku, acı, kalıplaşmış düşüncelerdir. Kişinin uzun süre duygularını dışarıya atamayarak biriktirmesinden kaynaklanır.

Böbrek taşları için test edilmesi gereken DNA kayıtları:

– "X" kişisine ya da olayına karşı nefret duyuyorum.
– İlişkilerimde hayal ettiğim gibi mutlu olamadığıma inanıyorum.
– Mutlu olmayı hak etmediğime inanıyorum.

– Herkesi kendimden daha değerli görüyorum.
– Birileri sürekli beni gözetliyormuş gibi hissederim.

Böbrek taşları için tavsiye edilen yeni DNA kayıtları:
– "X" kişisini ya da olayını affetmenin beni rahatlatmasına izin veriyorum.
– İlişkilerimde aradığım mutluluğa ulaşabileceğimi biliyorum.
– Mutlu olmayı hak ediyorum.
– Ben değerliyim.
– Yaradan'dan başka kimsenin beni sürekli gözetlemediğini biliyorum.

Böbrek üstü Bezleri
Böbrek üstü bezleri için test edilmesi gereken DNA kayıtları:
– Mal varlığımı kaybetmekten korkarım.
– Hayatın gerçeklerini görmezden gelirim.
– Aldığım kararların sonuçlarının kötü olmasından korkarım.
– Her şeyi geride bırakıp kaçıp gitmeyi hayal ederim.
– Dışlanıyormuş gibi hissediyorum.
– Hayattaki yerimi bulamadığıma inanıyorum.
– Birlikte olmamın imkânsız olduğu kişilere âşık olurum.
– Her şeyin en iyisine ben sahip olmalıyım.

Böbrek üstü bezleri için tavsiye edilen yeni DNA kayıtları:
– Hayatımın değerli olduğunu bilirim.
– Hayatın gerçekleriyle yüzleşebilecek güce sahibim.
– Aldığım kararların doğruluğuna güvenirim.

– Mutlu olmayı bilirim.
– Toplumun beni kucaklamasına izin veririm.
– Hayattaki yerimi kendim seçtiğimin farkına varırım.
– Kendim için doğru olan insana âşık olurum.
– Seçimlerimin beni en iyi olana götüreceğine güvenirim.

Böbrek– Anür

Böbreklerin kanı süzmeyi bırakması durumu**dur.**

Böbrek– Anür için test edilmesi gereken DNA kayıtları:

– Ölmekten korkuyorum.
– Mutsuz olmamın nedeni ilişkim.
– Sıkıntılarımla çevremi bunaltıyorum.
– Ben hep başarısız olurum.
– Duygularımı içimde yaşarım.

Böbrek– Anür için tavsiye edilen yeni DNA kayıtları:

– Ölüm korkularımın bittiğini biliyorum.
– İlişkilerimin mutlu olacağını biliyorum.
– Çevremin beni önemsediğini biliyorum.
– Ben her zaman başarılıyım.
– Duygularımı serbest bırakırım.

Böbreklerde İltihaplanma

Böbreklerdeki iltihaplar için test edilmesi gereken DNA kayıtları:

– Sahip olduğum sırların ağırlığından kurtulamayacağıma inanırım.
– Herkesin benden beklentilerini karşılamaya çalışıyorum.
– Hayata karşı öfkeliyim.

Böbreklerdeki iltihaplar için tavsiye edilen yeni DNA kayıtları:

– Üzerimdeki bütün ağırlıklardan özgürleşmeyi biliyorum.

– Kendim olarak yaşamayı seviyorum. Herkesin hayattaki rolünü kendisinin yaşamasına izin veriyorum.

– Hayatı seviyorum.

BRONŞ

Bronşlar, bizim dış dünyamız ve iç dünyamız arasındaki bir iletişim kanalıdır. Yaşamımızı devam ettirebilmemiz için en önemli şeylerden biri havadır. Bronşlar, yaşamı sürdürmeyi temsil eder. Soluduğumuz havanın kirli olması ya da sigara içmek bronşların sağlıklı çalışmamasına neden olur.

Bronşlardaki rahatsızlıklar için test edilmesi gereken DNA kayıtları:

– Kendimi penceresi olmayan bir odaya kapatılmış gibi hissediyorum.

– Kendi evimde güvende olmadığımı hissederim.

– Annem ve babamın sürekli tartışmalarından rahatsız oluyorum.

– Başkalarının benim hakkımda ne dediklerini çok önemsiyorum.

– Nefessiz kalıyorum ve boğuluyormuş gibi hissediyorum.

– Kendimi koruyamayacağıma inanıyorum.

– Herkesten bıktım. (Belirli bir kişiden de olabilir.)

– Hislerimi kimseyle paylaşmamaya çalışırım.

– Pişmanım.
– Kendi özel alanımı koruyamayacağımı düşünürüm.
– Özgür olmadığımı düşünürüm.
– Herkes ve her şey beni çok bunaltıyor.
– Yaşam sevincim yok.
– Kişisel alanıma çok fazla müdahale ediliyor. (Ailem, eşim, arkadaşlarım, işim…)

Bronşlardaki rahatsızlıklar için tavsiye edilen yeni DNA kayıtları:
– Hak ettiğim nefesi gönül rahatlığıyla içime çekebiliyorum.
– Kendi evimde güvende olmayı biliyorum.
– Annem ve babam sağlıklı bir iletişime sahipler.
– Başkalarının hakkımdaki konuşmalarından almam gereken dersi aldım ve bitti.
– Nefes almayı biliyorum.
– Kendimi koruyabilme gücüne sahip olduğumu biliyorum.
– İnsanlara karşı sabırlı olmayı biliyorum.
– Bedenimin hislerimi yansıtmasına izin veririm.
– Geçmiş pişmanlıklarımdan almam gereken dersi aldım.
– Kendi sınırlarımı koruyorum.
– Ben özgürüm.
– İstemediğim her şeyi kendimden uzaklaştırıp nefes alabileceğim alanı genişletmeyi biliyorum.
– Yaşamayı seviyorum.
– Kişisel alanım karmaşadan uzak, sakin ve ferahtır.

Bronşçuklar
Bronşçuklar için test edilmesi gereken DNA kayıtları:
– Annem her şeyime karışıyor.

Bronşçuklar için tavsiye edilen yeni DNA kayıtları:
– Annemi olduğu gibi kabul ediyorum. Annem beni destekler.

Bronşektazi (Bronş Genişlemesi):
Bronşektazi için test edilmesi gereken DNA kayıtları:
– Kalabalık içinde sıkışıp kalmış gibiyim.
– İnsanların bana bu kadar yakın olmaları kendimi tehdit altında hissetmeme neden oluyor.
– Hayatıma müdahale edilmesine göz yumarım.
– Kişisel haklarımı savunmaya çalışmaktan vazgeçtim.

Bronşektazi için tavsiye edilen yeni DNA kayıtları:
– Kalabalık içindeki varlığımı koruyorum.
– İnsanlara karşı sınırlarım belli.
– Hayatım bana ait.
– Haklarımı biliyor ve koruyorum.

Bronşit
Bronşit için test edilmesi gereken DNA kayıtları:
– Aile bireylerimin birbirine dürüst olmadığına tanık olurum.
– Yaşadığım ortam içinde özgür değilim.
– Annemden ayrı yaşamak istiyorum.
– İnsanlar yakın çevremdeki kişiler hakkında neler söylüyorlar önemsiyorum.

– İnsanlar havayı soluyarak bitirecekler hissine kapılıyorum.

Bronşit için tavsiye edilen yeni DNA kayıtları:
- Dürüst bir aile ortamında yaşamayı biliyorum.
- Yaşadığım ortam içinde özgür olmayı biliyorum.
- Annemle doğru iletişim kurabiliyorum.
- İnsanları olduğu gibi kabul ediyorum.
- Dünyada herkese yetecek kadar havanın var olduğunu biliyorum.

Bruksizm (Çene Gıcırdatma / Sıkma)
Kişi sessizlik yemini etmiş olabilir.

Bruksizm için test edilmesi gereken DNA kayıtları:
- Konuşmaz, uslu durursam ailem beni sever. (Çocukluk döneminde ailenin çocuğu susturması)
- Kızgınlığımı içimde yaşarım.
- Söylemem gereken şeyleri, huzuru bozmamak için içimde tutarım.
- Önemli kararlar vermekten kaçıyorum.
- Ne zaman konuşmak istesem susturuluyorum.
- Kendimi herkesten daha değersiz görüyorum.
- Sorunlarımla asla baş edemeyeceğime inanırım.
- Duygularımı ifade etmekte zorlanıyorum.
- Beni anlamayacaklarını düşündüğüm için susmayı tercih ederim.

Bruksizm için tavsiye edilen yeni DNA kayıtları:
- Konuştuğumda da sevilirim.
- Kızgınlıklarımı keyifle temizlemeyi arındırmayı biliyorum.

– Söylemem gereken şeyleri söylediğimde huzurlu olurum.
– Önemli kararlar verdiğimde de özgür olurum.
– Konuşmak istediğimde herkes beni dinler.
– Ben değerliyim.

BULİMİA

Yemek yeme bozukluğudur. Bulimia sürekli aşırı miktarda yemek yeme ile ilgili bir durumdur. Bu hastalık obezite ve anoreksya ile aynı sebeplerden ötürü ortaya çıkar. Bulimia, kişinin içindeki boşluk hissini yemekle doldurmaya çalışmasının bir sonucudur. Genelde aşırı önemsenen birinin ya da bir eşyanın kaybedildiği durumlarda ortaya çıkar. Bebeklik döneminde anne sütünden kesilen çocuk, anneden koparılmış hissine kapılırsa bulimia ortaya çıkabilir.

Bulimia için test edilmesi gereken DNA kayıtları:
– Stresliyken yemek yersem rahatlarım.
– Kendimden nefret ediyorum.
– Görünüşümden iğreniyorum.
– Kimsenin beni sevmediğini düşünürüm.
– Terk edilmek içimde kocaman bir boşluk hissetmeme neden olur.
– Kendimi yalnız hissediyorum.
– Bedenimi kendime ait değilmiş gibi düşünürüm.
– Sahip olduğum hayatı yaşamayı reddederim.
– Kaybetmekten korkuyorum.
– Farklı olmaktan korkuyorum.
– Yaşayacak gücüm yok.
– Görünmez olmaya çalışırım.

– Kendimi değersiz görüyorum.
– Annemle anlaşamıyorum.
– Annem beni terk etmiş gibi hissediyorum

Bulimia için tavsiye edilen yeni DNA kayıtları:
– İhtiyacım kadar yemeyi ve her zaman rahatlamayı biliyorum.
– Kendimi seviyorum.
– Görünüşümü seviyorum. Kendimi göründüğüm gibi kabul ediyorum.
– Ben sevilen biriyim.
– Kendim bir bütünüm.
– Her zaman iyi insanların yanımda olduğunu biliyorum.
– Bedenim bana ait.
– Sahip olduğum hayatı seviyorum.
– Sahip olduklarıma şükretmeyi biliyorum.
– Farklı ve özel olmayı biliyorum.
– Yaşamak için gücüm ve neşem var.
– Görünür olmayı ve güvende olmayı biliyorum.
– Kendime değer vermeyi kabul ediyorum.
– Annemle doğru iletişim kurabiliyorum.
– Annem her zaman destekçimdir.

BURKULMA

El ve ayaklar, düşünülen eylemi harekete geçiren organlarımızdır bu yüzden bu bölgelerde ortaya çıkan sorunlar düşünüp yaptığımız ya da düşünüp yapamadığımız eylemlerimizi temsil eder.

Burkulma için test edilmesi gereken DNA kayıtları:
- Yapmaktan mutlu olmadığım şeyleri yapmaya zorlanıyorum.
- Bu işi yapmak beni mutsuz eder.
- Kendimi kukla gibi hissediyorum.
- Üzerimde çok baskı var.
- Geleceği düşünmekten şimdiyi kaçırıyorum.
- Bulunduğum konum ayaklarımın altından kayıp gidecek gibi geliyor.
- Sevdiklerim mutlu olsun diye kendimden taviz veriyorum.
- Yaptığım işleri gönülsüzce yapıyorum.
- Sınırlarım zorlanmış hissediyorum.

Burkulma için tavsiye edilen yeni DNA kayıtları:
- Yaptığım işlerden mutluluk duymayı biliyorum.
- Yapmaktan mutlu olduğum işleri kendime çekeceğimi biliyorum.
- İnsan olduğumu ve insan olarak mutlu olmayı biliyorum.
- Üstümdeki tüm baskılardan özgürleşmeyi ve rahat olmayı biliyorum.
- Bugünü yaşamanın değerini biliyorum.
- Bulunduğum konuma güven duymayı biliyorum.
- Ben mutlu olduğumda sevdiklerimin de mutlu olacağını biliyorum.
- İşlerimi isteyerek yapmamın beni başarıya ulaştıracağını biliyorum.
- Sınırlarımı koruyacak gücü içimde buluyorum.

BURUN

Burnumuz nefes alarak hayata devam etmemizi sağlayan organımızdır. Burnumuz aynı zamanda koku almamızı sağlayan en önemli duyu organlarımızdandır. Burnun koku alma işlevi beynimizin hatıraları kodlamasında da önemli rol oynar. İnsan tehlikenin yaklaştığını ilk koku alma duygusuyla anlar. Burunda ortaya çıkan rahatsızlıkların da temel sebebi burnun işlevleri ile doğru orantılıdır.

Burunda ortaya çıkan rahatsızlıklar için test edilmesi gereken DNA kayıtları:

– Başkalarının hayatına aşırı karışırım.
– Yaşadığım hayattan biraz olsun uzaklaşmaya çalışırım.
– İçimde sakladığım sırlar var.
– Hayat kötüdür.
– Geçmişimden uzaklaşmak istiyorum.
– İç sesime güven duymakta zorlanırım.
– Geçmişimle yüzleşmekten korkuyorum.
– X kişisinden kurtulmam gerek.
– Sevgimi belli etmem çok zor.
– Sevildiğimi hissetmekte zorlanıyorum.
– Ben değersiz biriyim.

Burunda ortaya çıkan rahatsızlıklar için tavsiye edilen yeni DNA kayıtları:

– Beni sadece kendi hayatımın ilgilendirdiğini biliyorum.
– Yaşadığım hayattan memnun olmayı biliyorum.
– Sırlarımla yüzleşmeyi biliyorum.

– Hayat yaşamaya değerdir.
– Geçmişi geçmişte bırakıp şimdiyi yaşamayı biliyorum.
– X kişisini olduğu gibi kabul etmeyi biliyorum.
– Sevdiğim herkese tüm sevgimi sunmayı biliyorum.
– Sevildiğimi biliyorum.
– Ben değerliyim.

Burun tıkanıklığı için test edilmesi gereken DNA kayıtları:
– Yaşadığım zorlukları görmezden gelerek hayatıma devam ederim.
– Yaptığım hataların ortaya çıkmaması için çabalıyorum.
– Öfke duyduğum şeylerden uzak durmaya çalışıyorum.
– Kendimi değersiz görmeye alışığım.

Burun tıkanıklığı için tavsiye edilen yeni DNA kayıtları:
– Yaşadığım zorluklardan dersimi alıp ilerlemeyi biliyorum.
– Yaptığım hataları kabul ediyor ve kendimi affetmeyi biliyorum.
– Öfke duyduğum şeylerle yüzleşmenin beni rahatlatacağını biliyorum.
– Kendime değer vermeyi kabul ediyorum.
Burun Kanaması: Daha çok ailede var olan sorunlarla ilgilidir.

Burun kanaması için test edilmesi gereken DNA kayıtları:

- Her konuda kendimi acımasızca eleştiririm.
- Ailemde var olan sorunlardan kendimi sorumlu tutarım.
- Kendimi cezalandırmam gerek.
- Aile hayatımdaki rolümü koruyabilmem için yapmak istemediğim şeylere katlanırım.
- Sahip olduğum aile gerçekten bu mu diye düşünüyorum.
- Babamın gerçek baba olmadığına inanıyorum.
- Ölüm düşüncesi beni ürkütüyor.
- Yaşamaya ailem için katlanıyorum.
- Ailemle birlikte yaşamak beni mutsuz ediyor.

Burun kanaması için tavsiye edilen yeni DNA kayıtları:

- Kendimi olduğum her halimle kabul etmeyi biliyorum.
- Ailemdeki sorunların bittiğini biliyorum.
- Kendimi affediyorum.
- Ailem beni olduğum her halimle kabul eder.
- Ailemi kabul ediyorum.
- Babamı kabul ediyorum.
- Ölümün hayatın bir parçası olduğunu kabul ediyorum.
- Yaşamdan zevk almayı biliyorum.
- Ailemle birlikteyken de mutlu olmayı biliyorum.

C

CAN SIKINTISI

21. yüzyılın sorunu olarak da bilinen "Can Sıkıntısı" aslında bir rahatsızlıktır. Uzun sürmesi hâlinde kişiyi depresyona sürükleyebilir.

Can sıkıntısı için test edilmesi gereken DNA kayıtları:
- Mutsuzluğumu içimde yaşarım.
- Yeteneklerimi gösterememekten korkuyorum.
- Başarılı olmak için başkalarının beni teşvik etmesine ihtiyacım var.
- İçimde eksik bir şeylerin varlığını hissediyorum.

Can sıkıntısı için tavsiye edilen yeni DNA kayıtları:
- Mutsuzluğumu içimden atmayı ve mutlu olmayı kabul ediyorum.
- Yeteneklerimi kullanmayı ve göstermeyi biliyorum.
- Başarılı olmayı biliyorum.
- Ben bir bütünüm.

Candida Albicans

Vücudun sıcak ve nemli bölgelerinde, genellikle antibiyotik içeren ilaçların kullanımı sebebiyle ya da bağışıklık sisteminin zayıflamasıyla, ortaya çıkan mantar enfeksiyonudur.

Candida Albicans hastalığı için test edilmesi gereken DNA kayıtları:

– Tacize ve tecavüze uğramaktan korkuyorum.
– Kendimi güvensiz hissediyorum.
– Hayattaki zorluklarla savaşmak için gücüm bitti.
– Öfkemi bastırmakta zorlanıyorum.
– Hayatımın böyle olmasının sebebi "X" kişisi.
– Sevdiklerimin ölümünü kabul etmemin imkânı yok.
– Ayrılıklar beni yıkar.

Candida Albicans için tavsiye edilen yeni DNA kayıtları:
– Ruhumu kötü düşüncelerden uzaklaştırmayı ve hayatıma tüm güzellikleri çekmeyi kabul ediyorum.
– Güvende olduğumu biliyorum.
– Hayatın zorluklarını kolaylıkla ve keyifle aşabileceğimi biliyorum.
– Öfkemi nasıl kontrol edeceğimi ve sevgiye dönüştürmeyi biliyorum.
– Hayatımın iplerinin benim elimde olduğunu biliyorum.
– Ölümün hayatın bir parçası olduğunu biliyorum.
– Ben her zaman güçlüyüm.

CİLT HASTALIKLARI

Cilt, bütün vücudumuzu çevreleyen, iç organlarımızı koruyan bir kıyafet gibidir. Cildimiz bizim sınırlarımızdır. Dokunmak en ilkel iletişim şeklidir. Bedenimize biri temas ettiğinde sevildiğimizi hissetmemiz ya da tanımadığımız birinin bize dokunmasının korku duymamıza neden olması, sınırlarımıza kabul ettiğimizi ya da sınırlarımızın ihlalinin söz konusu olduğunu gösterir.

Cilt hastalıkları için test edilmesi gereken DNA kayıtları:

– Sevildiğimi hissetmem zordur.
– Korkularımı içimde biriktiriyorum.
– Kendimi güvende değilmişim gibi hissederim.
– Herkese güvensizmiş gibi davranırım.
– İnsanlarla samimi olmam zordur.
– Eleştirilmek beni sinirlendirir.
– İnsanlarla iletişim kurmakta, kendimi ifade etmekte zorluk çekiyorum.
– Öfkemin esiri oluyorum.
– Kendimi bir birey olarak görmekte zorlanırım.
– Kişisel alanım tehdit altında.
– Yaşadığım ayrılığı kaldırmam imkânsızdır.
(Burada bahsedilen ayrılık yalnızca sevgililik, eş ayrılığı değildir. Örneğin anneden babadan ayrılma, arkadaştan ayrılma, doğum yapma gibi ayrılmaları da kapsar).
– İstenmeyen kişi olmaktan çekiniyorum.
– Annemle aramızın bozuk olmasının tek sebebi babam.
– Başıma gelenlerden utanç duyuyorum.
– Kendimi değersiz hissediyorum.
– Başkaları benden daha güzel bir hayata sahip.
– İçe kapanık biriyim.
(Bkz. Dermatit)

Cilt hastalıkları için tavsiye edilen yeni DNA kayıtları:

– Sevilmeyi biliyorum.
– Korkularımı serbest bırakıyorum.
– Güvende olduğumu biliyorum.

– İnsanlara güvenmeyi biliyorum.
– İnsanlarla iletişim kurabiliyorum.
– İnsanlar tarafından eleştirilme zorunluluğum bitti.
– Öfkemi serbest bırakıyorum. Güvendeyim.
– Ben bir bireyim.
– Kişisel alanımı koruyacak güce sahibim.
– Ayrılıklarla ilgili dersimi aldım, kimden ne zaman ayrılmam gerektiğini biliyorum.
– İstenen kişi olmayı biliyorum.
– Hayatımda olanların sorumluluğunu kabul ediyorum.
– Başıma gelenlerden almam gereken dersi aldım.
– Ben değerliyim.
– Benim hayatım tam istediğim gibi.
– Kapılarımı dışarıya açmanın verdiği rahatlığı biliyorum.

CİNSELLİK

Toplumsal normların, toplum tarafından kabul görememe korkusunun, geçmiş yaşantının Cinsellikle ilgili rahatsızlıklar üzerinde etkileri olabilir.

Cinsel hastalıklar için test edilmesi gereken DNA kayıtları:
– Karşı cinsimden nefret ediyorum.
– Karşı cinsin beni beğenmeyeceğine inanırım.
– Biz insanlar değersiz varlıklarız.
– Karşı cinsten intikam alıyorum.
– İnsanlarla samimi olursam beni kullanırlar.
– Küçükken hatırlamak istemediğim şeyler sebebiyle insanlara yaklaşmaktan çekinirim.
– Cinsellik pis ve günahtır.

– İlişkide bulundukça hastalıklarımdan kurtuluyorum.
– Tanımadığım insanlarla cinsel temasta bulunurum.
– Kendimi cezalandırmak için ilişkiye giriyorum.
– Kendimi olduğum gibi kabul etmekte zorlanırım.

Cinsel Yolla Bulaşan Hastalıklar: Frengi, bel soğukluğu, AIDS.

Cinsel hastalıklar için tavsiye edilen yeni DNA kayıtları:
– İnsanları ve kendimi seviyorum.
– Karşı cins tarafından beğenilmeyi biliyorum.
– Biz insanlar değerliyiz. Ben değerliyim.
– Karşı cinsi affediyorum.
– Samimi olduğum insanları doğru seçmeyi biliyorum.
– Geçmişte yaşadıklarımdan almam gereken ders bitti.
– Cinsellik hayatın doğal bir parçasıdır.
– Benim için doğru kişiyle/eşimle cinsel ilişkiye girmenin beni mutlu edeceğini biliyorum.
– Kendimi affediyorum.
– Kendimi olduğum gibi kabul ediyorum.

CHARCOT Hastalığı

Genel olarak erkeklerde görülen, sinir sistemiyle ilgili bir rahatsızlıktır.

Charcot hastalığı için test edilmesi gereken DNA kayıtları;:
– Kendimi yetersiz hissediyorum.
– Başarıya ulaşmanın yolunu bulamayacağıma inanırım.
– İçimde biriktirdiğim anıların ortasında boğuluyorum.

– Hiç kimseye güvenmemem gerektiğini düşünürüm.
– Kendimi hapsedilmiş hissediyorum.

Charcot hastalığı için tavsiye edilen yeni DNA kayıtları:
– Yeterli olduğumu biliyorum.
– Başarıya ulaşmanın yolunu biliyorum. Başarılı olmayı hak ediyorum.
– Geçmişi geride bırakmayı biliyorum. Ânı yaşıyorum.
– İnsanlara güveniyorum.
– Özgür hissetmeyi biliyorum.

CHRON HASTALIĞI

İnce bağırsakta görülen bir rahatsızlıktır. Kendini; kanama, ishal ve kilo kaybı ile gösterir.

Chron hastalığı için test edilmesi gereken DNA kayıtları:
– Parasız kalmaktan korkuyorum.
– Malımı mülkümü kaybetmekten korkarım.
– Hayatın gerçeklerini kabul etmemek için çabalarım.
– Yaşadıklarım beni yaraladı.
– Ben suçluyum.
– Çocuklarımı korumam için onlara müdahale etmem gerek.
– Kendime saygım yok.
– Ölmekten korkuyorum.

Chron hastalığı için tavsiye edilen yeni DNA kayıtları:
– Parayı kendime çekmeyi biliyorum.

– Malımı mülküme sahip olmayı biliyorum. Güvendeyim.
– Hayatın gerçeklerini kabul etmeyi biliyorum.
– Yaralarımın iyileştiğini ve daha güçlü olduğumu biliyorum.
– Kendimi affetmeyi biliyorum.
– Çocuklarıma müdahale etmeden de onları koruyabiliyorum.
– Kendime saygım var.
– Ölümün hayatın bir evresi olduğunu biliyorum.

Ç

ÇARPINTI

(Bk.: KALP HASTALIKLARI)

ÇEKİNGENLİK

Kişilik özelliği olarak da tanımlanan sosyal bir fobidir.

Çekingenlik için test edilmesi gereken DNA kayıtları:
– Yaptıklarım yüzünden sorguya çekilmekten korkuyorum.
– Hedeflerimden çabuk sıkılıyorum.

– Hedeflerim için çabalamadığım zaman başarısız olurum.
– Kendime sevgim yok.
– Kendime güvenim yok.
– Kendi dünyamın dışına çıkmaktan korkarım.
– Kendimi garantiye almadan rahat edemiyorum.
– İnsanların bana zarar vereceğini düşündüğüm için tanışmaktan çekinirim.

Çekingenlik için tavsiye edilen yeni DNA kayıtları:
– Yaptığım şeylerin sorumluluğunu üstlenmeyi biliyorum.
– Doğru hedef koymayı biliyorum.
– Hedeflerime nasıl ulaşacağımı ve başarılı olacağımı biliyorum.
– Kendimi seviyorum.
– Kendime güveniyorum.
– Kendi dünyamın dışına çıktığımda da güvende olacağımı biliyorum.
– Her zaman güvende olmayı biliyorum.
– İyi insanlarla tanışmanın, insanlara güvenmenin nasıl bir duygu olduğunu biliyorum.

ÇENE

Çene, iletişim kurmanın temsilcisidir.

Çenedeki rahatsızlıklar için test edilmesi gereken DNA kayıtları:
– Yaşadığım kötülüklerin hesabını sormak istiyorum.
– Hayata kızgınım.
– İnsanlarla iletişim kurmakta zorlanıyorum.

– Söylemeye korktuğum şeyler var.
– Konuştuğumda insanları kıracakmışım ya da sıkacakmışım gibi hissederim.
– Öfkemi bastırmaya çalışıyorum.
– Anne ve babama kırgınım.
– Cümle kurmakta zorlanıyorum.
– İnsanlar benim sözlerimi duymazdan gelir.
– Değer verdiğim şeyleri korumakta zorlanırım.
– Herkes benim susmamı söyler.
– İstediklerimi dile getirmekten çekinirim.
– Yaptıklarımdan pişman oluyorum.
– Yaşadığım acıyı görmesinler diye içimde saklarım.
– Yaşamak istediğim hayatın bu olmadığını biliyorum.
– Sorunlarımı çözmekte zorlanırım.
– Kendimi kötü biri gibi hissediyorum.
– Başkalarının hayatlarını kıskanıyorum.
– Kızdığımda saldırmamak için kendimi zor tutuyorum.
– Güçlü görünmek için gülmeye çalışıyorum.
– Yaşamak istemediğim olayların hemen geçip gitmesini dilerim.
– Sivri dilliyim.
– Benden hep başka biri gibi olmamı beklerler.
– Anlatmaya değer hiçbir şeyim yok.
– Kötü şeyler olmasın diye sürekli tetikteyim.
– Ailem düşüncelerimi değersiz görür.
– Özgür olmadığımı hissederim.
(Bruksizm bkz.)

Çene için tavsiye edilen yeni DNA kayıtları:
– Affetmeyi biliyorum.
– Hayatı affediyorum.

– İletişim kurmayı biliyorum.
– Kelimelerimi doğru dile getirdiğimde rahatladığımı biliyorum.
– İnsanların benimle konuşmaktan keyif almalarını biliyorum.
– Öfkemi serbest bırakıp rahatlamayı biliyorum.
– Anne ve babamı oldukları gibi kabul ederek hafiflemeyi biliyorum.
– Kelimelerimi serbest bırakarak cümle kurmayı biliyorum.
– Söylediklerime değer verirler.
– Değer verdiğim şeyleri koruyabilecek güce sahibim.
– Konuşma özgürlüğüne sahibim.
– İstediklerimi kolayca dile dökerim.
– Sorumluluk almayı bilirim.
– İçimde tuttuğum her şeyi serbest bırakmayı biliyorum.
– Hayatımın ipleri benim elimde.
– Sorunlarımı kolaylıkla çözebilirim.
– İyi bir insan olmayı biliyorum.
– Kendi hayatımı güzelleştirmeyi biliyorum.
– Kızgınlıklarımı terk edip, mutlu olacağımı biliyorum.
– Hem güçlü olmayı hem gülmeyi biliyorum.
– Hayatıma sadece yaşamak istediğim olayları çekmeyi biliyorum.
– Dilim sadece tatlı sözlere açık. (Güzel konuşmayı biliyorum)
– Kendim olarak yaşamayı biliyorum.
– Hayatımdaki her ânım anlatmaya değer.
– İyi şeyleri hayatıma çekiyorum.
– Ailem düşüncelerime değer verir ve beni dinler.
– Özgür olmayı biliyorum.

ÇIBAN

Kişinin vücut direncinin düştüğünün habercisidir.

Çıban için test edilmesi gereken DNA kayıtları:
- Ailemdeki baskılar beni yoruyor.
- Ailemden birilerinden nefret ediyorum.
- Kendim olarak yaşamamın önüne geçiyorlar.
- Kendimi yalnız hissediyorum.
- İçimdeki deli öfkeyi kusarım.
- İçimdeki gerçek duyguları ifade etmekte zorlanırım.
- Duygularımı ifade etmekte zorlanırım.
- Gerçeklerle karşı karşıya kalmamak için kaçarım.
- Pişmanlık duyuyorum.
- Bu dünya adaletsiz bir yer.
- İçimdeki duygular ne zaman patlayacağı belli olmayan, sürekli şişen bir balon gibidir.

Çıban için tavsiye edilen yeni DNA kayıtları:
- Baskı altında olmadan yaşamayı biliyorum.
- Aile bireylerimi affetmeyi ve kabul etmeyi biliyorum.
- Kendim olarak yaşama hakkına sahibim.
- Yalnız olmadığımı, sevenlerimin olduğunu biliyorum.
- İçimdeki tüm kötü hisleri geride bırakabiliyorum.
- Duygularımı kolaylıkla ifade edebiliyorum.
- Gerçeklerle yüzleşmek için gerçek güce sahibim.
- Yaptıklarımın sorumluluğunu kabul ediyor ve kendimi affediyorum.
- Adaletli bir hayat yaşamayı seçiyorum.
- İçimdeki duyguları serbest bırakıyorum.

ÇIKIKLAR

İstemediğimiz şeylerin varlığının habercisidir.

Çıkıklar için test edilmesi gereken DNA kayıtları:
- Yapmak zorunda olduğum işler ağır gelir.
- Hayatta ne yapacağım hakkında fikrim yok.
- Sahip olduğum konumu kaybetmekten korkuyorum.
- Hislerimi ifade etmekte zorlanırım.
- Değer verdiğim insanlardan beklediğim ilgiyi görmemek beni üzer.
- Şimdiye kadar ilerlediğim yoldan memnundum ama artık beni doyurmuyor.
- Yoldan çıkmışım gibi hissediyorum.

Çıkıklar için tavsiye edilen yeni DNA kayıtları:
- İstediğim işleri yapıyorum.
- Hayattaki amacımı biliyorum.
- Sahip olduğum konumu korumayı ve ilerlemeyi biliyorum.
- Hislerimi doğru cümleler kurarak kolayca ifade edebiliyorum.
- Verdiğim değerden daha fazlasını görmeyi biliyorum.
- Mutlu olduğum yolda ilerlemeyi biliyorum.
- Doğru yolda olduğumu biliyorum.

ÇİLLER

Kendimizi suçlu hissettiğimizi ve vücudumuzu rahatlatmamız gerektiğinin mesajını verir.

Çiler için test edilmesi gereken DNA kayıtları:
– Kendimi kirlenmiş hissediyorum.
– İnsanların düzenini bozmadan hayatımı yaşamalıyım.
– Ben suçluyum.
– Hayattan beklediklerimi yaşamamak hevesimi kaçırır.

Çiller için tavsiye edilen yeni DNA kayıtları:
– Temiz, arınmış hissetmeyi biliyorum.
– Var olduğumu kabul ediyorum.
– Kendimi affetmeyi biliyorum.
– Beklentilerimi gerçekleştirecek güce ve hevese sahibim.

ÇİZGİLİ KASLAR

(Bkz. Kaslar)

ÇOCUK DÜŞÜRMEK

Annenin bebeğe hazır hissetmemesi ya da bebeği kabullenememesi sonucunda olabilir.

Çocuk düşürme için test edilmesi gereken DNA kayıtları:
– Bebeğime yetememe düşüncesi beni korkutur.
– Bebeğime iyi bakamayacağıma inanıyorum.
– İyi bir anne olamayacakmış gibi hissediyorum.
– Bebeğim yokmuş gibi hissediyorum.
– Bebek sahibi olmak zor ve acılıdır.
– Bebek sahibi olursam hayatım zorluklarla dolu olur.
– Bebeğime kendi annem gibi annelik yapmaktan

korkuyorum.
– Bebek sahibi olmam başkalarının düşüncesiydi.
– Bebek sahibi olursam hayallerim yarım kalır.
– Hamile olmak beni eve hapsediyor.
– Bebeğe bakacak durumumuz yok.
– Erkek/Kız bebeğim olmasını kabul edemem.
– Eşimle anlaşamama sebebim hamile olmamdır.

Çocuk düşürme için tavsiye edilen yeni DNA kayıtları:
– Bebeğime yetebilecek güce sahibim.
– Bebeğime iyi bakabilirim.
– İyi bir anne olmayı biliyorum.
– Bebeğimin varlığını kabul ediyorum.
– Kolay ve rahatça bebek sahibi olmayı biliyorum.
– Bebeğimin hayatımı daha güzel kılacağını biliyorum.
– Annemden ayrı bir birey olduğumu kabul ediyorum.
– İsteyerek hamile kalmayı biliyorum.
– Bebeğimle birlikte hayallerime kavuşacağımı biliyorum.
– Hamileyken de hayatın devam ettiğini biliyorum.
– Bebeğe bakacak duruma sahip olmayı biliyorum.
– Bebeğimi olduğu gibi kabul ediyorum.

ÇOCUK FELCİ

Kontrol edilemeyen duyguların varlığını gösterir.

Çocuk felci için test edilmesi gereken DNA kayıtları:
– Aşırı kıskandığım kişiler var.
– Anne ve babamın sevgisi bana kalmayacak korkusu yaşıyorum.

– Bir yerde kapalı kalmaktan çok korkuyorum.
– Kendimi görmeye tahammülüm yok.
– Kendimi çaresiz hissediyorum.
– Davranışlarımın ya da söylediklerimin nedenlerini söylemek zorunda kalmak beni yorar.
– İnsanların beni yenmesine izin veriyorum.
– Kendimi sürekli diken üstünde hissediyorum.
– Yapmak istediğim şeyler olmasına rağmen hareketsiz kalmayı tercih ediyorum.
– Değerli biri olduğumu herkese kanıtlama ihtiyacı duyuyorum.

Çocuk felci için tavsiye edilen yeni DNA kayıtları:
– Kıskanmadan yaşamayı biliyorum.
– Sevginin ne olduğunu, nasıl hissedildiğini biliyorum.
– Kendime yalnızca güzel şeyler yaşamayı çektiğimi biliyorum.
– Kendi görünüşümü seviyorum.
– Kendimi güvende hissetmeyi biliyorum.
– Amaçlarım için harekete geçmeyi biliyorum.
– Değerli olduğumu herkesin bildiğini biliyorum.

ÇOCUK HASTALIKLARI

Aile içindeki sevgi akışında yaşanan sorunların yansımasıdır.

Çocuk hastalıkları için test edilmesi gereken DNA kayıtları:
– Annem ve babam çocukça tavırlar sergiler.
– Anne ve babama sorumluluk almayı öğretmeliyim.
– Ailemden ilgi görmeye ihtiyacım var.

- Kendimi çok endişeye kapılmış hissediyorum.
- Okulda yaşadığım sorunları ailemle konuşarak sonuca varamayacağımı düşünürüm.
- Anne ve babam her zaman kavga eder.
- Ailemin yanında güvende olmadığımı hissediyorum.
- Herkes beni duymazdan gelir.
- Ailem sorunlarıma geçici çözümler üretir.
- Arkadaşlarım benimle oyun oynamayı reddeder.

(Bkz. Boğmaca, kızamık, kızamıkçık, kızıl, suçiçeği, altını ıslatma.)

Çocuk hastalıkları için tavsiye edilen yeni DNA kayıtları:

- Anne ve babamı oldukları gibi kabul etmeyi biliyorum
 (Olgun anne babaya sahip olmayı biliyorum.)
- Annem ve babam sorumluluk alabilecek olgunluktadır.
- Ailem bana ihtiyacım olan ilgiyi verir.
- Kendimi çok huzurlu hissetmeyi biliyorum.
- Sorunlarımı ailemle konuşarak çözmeyi biliyorum.
- Annem ve babam sorunlarını konuşarak çözmeyi bilirler.
- Ailemin yanında güvende hissetmeyi biliyorum.
- Herkes benim düşüncelerimi önemser.
- Ailem sorunlarıma kalıcı çözümler bulur.
- Arkadaşlarım benimle oyun oynamaktan mutlu olurlar.

ÇÖLYAK (Bkz. Gluten)

Anne hamileyken bağımlısı olduğu bir şeyden uzaklaştıysa; gelecekte kişi bu sorunu yaşayabilir ya da kişinin soyağacında un ya da ekmekle ilgili bir anısı olabilir. Bebekken yeteri kadar anne sütü ile beslenmemek de bu rahatsızlığa sebep olabilir.

Çölyak için test edilmesi gereken DNA kayıtları:
- Kimsenin beni olduğum gibi kabul etmeyeceğini düşünürüm.
- Bu hayata aitlik hissim yok.
- Kimsenin hayatında özel bir yerim yok.
- Kimsenin beni sevmeyeceğini düşünürüm.
- Kimsenin bana ilgi göstermeyeceğini düşünürüm.
- Haklı olduğum konularda kendimi savunmakta zorlanıyorum.
- Doğru olanı bildiğim halde hata yaparım.
- Asla yeterli olmadığımı düşünürüm.
- İstediklerimden mahrum kaldım.
- Babamla sorunlarım var.

Çölyak için tavsiye edilen yeni DNA kayıtları:
- Herkes beni olduğum gibi kabul eder.
- Ben bu hayata aitim.
- Benim için özel olan insanlar için özel bir yere sahibimdir.
- İnsanlar beni sever.
- Sevdiklerim bana ilgi gösterir.
- Haklı olduğum konularda kendimi savunabileceğimi biliyorum.
- Doğru olduğunu bildiğim yolda ilerlemeyi biliyorum.
- Yeterli olmayı biliyorum.

– İstediklerime kolayca ulaşmayı biliyorum.
– Babamla aramın çok iyi olmasına izin veriyorum.

ÇÜRÜKLER

(Bkz. Diş Hastalıkları)

D

DALAK SORUNLARI

Dalağın vücudumuzdaki görevi, kırmızı kan hücrelerini kontrol etmek ve enfeksiyonlarla savaşmaktır.

Dalak sorunları için test edilmesi gereken DNA kayıtları:
– Kendimden nefret ediyorum.
– Sürekli depresif bir havadayım.
– Kızgınlık hissinden kurtulmamın imkânı yok.
– İş görüşmemin reddedilmesi beni derinden sarsar.
– Sevgilimin/Eşimin benden ayrılmasını kabul etmemin imkânı yok.
– Yapmam gereken işler hep eksik kalıyor.
– Pişmanlık duyduğum çok şey var.

– Sürekli kötü ihtimalleri düşünüyorum.
– Bazen takıntılı biri oluyorum.
– Bir şeyler yapmak için hevesim yok.
– Ben her zaman başarısız olurum.
– Hayatımı mahvediyorum.
– Önüme çıkan fırsatlar elimden kayıp gitti.
– Aileme ayak bağıyım.
– İçine düştüğüm durumdan kurtulmamın imkânı yok.
– Ben çok çirkin ve beceriksiz biriyim.
– Bu hayatta keyif alabileceğim hiçbir şey yok.
– Öfke beni güçlü kılar.
– X kişisinin varlığı beni sinir ediyor.
– Hayatımı kaybetmekten korkuyorum.
– Dünya benim hayatta kalabilmem için çok zor bir yer.
– Yalnızca kendi hayal dünyamda mutluyum.
– Kendi varlığımı korumak için kendimi gizlemem gerek.
– İnsanlar beni yargılamasın diye olmadığım biri gibi davranırım.
– Ailemi korumalıyım.
– Vücudumda dolaşan kan kirli ve yetersiz.

Dalak için tavsiye edilen yeni DNA kayıtları:
– Kendimi seviyorum.
– Mutlu olmayı biliyorum.
– Kötü olan bütün hislerden kurtulmayı biliyorum.
– Önüme daha güzel fırsatlar çıkacağını ve benim için çok daha iyi olacağını biliyorum.
– Kabul edemediğim tüm gerçekleri olgunlukla kabul etmeyi biliyorum.
– Başladığım işi tamamlamayı biliyorum.
– Geçmişin geride kaldığını ve geleceğe bakmanın beni başarıya götüreceğini biliyorum.

– Olayların iyi yönlerini görebilirim.
– Takıntılarımdan kurtulmayı biliyorum.
– Hayallerime yönelik amaçlar belirlerim.
– Başarılı olmayı biliyorum.
– Hayatımı en güzel şekilde yaşıyorum.
– Önüme çıkan fırsatları en iyi şekilde değerlendirmeyi biliyorum.
– Ailem için değerli olduğumu biliyorum.
– İçinde bulunduğum tüm durumlarda pozitife geçmeyi biliyorum.
– Kendimi ve kendimle ilgili her şeyi seviyorum.
– Hayattan keyif almayı biliyorum.
– Öfke olmadan güçlüyüm.
– X kişinin varlığını olduğu gibi kabul etmeyi biliyorum.
– Ölümden korkmadan yaşamayı kabul ediyorum.
– Dünya yaşamımızı sürdürebilmemiz için her şeyi bize sunar.
(Ben de evrenin bana sunduklarını kabul ediyorum.)
– Gerçek dünyada da hayal dünyamdaki kadar mutlu yaşayacağımı biliyorum.
– Görünür olduğumda da güvende olmayı biliyorum.
– Olduğum kişi olarak yaşamak beni mutlu eder.
– Ailem ben olmadan da güvendedir.
– Vücudumda dolaşan kanın tertemiz olduğunu ve hayatıma devam edebileceğim kadar çok olduğunu biliyorum.

DAMAK

Hak ettiğim yerde olmadığımı düşünmek bedenimin damak bölgesini etkiler.

Damak sorunları için test edilmesi gereken DNA kayıtları:

- Benim sandığım şeyler elimden kayıp gitti.
- Sahip olduğum statüyü başkası aldı.
- Mutlu olduğum şeylere sahip olmam çok zor.
- Yaptığım kötülükler için cezalandırılmalıyım.
- Bu dünya adaletten yoksun.
- Etrafımdaki baskın karakterlerle problem yaşıyorum.
- İstediklerime çok yaklaşsam bile hep elimden kaçırıyorum.
- Kötü şeylerin suçlusu benim.

Damak için tavsiye edilen yeni DNA kayıtları:

- Bana ait olanı koruyabilirim.
- Statümü korumayı ve ilerlemeyi biliyorum.
- Beni mutlu eden şeylere sahip olmayı biliyorum.
- Kendimi affetmeyi ve iyi bir insan olmayı biliyorum.
- Adaletli bir hayat yaşamayı kabul ediyorum.
- Etrafımdaki insanlarla nasıl uyumlu iletişim kuracağımı biliyorum.
- İstediklerimi elde etmeyi ve onların varlığını korumayı biliyorum.
- Kendimi affetmeyi biliyorum.

DAMARLAR

Sevginin vücuda yayılmasını sağlayan kanallardır.

Damar sorunları için test edilmesi gereken DNA kayıtları:

- Ben taş kalpli biriyim.
- Otoriter bir kişiliğe sahibim.

– Her şeyi kontrol altında tutamazsam kötü şeyler olur hissine kapılıyorum.
– Eski kafalıyım.
– Evden uzakta olmayı hayal ederim.
– Kendi evime yabancılaştığımı hissediyorum.
– Ailemin evinde yaşamam için onların isteklerini yerine getirmeliyim.
– Kendimi değersiz hissediyorum.

Damar sorunları için tavsiye edilen yeni DNA kayıtları:
– İyi kalpli olmayı biliyorum.
– Dengeli bir kişiliğe sahip olmayı kabul ediyorum.
– Güzel şeylere kolaylıkla ve keyifle sahip olmayı biliyorum.
– Çağa ayak uydurmayı biliyorum.
– Evimde de mutlu olmayı biliyorum.
– Kendi evimin bana ait olduğunu biliyorum.
– Ailem her zaman beni olduğum gibi kabul eder.
– Değerli biri olduğumu biliyorum.

DEĞERSİZLEŞME

Değersizleşme, karşılaştırma yapmaya başladığınız anda başlar.

Değersizleşme hissi için test edilmesi gereken DNA kayıtları:
– Eskiden çok dinç, güçlü ve güzel biriydim şimdi ise yaşlı ve yorgunum.
– Kusursuz olursam güçlü olur ve istediklerimi elde ederim.

– Hayatı yalnızca güçlü olanlar yaşar. Yaşamak için güçlü olmalıyım.
– Hata yaparsam hayatta kalmamın imkânı yok.

Değersizleşme hissi için tavsiye edilen yeni DNA kayıtları:
– Yaşımı ve bana getirdiklerini kabul ediyorum.
– Hem güçlü hem de istediklerime sahip olabilirim.
– Yaşamak için gerekli olan güce sahip olduğumu biliyorum.
– Hatalarımı kabul ediyorum ve kendime güvenerek yaşamayı biliyorum.

DEHİDRATASYON

Vücutta su ve sodyum oranın azalması ile ortaya çıkan bir rahatsızlık.

Dehidratasyon için test edilmesi gereken DNA kayıtları:
– Kaybettiğim şeylerin boşluğunu hissediyorum.
– Kurtulmak istediğim duygular var.
– Hayatımın bir noktasında takılı kaldım ve çözmek için tüm zamanımı ve gücümü harcıyorum.
– Hayal gücümü kullanarak bir şeyler ortaya çıkarmakta zorlanıyorum.
– Dört duvar arasında kalmışım gibi hissediyorum.
– Hayatımın son bulması gerektiğini düşünüyorum.
– İnsanların beni sevmeleri için beni kullanmalarına izin veririm.

Dehidratasyon için tavsiye edilen yeni DNA kayıtları:
- Ben tek başıma bir bütünüm.
- Kötü duygulardan arınmanın verdiği rahatlığı biliyorum.
- Sahip olduğum potansiyeli doğru kullanmayı biliyorum.
- Hayal gücümü kullanarak eyleme dökmeyi biliyorum.
- Özgür olmayı kabul ediyorum.
- Hayatın yaşamaya değer olduğunu biliyorum.
- İnsanların beni sevmelerini biliyorum.

DENGE KAYBI (Bkz. Beyin– Baş)

DELİLİK

Akli dengenin kaybı.

Delilik için test edilmesi gereken DNA kayıtları:
- Bu dünyadaki her şeye katlanmakta zorlanıyorum.
- Yaşamanın varlığını reddediyorum.
- Çevrem bana zarar veriyor.
- Hayat acılarla dolu.
- Kendi içimde yaşadığım hayatta mutluyum.
- Herkesten kopmam gerek.
- Kendime saygı duymakta zorlanıyorum.
- Aklımın iplerini kaçırdım.

Delilik için tavsiye edilen yeni DNA kayıtları:
- Hayatta var olan her şeyin varlığını kabul ediyorum.
- Yaşamın varlığını ve yaşadığımı kabul ediyorum.

– Çevremin bana iyi davranmasını kabul ediyor ve biliyorum.
– Hayatı mutluluklarıyla kendime çekmeyi kabul ediyor ve biliyorum.
– Kendi içimde yaşadığım mutlu hayatı gerçekte de yaşayabileceğimi biliyorum.
– İnsanlarla iletişim hâlinde yaşamayı biliyorum.
– Kendime saygı duyuyorum.
– Aklımın ipleri bende. Benim kontrolümde.

DEPRESYON

Modern zaman hastalığı. Genellikle kişinin kendini değersiz hissetmesinin sonucudur. Boş zamanın doğru değerlendirilememesi de etkendir.

Depresyon için test edilmesi gereken DNA kayıtları:
– Kendimi değerli görmekte zorlanırım.
– Tacize uğradım.
– Ailem çok muhafazakâr.
– Sevdiklerim vefat etti.
– Hayatta tek başıma kalma düşüncesi beni korkutuyor.
– Bu hayatın bir anlamı yok.
– Yalnız yaşamanın anlamı yok.
– Var olmadığımı hissediyorum.
– Kendimi olduğum gibi kabul etmekte zorlanıyorum.
– Kendimi her konuda suçlu hissediyorum.
– İnsanlar bana acıyarak bakıyorlar gibi hissediyorum.
– Geçmişte takılı kalıyorum.
– Bugünün farkına varmakta zorlanırım.
– Kendi sorunlarımı ertelerim.

– Hiçbir şey yapmadığımda hayal kırıklığından uzak durmuş oluyorum.
– Olmak istediğim ve olduğum kişi arasında kalırım.
– Kendimi sürekli sorgularım.
– Hayallerimden çok hızlı soğurum.
– Yenilmeye eğilimliyim.
– Kendimi terk edilmiş hissederim.
– Ailem için yaşamak zorundayım.
– Bir gün biri gelip hayatımı değiştirecek.
– Ruhuma karamsarlık hâkim.

Depresyon için tavsiye edilen yeni DNA kayıtları:
– Kendime değer veririm.
– Geçmişe dair derslerim bitti.
– Ailemin düşüncelerine saygı duymayı ve onları kabul etmeyi biliyorum.
– Ölümün varlığını kabul ediyorum.
– Sevdiklerimle yaşamayı biliyorum.
– Hayatıma anlam yükleyecek kişinin yine ben olduğumu biliyorum.
– Hayat birileri olmadan da anlamlıdır.
– Var olduğumun bilincine varıyorum.
– Kendimi olduğum gibi kabul ediyorum.
– Suçluluk duymadan yaşamayı biliyorum.
– İnsanların bana sevgiyle baktığını biliyorum.
– Şimdiye ve geleceğe bakmayı biliyorum.
– Bugünün farkına varmayı kabul ediyorum.
– Kendimi öncelikli tutarım.
– Hayallerimin peşinden giderim.
– Yenik hissetmeden yaşamayı biliyorum.
– Yalnız olmadığımın farkına varırım.
– Sadece kendim için yaşarım.

– Ailem, ben olmasam da kendine bakacak güce sahiptir.
– Hayatımı kurtaracak güçteyim.
– Ruhumu özgür hissederim.

DERMATİT

Ciltte ortaya çıkan iltihaplanmalar.

Dermatit için test edilmesi gereken DNA kayıtları:
– Tatmin olmam zordur.
– Hayal kırıklıkları yaşarım.
– Öfkem içime sığmayıp taşıyor.
– Kendimi acımasızca eleştiririm.
– Kendimden şüphe ediyorum.
– Beceriksiz, kötü ve çirkin biriyim.
– Böyle davranmamın sebebi insanlar.
– Kendimi hayattan korumak için bir duvara ihtiyacım var.
– Kendimi korunaksız hissediyorum.
– Kızgınlıklarımı ortaya çıkmaması için bastırıyorum.
– Özel alanımın işgal edildiğini hissediyorum.
– Kimsenin bana dokunmamasını istiyorum.
– Annemin beni çocuğu olarak görmediğini hissediyorum.
– Annem beni dış dünyadan korumak için gizler.
– İlgi beklediğimi dile getirmekte zorlanırım.
– Özgürlüğüm baskı altında kaldı.

Dermatit için tavsiye edilen yeni DNA kayıtları:
– Tatmin olmayı biliyorum.

– Önüme yeni fırsatlar çıkacağını bilirim.
– Öfkemi serbest bırakıp huzurla dolmayı kabul ederim.
– Kendimi affetmeyi biliyorum.
– Kendime güvenirim.
– Kendimi seviyorum.
– Davranışlarımı kendim kontrol etmeyi biliyorum.
– Kendimi korumayı biliyorum.
– Beni rahatsız eden her şeyden özgürleşmeyi biliyorum.
– Özel alanımı muhafaza edebilirim.
– İnsanları kendime istediğim kadar yaklaştırmayı ve mesafeyi korumayı bilirim.
– Kendimi annemin çocuğu gibi hissetmeyi biliyorum.
– Annem beni dış dünyaya gösterir ve güvende olduğumu bilir.
– İlgi görmek istediğimde rahatlıkla bunu dile getirebilirim.
– Özgür olmayı biliyorum.

DIŞ GEBELİK

Çocuk sahibi olmayı istemek ancak çocuk sahibi olmakla ilgili korkularından kurtulamamak.

Dış gebelik için test edilmesi gereken DNA kayıtları:
– Çocuk sahibi olmayı çok istiyorum ama anne olmanın vereceği sorumluluklardan korkuyorum.
– Hamile olduğum zamanlarda çocuk sahibi olmanın kötü olduğunu düşündüm.
– Anne olma düşüncesi beni endişelendiriyor.

– Çocuk sahibi olma konusunda kendime güvenim yok.
– Çocuğuma hak ettiği hayatı yaşatamamaktan korkuyorum.
– Hamileyken çirkin olurum ve eşim beni aldatır.

Dış gebelik için tavsiye edilen yeni DNA kayıtları:
– Anne olmanın getirdiği tüm sorumlulukları kabul ediyorum.
– Anne olmanın güzel yönlerini görmeyi biliyorum.
– Anne olmanın kolay ve keyifli geçmesine izin vermeyi biliyorum.
– İyi bir anne olma konusunda kendime güveniyorum.
– Hamileyken de güzel görünürüm.
– Eşime güven duymayı biliyorum.

DİL

İletişim kurmanın, sırların ve gerçekliklerin temsilcisidir.

Dil için test edilmesi gereken DNA kayıtları:
– Gerçekleri dile getirmekte zorlanırım.
– Hayatın zevklerini kaçırırım.
– Söylememem gereken şeyleri içimde zorla tutarım.
– Sivri dilli olursam insanlar beni ciddiye alır.
– İstediklerime sahip olmakta zorlanıyorum.
– Kalabalık içinde kendimi görünmez hissederim.
– Para kazanamazsam aç kalırım.
– Kendimi yetersiz görüyorum.
– Ağzımdan çıkan sözlerden pişman oluyorum.

– Salak gibi konuştuğumu hissediyorum.
– Söylediklerim yüzünden çevremdekiler benden utanır.
– Toplu ortamlarda konuşursam patavatsızlık yaparım.
– Doğru kelimelerle cümle kuramadığım için insanlar beni yanlış anlar.
– Ağzımda bakla ıslanmadığını bilirim.
– İçimdeki duyguları ifade etmek için çok heyecanlı oluyorum bu yüzden doğru şekilde kendimi ifade etmekte zorlanırım.
– Güçsüzlüğümü belli etmemek için susarım.
– Ailemin sırlarını saklamak bana ağır geliyor.
– İçimde bastırmak zorunda olduğum duygularım var.
– İstedikleri gibi davranırsam beni aralarına kabul ederler.
– Dinlenilmediğimi hissetmek beni üzer.
– X kişisinden iğreniyorum.
– X olayından iğreniyorum.
– Mutlu olmaktan suçluluk duyarım.
– Geçmiş beni takip ediyor gibi hissederim.
– Konuştuğum zaman insanlar beni eleştirir.
– Dedikodu yaptığımda suçluluk hissederim.
– İyi olmasam da iyiymişim gibi davranırım.
– İnandığım şeylerin doğru olmamasından korktuğum için peşinden gitmeye çekinirim.

Dil için tavsiye edilen yeni DNA kayıtları:
– Gerçekleri kolayca dile getiririm.
– Hayatın zevklerine keyifle ve kolayca ulaşırım.
– Ne zaman konuşacağımı biliyorum.
– İnsanlarla güzel konuştuğumda da beni ciddiye alırlar.

– İstediklerime kolayca ulaşırım.
– Kendi varlığımın bilincindeyim.
– Keyifle ve kolaylıkla para kazanmayı biliyorum.
– Kendi potansiyelimin farkındayım ve yeterliyim.
– Doğru kelimeleri kullanarak konuşmayı biliyorum.
– Aklım başımda konuşmayı biliyorum.
– Söylediklerim mantıklıdır.
– Nerede nasıl konuşmam gerektiğini bilirim.
– Kendimi anlaşılabilir şekilde ifade edebilirim.
– Bildiğim şeyleri ne zaman söyleyeceğimi biliyorum.
– Duygularımı heyecanlanmadan kolayca ifade edebilirim.
– Konuşarak da güçlü olabilirim.
– Ailemle ilgili sırlardan almam gereken dersleri almayı biliyorum.
– Duygularımı özgür bırakmayı biliyorum.
– Kabul görmeyi biliyorum.
– Fikirlerimin dinlenilmesini biliyorum.
– X kişisinin varlığını kabul ediyorum.
– X olayının varlığını kabul ediyorum.
– Mutluluğu hak etmeyi biliyorum.
– Geçmişimle yüzleşip, kabul etmeyi biliyorum.
– İnsanların eleştirilerini olgunlukla karşılarım.
– Dedikodudan uzak durmayı bilirim.
– Olduğum gibi davranırım.
– İnandığım şeylerin doğruluğuna güvenirim.

DİRSEK

Hareket alanının kısıtlanması durumunun sonucunda bu bölgede sorunlar çıkabilir. Değişim ve yenilikten korkma durumu da bu bölgeyi etkiler.

Dirsek için test edilmesi gereken DNA kayıtları:

– Yeni olana alışamadığım için eski olana takılı kalırım.
– Başarılı olursam kötü bir insan olurum.
– Para beni bozar.
– Düzenimin bozulması beni mutsuz eder.
– İstemesem de para kazanmak için bu işte çalışmam gerek.
– Herkesi güvenilmez biri gibi hissederim.
– Yeni olan şeylerin varlığı beni korkutur.
– Değişmemek için direnmeliyim.
– Hayal kırıklığı yaşarım.
– Yaptıklarımın karşılığını bulmakta zorlanırım.
– Sonunu bilsem de aynı yolda tekrar tekrar yürürüm.
– Hayat zordur.
– İstemediğim şeyleri yapmak zorunda bırakılıyorum.
– İhtiyaçlarımın farkına varmakta zorlanırım.
– Hırpalanıyor hissediyorum.
– İnsanlar benimle dalga geçiyor gibi gelir.
– Desteksiz hissediyorum.
– Duygularım taşıyor.
– Duygularımı bastırırım.

Dirsek için tavsiye edilen yeni DNA kayıtları:

– Yeni şeylere her zaman açığım.
– Hem başarılı hem iyi bir insan olmayı biliyorum.
– Param olduğunda da özümle bir yaşamayı bilirim.
– Mutluluğu her zaman her durumda hissedebilirim.
– Mutlu olarak da para kazanabilirim.
– İnsanlara güvenmeyi ve güvenilir insanlarla olmayı biliyorum.
– Yeni olanın varlığı beni sevindirir.
– Değişime açığım.

– Hayatımda daha güzel fırsatlar yakalayacağımı bilirim.
– Emeklerimin karşılığını almayı kabul ediyorum.
– Almam gereken dersleri aldım bitti.
– Hayat keyiflidir.
– Yapmak istediklerimi seçme özgürlüğüne sahibim.
– Kendi ihtiyaçlarımı önemsemeyi bilirim.
– Hırpalanmış hissetmeden yaşamayı biliyorum.
– İnsanlar beni olduğum gibi kabul ederler.
– Sevdiklerim beni destekler.
– Duygularımı nasıl ifade edeceğimi bilirim.
– Duygularımı zamanında ifade ederim.

DİSK KAYMASI

Genellikle kendini baskı altında hisseden kişilerde görülen bir rahatsızlıktır.

Disk kayması için test edilmesi gereken DNA kayıtları:
– Kararsız kalırım.
– Beni destekleyen kimsenin olmadığına inanıyorum.
– Kötü olaylardan kendimi sorumlu görürüm.
– Kendi içimde çatışma yaşıyorum.
– Parasız olma korkusunu üzerimde bir baskı olarak hissederim.
– Ailem beni çok sıkıştırır.
– Herkese "evet" derim. Herkesin sorumluluğunu üstlenirim.
– Kendimi çok yalnız ve değersiz hissediyorum.
– Dünyada kendimi hapsedilmiş hissediyorum.
– Başkaları için yaşadığımı hissediyorum.

– Hata yaparsam kaybedeceğime inanıyorum.
– Kendimi ağır bir şekilde eleştiririm.
– Kendime güvenmekte zorlanırım.
– Sorumluluklarım altında eziliyorum.
– Monoton bir hayatım var.
– Materyalist düşünceye sahibim.
– Duygularım içimde sıkışıp kaldı.

Disk kayması için tavsiye edilen yeni DNA kayıtları:
– Doğru kararlar almayı biliyorum.
– İhtiyacım olduğunda yardım edilmesini kabul ediyorum.
– Kendimi affetmeyi biliyorum.
– Kendi içimde uzlaşmaya varırım.
– Paranın bana gelmesini kabul ediyorum.
– Ailem beni rahat bırakır.
– "Hayır" demeyi bilirim.
– Sevildiğimi ve değerli olduğumu bilirim.
– Ben özgürüm.
– Kendim için yaşamayı seçiyorum.
– Kendime iyi davranırım.
– Kendime kolayca güvenirim.
– Sorumluluklarımı üstlenecek güce sahibim.
– Hayatı nasıl yaşayacağıma benim karar verdiğimi biliyorum.
– Düşüncelerimde ne zaman duygularıma yer vereceğimi biliyorum.
– Duygularımı serbest bırakırım.

DİSLEKSİ

Geçmişte yaşanan olaylar sebebiyle zaman algısını yitirme.

Disleksi için test edilmesi gereken DNA kayıtları:
- Zaman mekân algım karışıyor.
- Dünyanın tepetaklak olduğunu düşünüyorum.
- Her şey çok çabuk değişmeli.
- Ailem beni korumak için aşırı baskı yapar.
- Anne ve babamın hayalindeki çocuk olamamaktan korkuyorum.
- Kendi isteklerimi göz ardı ediyorum.
- İlkokuldayken herkes okumamla dalga geçerdi.
- Okulda ve evdeki kurallar beni bunaltıyor.

Disleksi için tavsiye edilen yeni DNA kayıtları:
- Nerede olduğumun ve ne yaptığımın her zaman bilincinde olmayı biliyorum.
- Dünyanın nasıl olduğunu biliyorum.
- Her şeyi zamanında yaşamayı biliyorum.
- Ailem beni ne zaman koruyacağını bilir.
- Olduğum kişi olarak mutluyum.
- Kendi önceliklerime değer veririm.
- Geçmişi geride bırakmayı biliyorum.
- Her durumda huzurlu olmayı biliyorum.

DİŞ ETİ VE DİŞ HASTALIKLARI

Dişlerimiz, hayatla ilgili önemli seçimlerimizle bağlantılıdır. Hayata diş geçirerek tutunma çabası da diş rahatsızlıklarının sebeplerini özetleyen bir deyimdir.

Diş eti ve diş hastalıkları için test edilmesi gereken DNA kayıtları:

– Gerçekleri görüyorum ama kabul etmek beni mutsuz ediyor.
– Kendime güven duymakta zorlanıyorum.
– Duygularım birbirine karı.
– Kendi inançlarıma sadık olmakta zorlanırım.
– Yenilgiyi hemen kabul ederim.
– Problemlerime çözüm bulamayınca çaresiz hissederim.
– İyi ve kötüyü mukayese edecek yeteneğim yok.
– Kendimi suçlu hissediyorum.
– Annemin sevgisini kabul etmekte zorlanırım.
– Kimse beni kabullenmiyor gibi hissediyorum.
– İçimde çıkmaya hazır olan kötü hisler var.
– Duygularımın ifadesi ağzımda hapis.
– Kendimi korumakta zorlanırım.
– Konuşursam kendimi ele verirmişim gibi hissediyorum.
– Bazen bencil tavırlar sergiliyorum.
– Konuşsam da bir faydası yok.
– Sahip olduğum potansiyel içimde kapalı kaldı.

Diş eti ve diş hastalıkları için tavsiye edilen yeni DNA kayıtları:

– Gerçekleri kabul etmeyi ve mutlu olmayı biliyorum.
– Kendime güvenirim.
– Duygularımı birbirinden ayırırım.
– Kendi inançlarıma saygı gösteririm.
– Keyifle amaçlarımın peşinden giderim.
– Problemlerimi kolayca çözmeyi biliyorum.
– İyiyi ve kötüyü birbirinden ayırabilirim.

– Kendimi affediyorum.
– Annemin sevgisini kabul ederim.
– İnsanların beni olduğum gibi kabul etmelerini biliyorum.
– İçimdeki negatif duyguları sevgiye dönüştürmeyi biliyorum.
– Duygularımı rahatlıkla ağzımdan serbest bırakmayı biliyorum.
– Kendimi kolayca korurum.
– Duygularımı doğru kelimelerimle ifade etmeyi biliyorum.
– Olgunca davranmayı biliyorum.
– Konuşarak çözüme ulaşmayı biliyorum.
– Sahip olduğum potansiyeli kullanmayı biliyorum.

DİYABET – ŞEKER HASTALIĞI

Kişinin sevgi ihtiyacı olduğunu, toplum tarafından onay görmek istediğini gösterebilir.

Diyabet için test edilmesi gereken DNA kayıtları:
– Yaşamanın zevkli olmadığına inanıyorum.
– Hayatın kontrolüm dışında gelişmesi beni endişelendiriyor.
– Kendimi ve insanları sert bir şekilde sorgularım.
– Hayat ellerimden akıp gitti.
– Toplumun dayattıkları ve kendi istediklerim arasında kaldım.
– Başkalarının doğrularına göre hareket ederim.
– Hayallerimi asla gerçekleştiremeyeceğime inanıyorum.
– Başkalarına yardım ederken kendimi kullanılmış

hissediyorum.
– İnsanları yönlendirmeye çalışırım.
– Sevgi eksikliği hissediyorum.
– Sürekli bir şeylere üzülüyorum.
– İnsanlara kaba davranırım.
– Mutlu olmayı hak etmediğimi düşünüyorum.
– Yaptıklarımdan ve yapamadıklarımdan pişmanlık duyarım.
– Sevgi beni boğar.
– Babamın bana sevgi göstermesine ihtiyacım var.
– Otoriteye güvenilmeyeceğine inanıyorum.
– Hayattan beklentilerimin hemen gerçekleşmesini bekliyorum.
– Yaşamak istemediğim bir durumla karşı karşıya kalınca gerilirim.
– Güvendiğim insanları kaybetmek beni üzüyor.
– Biriyle kavga hâlinde olmak beni yorar.
– Yenilgiye uğradım.

Diyabet için tavsiye edilen yeni DNA kayıtları:
– Yaşamaktan zevk alırım.
– Hayatı doğal akışına bıraktığımda da mutlu olabilirim.
– Kendime ve insanlara nazik davranmayı biliyorum.
– Hayatımı yaşarken andan keyif almayı biliyorum.
– İstediklerimi en uygun biçimde gerçekleştirmeyi biliyorum.
– Kendi doğrularımın peşinden gitmeyi biliyorum.
– Hayallerimi gerçekleştirebileceğimi biliyorum.
– Gerçekten ihtiyacı olan insanlara yardımcı olmayı biliyorum.
– Her insanın kendi kararları olduğunu bilirim.

– İhtiyacım olan sevgiyi almayı biliyorum.
– Her durumda mutlu olmayı biliyorum.
– İnsanlara hoşgörülü davranmayı biliyorum.
– Mutlu olmayı hak ediyorum.
– Pişmanlıklarımdan arındım ve kendimi affetmeyi biliyorum.
– Sevgi beni mutlu eder.
– Babamın bana sevgi göstermesini kabul ediyor ve biliyorum.
– İnsanlara ve kendime güvenmeyi biliyorum.
– Hayattan beklentilerimin ne zaman gerçekleşeceğini biliyorum.
– Hayatıma yalnızca güzel şeyleri çekerim.
– Güvendiğim insanlar her zaman etrafımdadır.
– Tüm kavgalar bitti.
– Kazanmayı biliyorum.

DİYAFRAM

Hayatla ilgili yaşanan sorunların ruhsal durum olarak yansımasından etkilenen bir organdır.

Diyaframdaki rahatsızlıklar için test edilmesi gereken DNA kayıtları:
– İçime kapanık biriyim.
– Hayatın gerçeklerinden korkuyorum.
– Kendim gibi davranmakta zorlanıyorum.
– Kendimi sıkışmış hissediyorum.

Diyafram için tavsiye edilen yeni DNA kayıtları:
– Rahatlıkla iletişim kurabiliyorum.
– Hayatın gerçeklerini kabul ediyorum.

- Kendim olmayı biliyorum.
- Kendimi özgür hissetmeyi biliyorum.

DİZ

Çevre baskısına dayanamama durumundan dizler etkilenebilir.

Diz rahatsızlığı için test edilmesi gereken DNA kayıtları:
- Otoritenin varlığını görmezden gelirim.
- İnsanların sınırlarımı aşması beni kızdırır.
- Ailem için istemediğim bir işte çalışmak zorundayım.
- İstemediğim şeylere katlanıyorum.
- Özgürlüğümün kısıtlanması hoşuma gitmez.

Diz için tavsiye edilen yeni DNA kayıtları:
- Rahat bir yaşam alanını kendime çekmeyi bilirim.
- İnsanlar sınırlarıma saygı duyar.
- İstediğim işte çalışmayı biliyorum.
- İstediğim şeylere sahip olmayı biliyorum.
- Özgürüm.

DİZANTERİ

Kişinin kendini korunaklı ve güvende hissetme ihtiyacının olduğunu gösterebilir.

Dizanteri için test edilmesi gereken DNA kayıtları:
- Biri bana zarar verecekmiş gibi hissediyorum.
- Kendimi korumasız hissediyorum.

– Güvende değilmişim gibi hissediyorum.
– Kendimi koruyamadığımı düşünürüm.

Dizanteri için tavsiye edilen yeni DNA kayıtları:
– Etrafıma doğru insanları çekmeyi biliyorum.
– Kendimi koruma altında hissediyorum.
– Güvendeyim.
– Kendimi koruyacak güce sahibim.

DOĞUM

Çocuk sahibi olmak ile ilgili duyulan endişeler.

Doğum sırasında ortaya çıkan sorunlar için test edilmesi gereken DNA kayıtları:
– Çocuk sahibi olmak ağır sorumlulukları beraberinde getirir.
– Acı çekmeden çocuk sahibi olamayacağıma inanıyorum.
– Doğum sırasında bebeğimin ölmesinden korkuyorum.
– Doğum yaparken ölmekten korkuyorum.
– Doğum yaparsam bebeğimden ayrı kalmış olacağım.
– Bebeğimden kopmaktan korkuyorum.
– Bebeğim benim bir parçam.
– İyi bir anne olamayacağımı düşünürüm.
– Doğum yaparsam bedenim çirkin olur.
– Çocuğumun ihtiyaçlarını karşılayamayacağımı düşünürüm.
– Hamileyken eşim bana ilgi gösterir. (Hayır çıkarsa değiştirin.)

Doğum için tavsiye edilen yeni DNA kayıtları:

- Çocuk sahibi olmanın getirdiği sorumlulukları kabul ediyorum.
- Acı çekmeden kolayca çocuk sahibi olmayı biliyorum.
- Bebeğimi sağlıklı bir şekilde kucağıma almayı biliyorum.
- Doğumumun sağlıklı geçeceğini biliyorum.
- Bebeğimin her zaman yanımda olacağını biliyorum.
- Doğum yapsam da bebeğimle aramda her zaman bir bağ olduğunu biliyorum.
- Bebeğimin benden ayrı bir birey olduğunu kabul ediyorum.
- İyi bir anne olmayı biliyorum.
- Doğum yaptığım zaman da güzel olmayı biliyorum.

DOLAMA

El veya ayakta ortaya çıkabilen bir hastalıktır. Vücudun bu bölgelerini etkiliyor olduğu için genellikle hayat amacı, kararlar gibi durumlarda sorunlar söz konusudur. Kısaca yapmak istenilen davranışa ket vurma durumunda ortaya çıkabilen bir rahatsızlıktır.

Dolama için test edilmesi gereken DNA kayıtları:

- Sustuğum şeyleri haykırma ihtiyacı duyuyorum.
- Yanlış zamanda yanlış davranışlar sergilerim.
- İçimi yiyip bitiren bir sırrım var.
- Kendimi kapana kısılmış hissediyorum.
- Kendi alanımı koruyamayacağım hissine kapılırım.

Dolama için tavsiye edilen yeni DNA kayıtları:

- Kendimi nasıl doğru ifade edebileceğimi biliyorum.

– Doğru zamanda doğru davranışlarda bulunurum.
– Sırlarımı muhafaza edebilecek güce sahibim.
– Kendimi rahat hissetmeyi biliyorum.
– Kendi alanımı koruyabilecek güce sahibim.

DOWN SENDROMU

Hayata kendini yabancı hissetme durumu.

Down Sendromu için test edilmesi gereken DNA kayıtları:
– Hayattaki görevim insanlara nasıl yaşamaları gerektiğini öğretmek.
– Hayat bana sahte geliyor.
– Çocukken hayat daha masumdu.
– Aileme karşı aşırı duygular besliyor ve onlara çok bağlı oluyorum.
– Anneme her şeye sevgi ile karşılık vermeyi öğretiyorum.

Down Sendromu için tavsiye edilen yeni DNA kayıtları:
– Vermem gereken ders bitti.
– Hayatı gerçekliğiyle yaşamayı biliyorum.
– Büyüdüğümde de hayatı masum bir şekilde yaşamayı biliyorum.
– Ailemden ayrı bir birey olarak da onları çok sevmeye devam edebilirim.
– Anneme vermem gereken ders bitti.

DUDAK

Dudaklar, zihindeki düşüncelerin yansımasıdır.

Dudaktaki sorunlar için test edilmesi gereken DNA kayıtları:

- Konuştuğum zaman insanlar beni duymazdan gelir.
- Nasıl olsa dinlenmeyeceğim için fikirlerimi söylemeye çekinirim.
- Benim söyleyeceklerim hep önemsiz gelir.
- Konuştuğumda yanlış bir şey söylemekten çekinirim.

Dudaktaki sorunlar için tavsiye edilen yeni DNA kayıtları:

- İnsanlara sesimi duyurabilirim.
- İnsanlar benim fikirlerimi dinler.
- Benim fikirlerim değerlidir.
- Doğru kelimelerle doğru cümleler kurmayı biliyorum.

E

EGOSANTRİZM

Modern zaman rahatsızlığı. İnsanın kendisini dünyanın merkezi sanmasından ortaya çıkan bir rahatsızlık.

Egosantrizm için test edilmesi gereken DNA kayıtları:
– Kimseye ihtiyacım yok.
– İnsanlara yardım etmek bana kazanç sağlarsa yardım ederim.
– Dünya benim etrafımda dönüyor.
– Bütün her şey benim sayemde yoluna giriyor.

Egosantrizm için tavsiye edilen yeni DNA kayıtları:
– Yardıma ihtiyaç duyduğumda güvendiğim insanların yardımlarını kabul ederim.
– İnsanlara koşulsuz yardımda bulunurum.
– Dünya üzerindeki yerimi kabul ediyorum.
– Ben müdahale etmesem de her şeyin yolunda gideceğini biliyorum.

EGZAMA

Duygusal olarak çabuk kırılabilen insanların daha çok muzdarip olduğu bir rahatsızlıktır. Egzama eğer ellerde ortaya çıktıysa babayla ilgili, ayaklarda ortaya çıktıysa anneyle ilgili problemlerin varlığını gösterir.

Egzama için test edilmesi gereken DNA kayıtları:
– Her şeye alınganlık gösteriyorum.
– Her şeyi kendi üzerime alınıyorum.
– Hayatı istediğim gibi yaşamam engelleniyor.
– Duygularım bastırılamaz hale geldi.
– Dünyanın düşlediğim gibi bir yer olmadığına inanıyorum.
– Yaşamak bana zevksiz geliyor.
– Gerçekten yaşamıyormuşum gibi hissederim.

– İstemediğim şeyleri yapmak zorunda kalıyorum.
– Duygusal bir insanım.
– Kendime sevgisiz davranırım.
– Terk edilmek beni üzer.
– Yeniliklerden çekinirim.
– Kendi hayatımı belirleyici karakter başkaları oluyor.
– Sevdiğim insanın artık bana sevgiyle dokunmayacağına inanıyorum.
– İnsanların benim hakkımda ne düşündüklerini çok önemserim.
– Olmadığım biri gibi davranırım.
– İnsanlardan kendimi korumalıyım.
– Tensel temasa özlem duyuyorum.

Egzama için tavsiye edilen yeni DNA kayıtları:
– Rahat olmayı biliyorum.
– Kendimle ilgili konuların ayrımını yapabiliyorum.
– Hayatımla ilgili tüm kararlar benimdir.
– Duygularımı kontrol etmeyi biliyorum.
– Dünya üzerinde düşlediğim hayatı yaşamayı biliyorum.
– Yaşamaktan zevk almayı biliyorum.
– Gerçekten var olduğumu biliyorum.
– Hayatta yalnızca istediğim şeyleri yaparak yaşıyorum.
– Mantığımı ve duygularımı dengelemeyi bilirim.
– Kendimi seviyorum.
– Sevdiklerim her zaman yanımdadır ve bana sevgiyle dokunur.
– Yeniliklerin hayatıma güzellikler getirmesini kabul ediyorum.
– Hayatımın ipleri benim elimde.

– Sevdiğim insanların bana ne zaman dokunacağını biliyorum.
– Benim düşüncelerim önemlidir.
– Kendim olarak davranmayı biliyorum.
– Kendimi koruyacak güce sahibim.
– Ne zaman tensel temasta bulunacağımı biliyorum.

EKLEMLER

Düşüncelerin davranışlara dönüşmesini sağlayan Eklemlerimizdir.

Eklemler için test edilmesi gereken DNA kayıtları:
– Hayatımdaki ani değişikliklere adapte olmakta zorlanırım.
– Hayatın gerçeklerinden korkuyorum.
– Kararlarımın yanlış olmasından çekinirim.
– Tahammülüm yok.
– Görmem gereken değeri göstermediklerini düşünüyorum.

Eklemler için tavsiye edilen yeni DNA kayıtları:
– Hayatımdaki değişiklikleri kabul ediyorum.
– Hayatın gerçeklerini olgunlukla kabul etmeyi biliyorum.
– Doğru kararlar almayı biliyorum.
– İçimdeki gücün farkındayım.
– Hak ettiğim değeri görmeyi biliyorum.

ELLER– EL BİLEĞİ

Eller, benliğimizin, kararlarımızın ve zamansal süreçteki değişimlerimizin temsilcisidir.

Eller– El bileği için test edilmesi gereken DNA kayıtları:

– İletişim kurmakta zorlanırım.
– Yanlış bir şey yaparsam aptal gibi görünürüm.
– Çevreme uyum sağlamakta zorlanıyorum.
– Kimsenin duygularına saygım yok.
– Sevdiklerimden uzak kalmak beni üzüyor.
– Bana dokunmasından hoşlanmadığım insanlar var.
– Kendime engel olmaya çalıştığım davranışlarım var.
– Kaybedeceğime inanıyorum.
– İstediklerime asla sahip olamayacağıma inanıyorum.
– Hayata tutunacak bir şeyim yok.
– Kendimi yalnız hissederim.
– Kendimi güvensiz hissederim.
– Duygularımı insanlara belli etmekten uzağım.
– İstemediğim bir işte çalışıyorum.
– İnsanlar bana hoşlanmadığım şekilde davranıyor.
– Hoşlandığım insanlara ilgi göstermekten utanırım.
– Çabuk endişeye kapılıyorum.
– Plansız ve amaçsız yaşıyorum.
– Fark etmeden aşırı tepkiler veriyorum.
– Başarılı olmak için katı kurallar koyarım.
– Hayatımı kötü yapan şeylerden kurtulamayacağıma inanıyorum.
– Güven sorunu yaşıyorum.
– İstenmeyen kişiyim.
– Her şeye gereksiz müdahale ederim.

Eller– El bileği için tavsiye edilen yeni DNA kayıtları:

– Doğru iletişim kurmayı biliyorum.
– Doğru kararlar vermeyi biliyorum.
– Çevreme kolayca uyum sağlarım.
– İnsanların duygularına saygı göstermeyi biliyorum.
– Sevdiklerim her zaman yanımdadır.
– Kendi bedenimin sınırlarını koruyabiliyorum.
– Kendimi kontrol etmeyi biliyorum.
– Bana ait olanı korumayı biliyorum.
– İstediklerime kolayca sahip olmayı biliyorum.
– Hayallerim ve amaçlarım var.
– Sevdiklerimin her zaman yanımda olduğunu biliyorum.
– Güvende olmayı biliyorum.
– Duygularımı ifade ettiğim zaman da kendimi çok daha iyi hissederim.
– İstediğim işte çalışarak para kazanmayı biliyorum.
– Hayatıma doğru insanları çekmeyi biliyorum.
– İçim rahat şekilde yaşamayı biliyorum.
– Hoşlandığım kişiye sevgi göstermeyi biliyorum.
– Endişelerden uzak yaşamayı ve rahat olmayı biliyorum.
– Hayatı nasıl yaşayacağıma karar vermeyi biliyorum.
– Tepkilerimi kontrol etmeyi biliyorum.
– Katı kurallar olmadan da başarılı olmayı biliyorum.
– Kendime yalnızca hayatımı güzelleştirecek şeyleri çekerim.
– İnsanlara güvenmeyi biliyorum.
– Benimle birlikte olmaktan keyif alan insanlarla birlikteyim.
– Kendimi ne zaman kontrol edeceğimi bilirim.

ENDOMETRİYOZ

Rahim duvarının dışında parçalara rastlanması durumu.

Endometriyoz rahatsızlığı için test edilmesi gereken DNA kayıtları:
- Annemle iletişim kuramayacağıma inanıyorum.
- Aile içinde benim bir yerim yok.
- Annemle konuşursam bana kızar.
- Güzel bir hayat sunamayacağım için çocuk sahibi olmamam gerektiğine inanırım.
- Çocuğum olursa düzenim bozulur.
- İyi bir anne olamayacağıma inanıyorum.
- Çocuğuma iyi bakamam ve onu benden alırlar.

Endometriyoz için tavsiye edilen yeni DNA kayıtları:
- Annemle nasıl doğru iletişim kuracağımı biliyorum.
- Aile içindeki yerimin farkındayım.
- Annemle güzel ve keyifli iletişim kurmayı biliyorum.
- Çocuk sahibi olduğumda ona güzel bir hayat sunabilirim.
- Çocuğum olduğunda da düzenli olmayı biliyorum.
- İyi bir anne olacağımı biliyorum.
- Çocuğuma çok iyi bakarım ve keyifle büyütürüm.

ENFEKSİYON

Kişinin yaşadığı bir olayı gizlemesi hâlinde ortaya çıkabilir.

Enfeksiyon için test edilmesi gereken DNA kayıtları:
– İnsanlar kişisel alanımı suistimal ediyor.
– Günümün büyük bir bölümü çalışarak geçiyor.
– Ruhsal olarak çökmüş hissediyorum.
– Kendi kendimle anlaşmazlık yaşarım.
– İnsanlarla anlaşabilmek için kendimden taviz vermeliyim.
– Çevremdeki insanlar yüzünden kendi özgürlüğümü kısıtlıyorum.
– Hayatımdaki yanlış kişiler yüzünden yaşamak kötü bir hal alıyor.
– İçinde olduğum duruma daha fazla katlanamayacağıma inanıyorum.
– Hayatımı ben kontrol edemiyorum gibi gelir.
– Başkaları ne derse onu yapıyorum.
– Hayallerimin peşinde koşmaya korkuyorum.
– Kendime sevgisiz davranırım.

Enfeksiyon için tavsiye edilen yeni DNA kayıtları:
– Kişisel alanımı koruyabiliyorum.
– Kendime vakit yaratmayı biliyorum.
– Ruhumun güçlü ve huzurlu olduğunu biliyorum.
– Kendimle uzlaşarak yaşıyorum.
– Kendim olarak da insanlarla anlaşabiliyorum.
– Özgür olmayı biliyorum.
– Hayatıma iyi insanları çekmeyi biliyorum. Her durumda mutlu olmayı biliyorum.
– İçinde bulunduğum durumu mutlu ve huzurlu bir şekilde geçirmeyi biliyorum.
– Hayatımı kontrol eden kişi benim.
– Kendime güveniyorum.

– Kendi hayallerimin peşinden cesurca koşmayı biliyorum.
– Kendimi seviyorum.

ENSE SERTLİĞİ

Enerjilerin vücuda dağılırken kesiştiği nokta ensedir.

Ense sertliği için test edilmesi gereken DNA kayıtları:
– Her zaman kendi ayaklarım üzerinde durmak zorundayım.
– Sürprizler, âni gelişmeler hep kötü sonuçlar doğurur.
– Karar vermekte zorlanırım.
– İstediklerimin olması için inatçı davranışlar sergilerim.
– Amaçlarımı gerçekleştirmek için adım atmakta zorlanırım.

Ense sertliği için tavsiye edilen yeni DNA kayıtları:
– Kendi ayaklarım üstünde durma gücüne sahibim.
– Sürprizler, âni gelişmeler bana hep güzel şeyler getirir.
– Karar vermek benim için çok kolaydır.
– İnatçı olmasam da istediklerim kolayca olur.
– Amaçlarımın peşinden nasıl adım atmam gerektiğini biliyorum.

EPİFİZ BEZİ

İnsanların özbenliği ile ilgili bir bölgedir. Daha

çok ruhsal doyum, düşünsel, duygusal ve sezgisel konularla ilgilidir.

Epifiz bezi için test edilmesi gereken DNA kayıtları:
- Kendi halime üzülüyorum.
- Hayat enerjim yok.
- İlgimi çekmeyen bir hayat yaşıyorum.
- Yaşamayı reddediyorum.
- Bu hayat bana ait değil gibi geliyor.
- Hayatımla ilgili önemli kararlarda hata yapmaktan korkarım.
- Bilgiyi nasıl kullanacağımı bilmediğimden başarısız olurum.
- Endişelerim yüzünden doğru kararlar almakta zorlanırım

.

Epifiz bezi için tavsiye edilen yeni DNA kayıtları:
- Kendimi güçlü hissediyorum.
- Hayatıma olumlu enerjiler çekmeyi biliyorum.
- Hayatta ilgimi çeken şeylerin olduğunu biliyorum.
- Yaşamı kabul ediyorum.
- Bu hayatın bana ait olduğu gerçeğini kabul ediyorum.
- Önemli kararlar alırken doğru karar vermeyi biliyorum.
- Bilgiyi nasıl kullanacağımı biliyorum.
- Sakince doğru kararlar almayı biliyorum.

EPİLEPSİ

Hayatın kendisiyle baş edemeyeceğini düşünmek, bu yüzden yaşamayı reddetme.

Epilepsi için test edilmesi gereken DNA kayıtları:

– Yaptığım kötü şeylerin bedelini ödemem gerek.
– Kendime zarar verirsem vicdanım hafifler.
– Bu hayatı yaşamak beni mutsuz ediyor.
– Duygularım içimde patlayacakmış gibi geliyor.
– Kendimi kaybolmuş hissediyorum.
– Kendi sınırlarımı belirlemekte zorlanırım.
– Hayattan kopuk yaşıyorum.
– Sorunlarımdan kurtulmak için onlardan kaçarım.
– Hayatımda her şeyin net olmasını istediğim için sabırsız davranırım.
– Ruhsal durumum dengesiz.
– Hayat olumsuzluklardan ibarettir.
– Hayata karşı her zaman atakta olmam gerek.
– Hissettiklerimi insanlara belli edersem güçsüz görünürüm.
– Kendimi yönlendirilen bir kukla gibi hissediyorum.
– Sahip olduğum şeyleri kaybetme düşüncesi beni delirtiyor.
– Geçmişteki hatalarımdan ders almadan onları unuturum.
– İnsanlarla iletişim kurmakta zorlanırım.
– Dünyadan koptuğumda dinlenebilirim.
– İnsanları kontrol etmeye çalışıyorum.
– Zaman ve mekânın farkına varmakta zorlanırım.
– Yaşamak istemediğim olayları yaşadığımda kendi varlığımı görmezden gelirim.
– Yalnız kaldığımda kendimi iyi hissederim.

Epilepsi için tavsiye edilen yeni DNA kayıtları:

– Kendimi affetmeyi biliyorum.
– Vicdanımın rahat olmasını biliyorum.

– Bu hayatı yaşamak her zaman beni mutlu ediyor.
– Duygularımı serbest bırakmayı biliyorum.
– Kendi yolumu kontrol etmeyi biliyorum.
– Kendi sınırlarımı belirlemeyi biliyorum.
– Hayattaki gerçeklerin farkına vararak yaşarım.
– Sorunlarımla yüzleşmeyi bilirim.
– Hayatımda her şeyin net olması duygusunu biliyorum.
– Ruhsal olarak dengedeyim.
– Hayatı pozitif görmeyi biliyorum.
– Hayat benim dostumdur.
– Hislerimi belli ettiğimde de güçlü olmaya devam edebilirim.
– İnsan olduğumun farkındayım. Hayatımın ipleri benim elimde.
– Geçmişteki hatalarımdan almam gereken dersleri aldım bitti.
– İnsanlarla kolayca iletişim kurabilirim.
– Dünya üzerinde dinlenmek için bolca vakte sahibim.
– Her insanın bir birey olduğunun bilincinde olmayı biliyorum.
– Zaman ve mekânın varlığını kabul ediyorum.
– Yaşadıklarımı ve varlığımı kabul ediyorum bundan almam gereken dersi aldım bitti.
– Kendimi her durumda iyi hissetmeyi bilirim.

ERKEN BOŞALMA

Cinselliğin kötü, çirkin, ayıp ve günah olduğunu düşünme.

Erken boşalma rahatsızlığı için test edilmesi gereken DNA kayıtları:

– İlişkilerimde yoğun şekilde duygusal oluyorum.
– Annemi hep mutsuz olarak hatırlarım.
– Eşim mutsuzken ona yaklaşmaya çekinirim.
– Bedenimi kontrol etmem zordur.
– Hayatta kalabilmek için hızlı olmalıyım.
– Eşim beni tüketiyor.
– Babam vefat ettiği için anneme ben destek olurum.
– Kendimi tatmin ettiğimde topluma karşı suçlu hissediyorum.
– Cinselliği kötü bir şey olarak öğrendiğim için olabildiğince hızlı hareket etmem gerektiğine inanıyorum.

Erken boşalma için tavsiye edilen yeni DNA kayıtları:

– İlişkilerimde duygusal dengeyi korumayı biliyorum.
– Annemin mutlu anlarını hatırlarım.
– Eşimi mutlu etmeyi biliyorum.
– Bedenimin benim kontrolümde olduğunu biliyorum.
– Hayatım dengededir, ne zaman hızlı hareket edeceğimi biliyorum.
– Eşimle iyi geçinmeyi biliyorum.
– Anneme gerektiğinde destek olmayı biliyorum.
– Kendimi tatmin etme özgürlüğüne sahibim.
– Cinselliğin doğal bir şey olduğu gerçeğini biliyorum.

F

FALLOP TÜPLERİ

Aldatıldığını düşünme, içten içe duyulan derin güvensizlik hissi.

Fallop tüplerindeki rahatsızlıklar için test edilmesi gereken DNA kayıtları:

– Arkamdan dedikodu yapılmasın diye davranışlarıma dikkat ederek yaşıyorum.
– Çocuk sahibi olmak için yanlış zamandayım.
– Tecavüze uğradım.
– İnsanlar cinsel birlikteliğe girdiğimi anlamasın diye hamile kalmaya çekiniyorum.
– İlişkimde aldatıldığımı hissediyorum.
– Hayatımda benim için değerli bir erkeğin ihanetine uğruyorum.
– İlişkiye girme düşüncesinden iğreniyorum.

Fallop tüpleri tavsiye edilen yeni DNA kayıtları:

– İstediğim gibi davranmayı biliyorum.
– Çocuk sahibi olmak için ne zaman doğru zaman biliyorum.
– Geçmişten almam gereken dersi aldım bitti.
– Cinselliğin ve hamileliğin doğal olduğu gerçeğini kabul ediyorum.

– İlişkilerimde güvende olduğumu biliyorum.
– Değer verdiğim insanların bana sadık olduğunu biliyorum.
– İlişkiye girmekten zevk alıyorum.

FARANJİT (Bkz. BOĞAZ)

FELÇ

Kişinin korkularından, endişelerinden ve sorumluluklarından kaçma durumu ya da bu duyguların verdiği yorgunluklardan kurtulmak için bir ara verme durumu olabilir.

Felç için test edilmesi gereken DNA kayıtları:
– Gelecekte başarılı olamamaktan korkuyorum.
– Hayatın akışını kaçırırım.
– Yaşlanmaktan ve ölmekten korkuyorum.
– Yaşlandığım için gücümün azaldığını kabullenmemem beni çok üzer.
– Sorunlarımdan kurtulmak için kaçıyorum.

Felç için tavsiye edilen yeni DNA kayıtları:
– Başarılı olmayı biliyorum.
– Hayatın akışına uyum sağlayabiliyorum.
– Şimdi ve gelecekte genç ve dinç yaşamayı biliyorum.
– Genç ve dinç kalmayı biliyorum.
– Sorunlarımla yüzleşmeyi biliyorum.

FITIK

Kişinin kendisi ve çevresiyle verdiği savaşı temsil eder.

Fıtık için test edilmesi gereken DNA kayıtları:
- Hayatımdaki her şey kusursuz olmazsa rahatsızlık duyuyorum.
- Hayatımda her şey yolunda gitsin diye çok çaba harcıyorum.
- Kendi sorumluluklarım haricinde etrafımdaki insanların da sorumluluklarını üstlenmek beni çok yoruyor.
- Hayatın baskısı altında eziliyorum.
- Kendimi kontrol etmek için çabalıyorum.
- Aldatılmak beni yaralıyor.

Fıtık için tavsiye edilen yeni DNA kayıtları:
- Hayatımdaki her şeyin harika olmasını biliyorum.
- Hayatımda her şey yolunda gider.
- Ben yalnızca kendi sorumluluklarımdan sorumluyum.
- Yüklerimden kurtulmayı biliyorum.
- Kendimi kolayca kontrol edebiliyorum.
- Hayatta her duygunun insanlar için var olduğunu biliyorum.

FOBİ

Hayatta kalma içgüdüsünün fazlalaşması durumu.

Fobiler için test edilmesi gereken DNA kayıtları:
- Yalnız kalmak beni çok üzüyor.
- Hayatımdaki belirsizlikler beni geriyor.
- Bir şeye karşı çok fazla korku duyabiliyorum.

– Kardeşimi kıskanıyorum.
– Kardeşim olduğu için ailemden kimsenin artık beni sevmeyeceğine inanıyorum.

Fobi için tavsiye edilen yeni DNA kayıtları:
– Sevdiğim insanların her zaman yanımda olacaklarını bilirim.
– Hayatımda her şeyin net olmasını biliyorum.
– Her konuda kendimi güçlü hissediyorum.
– Kardeşimi seviyorum.
– Kardeşim olsa da ailem beni sevmeye devam eder.

FRIEDREICH ATAKSİSİ

Annelik duygusu ile ilgilidir.

Friedreich Ataksisi için test edilmesi gereken DNA kayıtları:
– Hayalimdeki çocuğa sahip olamamaktan korkuyorum.
– Annemin hayalindeki çocuk olamadığım için üzgünüm.
– Özgür olmadığıma inanıyorum.
– Kendimi dış çevreden korumak zorundayım.

Friedreich Ataksisi için tavsiye edilen yeni DNA kayıtları:
– Çocuğumu olduğu gibi kabul etmeyi biliyorum.
– Annemin beni olduğum gibi kabul etmesini biliyorum.
– Ben özgürüm.
– Kendimi koruyabilirim.

G

GASTRİT

Birine ya da bir olaya duyulan aşırı kızgınlığın birikmesi sonucunda olabilir.

Gastrit için test edilmesi gereken DNA kayıtları:
– Çabuk endişeleniyorum.
– Bir durumla ilgili sonuca ulaşamamak beni sabırsızlaştırıyor.
– Yakın çevremden birileri bana hiç beklemediğim ve benim kızdığım bir şey yaptı.
– Arkamdan iş çevrilmesi beni çok etkiler.
– Kazık yiyorum.
– X kişisinin varlığı beni rahatsız ediyor.

Gastrit için tavsiye edilen yeni DNA kayıtları:
– Ruhsal olarak kendimi rahat hissediyorum.
– Sabretmeyi biliyorum.
– İnsanları affetmeyi ve geçmişi geride bırakmayı, kendime iyi insanları çekmeyi biliyorum.
– Hayatıma hep güvenilir insanları çekerim.
– Tüm kazıklanmalar bitti.
– X kişisinin varlığını kabul etmeyi ve onu affetmeyi biliyorum.

GAZ SANCISI

Gizlemeye çalıştığım duygularımın, sırlarımın dışarıya çıkmak için çabaladığını gösterir.

Gaz sancısı için test edilmesi gereken DNA kayıtları:

– Kendimi ifade ederken tıkanıp kalıyorum.

– Sözlerimi insanlar yanlış anlıyor.

– İnsanların bana yaptıklarını unutmamaya çalışıyorum.

– Huzursuzluk yaşıyorum.

– Kin tutuyorum.

Gaz sancısı için tavsiye edilen yeni DNA kayıtları:

– Kendimi rahatça ifade edebilirim.

– Kendimi doğru ifade etmeyi biliyorum.

– İnsanları affetmeyi biliyorum.

– Huzurluyum.

– Affediciyim.

GEBELİK (Bkz. Doğum– Hamilelik)

GEBELİK KOLESTAZI

Öfke **(Bkz. Gebelik, Doğum, Hamilelik, Karaciğer)**

GIRTLAK

Kişinin bulunduğu ortamda güvenli nefes alamadığının sinyallerini verir.

Gırtlak için test edilmesi gereken DNA kayıtları:

– Bulunduğum ortamda kendimi yabancı hissediyorum.

– Ölüm korkusu yaşıyorum.

– Boğulacağıma ve nefes alamayacağıma inanıyorum.

– Sevdiklerimden ayrı kalırım korkusu yaşıyorum.

Gırtlak için tavsiye edilen yeni DNA kayıtları:
- Kendimi bulunduğum ortama ait hissetmeyi biliyorum.
- Ölümün hayatın bir parçası olduğunu kabul ediyorum.
- Rahatça nefes almayı biliyorum.
- Sevdiklerimin yanında olmayı biliyorum.

GLUKOM

Üzüntülerin dışarı atılmayıp birikmesi sebebiyle oluşabilir.

Glukom için test edilmesi gereken DNA kayıtları:
- Kontrol elimde olmadığında kendimi güvende değilmişim gibi hissediyorum.
- Amacıma ulaşamayacağıma inanıyorum.
- İstediklerimi elde edersem ancak mutlu olurum.
- Sevdiğim şeylere çok daha yakın olmalıyım.
- Hayallerime ulaşamayacağıma inanıyorum.
- Çok sabırsız biriyim.

Glukom için tavsiye edilen yeni DNA kayıtları:
- Her durumda kendimi güvende hissetmeyi biliyorum.
- Amaçlarımı gerçekleştirmeyi biliyorum.
- Her durumda mutlu hissetmeyi biliyorum.
- Sevdiğim şeylere her zaman yakın olmayı biliyorum.
- Hayallerime ulaştığım anın bana verdiği duyguyu biliyorum.
- Sabır erdemine sahibim.

GLUTEN

Benliğimi oluşturan sınırlarım aşılmıştır.

Gluten için test edilmesi gereken DNA kayıtları:
– İnsanlar hayatıma çok fazla dâhil olduklarında bunalıyorum.
– Etrafımdaki insanlar kene gibi üzerime yapışıp kalıyor.
– Sevdiğim insanların benim hayatımı kendi istedikleri gibi yönetmeye çalıştıklarını hissediyorum.
– Kendimi kalabalık içinde hapsolmuş hissediyorum.
– Sorumluluklardan kurtulmak için isteklerimden vazgeçerim.

Gluten için tavsiye edilen yeni DNA kayıtları:
– Kendi sınırlarımı çizmeyi biliyorum.
– İnsanların beni rahat bırakmasını biliyorum.
– Sevdiğim insanlar benim isteklerime ve kararlarıma saygı duyarlar.
– Kendimi her durumda özgür hissederim.
– İsteklerime sahip olmayı biliyorum ve sorumlulukları kabul ediyorum.

GÖBEK

Hayatın başladığı ve sürdürüldüğü yer göbektir. Sevginin temsilcisidir.

Göbek için test edilmesi gereken DNA kayıtları:
– Eskisi kadar güvende olmadığımı hissediyorum.
– Tüm dertlerimle tek başıma savaşmalıyım.

– Ulaşmak istemediğim amaçlar edinirim.
– Ailemi korumak zorundayım.

Göbek için tavsiye edilen yeni DNA kayıtları:
– Kendimi her yerde, her zaman güvende hissederim.
– İhtiyacım olduğunda yardım almayı kabul ediyorum.
– Yalnızca gerçekten istediğim amaçlar edinirim.
– Ailem zaten korunuyor.

GÖĞÜS

Kadınlarda annelik duygusuyla, hem erkeklerde hem de kadınlarda güç ve koruma ile ilişkilidir.

Göğüs için test edilmesi gereken DNA kayıtları:
– Çocuğumun olmaması beni üzer.
– Kendi vücudumdan utanıyorum.
– Eşimin bana değer vermediğine inanıyorum.
– Çocuklarıma yetemediğim için beni sevmediklerini düşünürüm.
– Sevgi kazanmak zorundayım.
– Göğüslerimden rahatsız oluyorum.
– Kadınlığın getirilerinden utanıyorum.
– Kadın olduğum için değer görmediğime inanıyorum.
– Kendi benliğimi oturtamıyorum.
– Güçlü görünmeye çalışıyorum.

Göğüs için tavsiye edilen yeni DNA kayıtları:
– Çocuk sahibi olmayı biliyorum.
– Kendi vücudumu kabul ediyor ve seviyorum.
– Eşimin bana değer verdiğini biliyorum.
– Çocuklarımın beni her durumda sevdiğini biliyorum.

– Sevgiyi koşulsuz yaşamayı biliyorum.
– Göğüslerimi olduğu gibi kabul etmeyi biliyorum.
– Kadın olmamın güzelliklerini kabul ediyorum.
– Kadın olarak eşit değeri görmeyi biliyorum.
– Kendi benliğimi oturtmayı biliyorum.
– Güçlü olmayı biliyorum.

GÖZ

Dış dünya ve iç dünyamız arasında gerçeklik bağı kurmamızı sağlayan organdır.

Göz için test edilmesi gereken DNA kayıtları:
– Yaşadığım hayattan memnun olmaktan zorlanıyorum.
– Kötü şeylere tanık olmak beni yordu.
– Hayatımın nasıl olacağından endişe duyuyorum.
– Geçmişi ya da geleceği düşünmekten şimdiyi kaçırıyorum.
– Görünüşümden hoşnutsuz oluyorum.
– Gördüklerim beni yaraladı.
– Ailemi mutsuz görmekten acı duyarım.

Göz için tavsiye edilen yeni DNA kayıtları
– Yaşadığım hayattan memnun olmayı biliyorum.
– Hayatıma sadece güzel şeyler çekerim.
– Gerçekleri kabul etmeyi biliyorum.
– Hayatımın istediğim gibi güzel, bolluk ve bereket içinde olacağını biliyorum.
– Şimdiyi yaşamayı biliyorum.
– Kendi fiziksel özelliklerimi seviyorum.

– Gözlerimle güzel şeylere tanık olmayı biliyorum.
– Ailemi mutlu görmeyi biliyorum.

GRİP

Birine duyulan aşırı kızgınlığın sonucunda olabilir.

Grip için test edilmesi gereken DNA kayıtları:
– Kim ne der diye yaşamaktan mutsuz oluyorum.
– Yaşadığım topluma ait olmadığıma inanıyorum.
– Yaşadığım toplum beni boğuyor.
– İçimdeki acıyı atmakta zorlanıyorum.
– Duygularımı tanımlamakta zorlanıyorum.
– Gerçek duygularımı saklıyorum.
– Çalıştığım yer beni sıkıntıya sokuyor.
– Hasta olursam işe gitmem ve dinlenirim.
– Hasta olursam insanları kendimden uzaklaştırabilirim.
– İnsanların bana çok yakın olmalarından rahatsız olurum.
– Yalnız kaldığımda ihtiyacım olan enerjiyi toplayabilirim.
– Hasta olursam hayata ara verip olan biteni değerlendirebilirim.
– X kişisine aşırı öfke duyuyorum.
– Kaldıramayacağım eleştirilere maruz kalıyorum.
– Sınırlarım aşılıyor.
– Kendime olan güvenime ket vuruldu.

Grip için tavsiye edilen yeni DNA kayıtları:
– Kendim için yaşarım.
– Kendimi yaşadığım topluma ait hissetmeyi

biliyorum.
- Yaşadığım toplumun içinde nefes almayı biliyorum.
- İçimdeki acıdan kurtulmayı biliyorum.
- Duygularımın farkına varmayı biliyorum.
- Gerçek duygularımı serbest bırakmayı biliyorum.
- Rahat ettiğim yerde çalışmayı biliyorum.
- Ne zaman dinleneceğimi biliyorum.
- İnsanların bana yakın davranmaları beni mutlu eder.
- Her durumda ihtiyacım olan enerjiyi toplamayı biliyorum.
- Sağlıklıyken de hayatımda ne olup ne bittiğinin farkına varırım.
- X kişisini affediyorum.
- Eleştirilerin bittiğini biliyorum.
- Sınırlarımı korumayı biliyorum.
- Kendime güvenmeyi biliyorum.

GUATR

Guatr, iletişim kurma ve duyguların ifade edilmesinde yaşanan sorunların var olduğunu gösterir.

Guatr için test edilmesi gereken DNA kayıtları:
- Çevremdeki insanlar benden ne isterlerse yapıyorum.
- Gerçek duygularımı dışa vurmaktan çekiniyorum.
- Yaşadıklarımla baş edebilecek gücüm yok.
- Yaşadığım olaylara tepki vermekten korkuyorum.
- Nefes alamamaktan korkuyorum.
- Söylemek istediklerimi içimde tutmak beni zehirler.

Guatr için tavsiye edilen yeni DNA kayıtları:
- Hayır demeyi biliyorum.
- Gerçek duygularımı rahatlıkla dışa vurabiliyorum.

– Sorunlarımı kolaylıkla çözmeyi biliyorum.
– Doğru tepkiler vermeyi biliyorum.
– Rahatça nefesi içime çekebiliyorum.
– Söylemek istediklerimi söyleyerek kendimi rahatlatmayı biliyorum.

GUT

İnsanların hayatıma çok fazla dâhil olmalarına izin vermişimdir.

Gut için test edilmesi gereken DNA kayıtları:
– Kendi kararlarımı alacak özgürlüğe sahip olmakta zorlanırım.
– İnsanlar önemli kararlar alırlarken müdahale ederim.
– Geçmişte bir olaya takılı kalırım.
– Geçmişte yaşıyorum.
– Hayatta ne yapacağımı biliyorum. (Hayır çıkarsa değiştirin.)
– Sahip olduğum hiçbir şeyi kaybetmemem gerektiğini düşünürüm.
– Problemlerimle baş etmekte zorlanırım.
– Düşüncelerim ve yaptıklarım birbiriyle çatışıyor.
– Kendi sınırlarımı çizmekte zorlanırım.
– Toplumun onayladığı kişi olmaya çalışıyorum.
– Geleceğimin nasıl olacağı hakkında fikrim yok.
– Amaçlarıma ulaşmak için hırslı biri oluyorum.
– Güçlü görünürsem kırgınlıklarımı saklarım.

Gut için tavsiye edilen yeni DNA kayıtları:
– Kendi kararlarımı alacak özgürlüğe sahibim.
– İnsanların kendi kararlarına saygı duymayı bilirim.

– Geçmişi geride bırakıp şimdiyi yaşamayı biliyorum.
– Hayattaki amacımı biliyorum.
– Sahip olduğum şeyleri korumayı biliyorum.
– Problemlerimin üstesinden gelmeyi biliyorum.
– Düşündüklerim ve yaptıklarımla tutarlı olmayı biliyorum.
– Kendi sınırlarımı korumayı biliyorum.
– Toplumun beni olduğum gibi kabul etmesini biliyorum.
– Geleceğimin huzurlu, sağlıklı, mutlu ve hedeflerimi gerçekleştirmiş şekilde olacağını biliyorum.
– Amaçlarıma kolayca ulaşmayı biliyorum.
– Duygularımı ifade ederek de güçlü olabilirim.

GÜNEŞ ÇARPMASI

Kendini cezalandırma. Hak etmediğini düşünme durumu.

Güneş çarpması için test edilmesi gereken DNA kayıtları:
– Yaptıklarım yüzünden cezalandırılmalıyım.
– Dinlenip tatil yapmayı hak etmediğime inanıyorum.
– Yapmak istediklerim ve yaptıklarım aynı olmadığı için huzursuz olduğuma inanıyorum.
– Sevildiğimi cinsel ilişki yaşayarak anlarım.
– Sorumluluklarımı başkalarına yıkarım.
– Görünüşümden ve kişilik özelliklerimden mutsuz olurum.
– Eleştiriye maruz kalırsam içe kapanık biri olurum.
– Babama kızgınım.

Güneş çarpması için tavsiye edilen yeni DNA kayıtları:

– Kendimi affediyorum.
– Dinlenmeyi ve tatili hak ediyorum.
– Yapmak istediklerimi kolaylıkla yapmayı biliyorum.
– Sevildiğimi her an anlayabilirim.
– Sorumluluklarımı üstlenecek güce sahibim.
– Kendimi her halimle seviyorum.
– Eleştirilmeden yaşamayı biliyorum.
– Babamı olduğu gibi kabul ediyorum.

H

HAFIZA KAYBI

Yaşanan istenmeyen olayları yok saymaya çalışma.

Hafıza kaybı için test edilmesi gereken DNA kayıtları:

– Bana acı veren şeyleri hep hatırlarım.
– Gerçekleri görmezden gelirim.

Hafıza kaybı için tavsiye edilen yeni DNA kayıtları:

– Güzel hatıralarımı muhafaza etmeyi biliyorum.
– Gerçekleri kabul ediyor ve onları hatırlamayı seçiyorum.

HALSİZLİK

Güvensizlik duygusu ile vazgeçmişlik hali.

Halsizlik için test edilmesi gereken DNA kayıtları:

– Çevremdeki insanların varlığından mutsuz olurum.
– Başkalarının hayatlarına göre yaşamaktan yoruldum.
– Kendi problemlerimden çok başkalarının problemleriyle ilgilenirim.
– Hayata karşı zevksiz olurum.

Halsizlik için tavsiye edilen yeni DNA kayıtları:

– Mutlu olduğum insanları etrafıma çekmeyi biliyorum.
– Kendi hayatımı yaşıyorum.
– Kendi problemlerimi öncelikli tutarım.
– Hayattan zevk almayı biliyorum.

HALÜSİNASYON

Yaşadığım hayattan memnun olmadığım için zamanla gerçek dünyadan koptuğumu gösterebilir.

Halüsinasyon için test edilmesi gereken DNA kayıtları:

– Kendimi çok yorgun hissediyorum.
– Gerçekleri kabul etmeyi reddederim.
– İçimdeki kötü düşüncelerin dışarı çıkmasına engel oluyorum.
– Kendimin farkında olmamayı tercih ederim.
– Yaptıklarımın bedelini ödemeliyim.
– Sevilmek için rol yapıyorum.

– Baskı altında yaşamalıyım.

Halüsinasyon için tavsiye edilen yeni DNA kayıtları:
– Kendi enerjimi kolayca toplamayı biliyorum.
– Gerçekleri kabul ediyorum.
– İçimde yalnızca güzel düşüncelerin yeşermesine izin veriyorum.
– Yaptıklarımın bedelini ödedim. Bitti.
– Kendim olarak da sevilmeyi biliyorum.
– Her durumda kendimi rahat hissetmeyi biliyorum.

HAMİLELİK (Bkz. DOĞUM– GEBE)

HAPŞIRMA

Çevrede birinin varlığından hoşnutsuzluk duyma.

Hapşırma için test edilmesi gereken DNA kayıtları:
– Çevremde gergin olmama sebep olan biri var.
– Çevremde işime sürekli karışan biri var.
– İçimdeki sıkıntıdan kurtulmak için aceleci davranırım.
– İçimden geçenleri dile dökmekte zorlanırım.
– Kendimi derinlemesine sorguluyorum.
– Başkalarını eleştiriyorum ve varlığımla rahatsızlık veriyorum.

Hapşırma için tavsiye edilen yeni DNA kayıtları:
– Çevremde hep beni rahatlatacak insanlar var.
– Çevremde hep beni destekleyen insanlar var.
– İçimdeki sıkıntıyı kolayca atmayı bilirim.
– İçimden geçenleri kolayca cümle kurarak aktarırım.

– Kendimden eminim.
– İnsanları yapıcı eleştirmeyi biliyorum. İnsanlar varlığımdan mutludur.

HAZIMSIZLIK

Gerçekleri kabullenmekte zorlanmayı temsil eder.

Hazımsızlık için test edilmesi gereken DNA kayıtları:
– Gerçekleri kabullenmekte zorlanırım.
– Yaşamış olduğum ve bana zarar veren şeylerin varlığını özümsemekte zorlanırım.
– Sert tepkiler vermemek için tepkisiz kalırım.
– Sevdiklerim beni incitir.

Hazımsızlık için tavsiye edilen yeni DNA kayıtları:
– Gerçekleri kabul etme olgunluğuna sahibim.
– Yaşadığım kötü olan her şeyden almam gereken dersleri aldım bitti.
– Tepkilerimi kontrol etmeyi biliyorum.
– Sevdiklerim beni güldürür.

HEMOFİLİ

Aile ile bağlantılı sorunlar.

Hemofili için test edilmesi gereken DNA kayıtları:
– Küçükken babamdan şiddet gördüm.
– Aileme karşı sevgisiz kalırım.
– Hiçbir yere aitlik duygum yok.
– Var olduğumu hissedebilmem için vücudumdan kan

akmalı.
– Başarılı olmak için mücadele etmeliyim.

Hemofili için tavsiye edilen yeni DNA kayıtları:
– Babamı affetmeyi biliyorum.
– Ailemi seviyorum.
– Bu dünyaya ait olmayı biliyorum.
– Vücudumdan kan akmadan da var olduğumu bilirim.
– Rahat bir şekilde başarılı olmayı biliyorum.

HEMOROİD

Anne ile bağlantılı duygular.

Hemoroid için test edilmesi gereken DNA kayıtları:
– Geçmişte kızdığım şeylere takılı kaldığım için şimdiyi kaçırırım.
– Elimdeki fırsatların hepsini öfkem yüzünden kaçırdım.
– Hayatı yakalamamın imkânı yok.
– Cinsel kimliğimi sorgularım.
– Annemin ilgisini görmek istiyorum.
– Çevrem beni kız mı, erkek mi olarak tanımlıyor bir fikrim yok.
– Çevrem benim kız/erkek olmamdan rahatsız oluyor.
– Kendi düşüncelerimi savunmak zorundayım.
– İçimden atmak istediklerim sıkışıp kaldı.
– Hayatımda annemin desteği yok.
– Yardıma muhtaç kişileri sevmeliyim.

Hemoroid için tavsiye edilen yeni DNA kayıtları:

– Geçmişi geride bırakıp şimdiyi en güzel şekilde yaşamayı biliyorum. Zamanın değerini biliyorum.
– Sakin olmayı ve fırsatları en iyi şekilde değerlendirmeyi biliyorum.
– Hayatımı en güzel şekilde nasıl yaşayacağımı bilirim.
– Cinsel kimliğimi biliyorum.
– Annemin bana ilgi göstermesini biliyorum.
– Çevrem beni olduğum gibi kabul eder.
– Çevrem benim cinsiyetimi kabul eder.
– Kendi düşüncelerimi savunurum.
– İçimde huzuru hissetmeyi biliyorum.
– Annem beni destekler.
– İçimdeki sevgiyi herkese karşı duyabilirim.

HEPATİT

Kızgınlık duygusu ile bağlantılı olabilir.

Hepatit için test edilmesi gereken DNA kayıtları:
– Değişmekten korkuyorum.
– Değişime adapte olamam diye korktuğumdan değişime direnirim.
– X kişisine karşı sürekli artan bir nefret duyuyorum.
– İnatçı biriyim.
– Başkalarından kolayca etkilenirim.
– Bencil davranışlar sergilerim.
– Kendimi yetersiz hissediyorum.
– Hayallerim hep yıkıldı.
– Vicdanımı rahatlatmak için sürekli olarak başkalarını suçlu görürüm.
– Yaptıklarım yüzünden kendimden utanıyorum.
– Kendime değer vermekte zorlanırım.

– Rol yaparak yaşıyorum.
– İlgi görmek için hastalanıyorum.

Hepatit için tavsiye edilen yeni DNA kayıtları:
– Yeniliklere açığım. Değişim güvenlidir.
– Değişmeye kolayca adapte olurum.
– X kişisini affetmeyi biliyorum.
– Uyumlu biriyim.
– Kendi düşüncelerime ne zaman ve nasıl değer veririm biliyorum.
– Davranışlarımın dengeli olduğunu biliyorum.
– Yeterliyim.
– Hayallerimin gerçek olmasını biliyorum.
– Suçlamadan, keyifle yaşamayı biliyorum.
– Kendimi affediyorum.
– Kendime değer veriyorum.
– Kendim olarak davranmayı biliyorum.
– Sağlıklı olduğumda da insanlar bana ilgi gösterir.

HIÇKIRIK

Kişinin kendisiyle içsel hesaplaşma hâlinde olduğunu gösterebilir.

Hıçkırık için test edilmesi gereken DNA kayıtları:
– Kendimi sürekli suçlu hissediyorum.
– İçimdeki sesin konuşmasını susturmakta çok zorlanırım.
– Kendi hayatım üzerinde söz sahibi olmam imkansızdır.
– Aceleci davrandığım şeylerden pişmanlık duyarım.
– X kişisinin varlığından korku duyuyorum.

– Kendi mevkimin üstündeki birinden ötürü huzursuz olurum.

Hıçkırık için tavsiye edilen yeni DNA kayıtları:
– Kendimi affediyor ve huzurlu olmayı kabul ediyorum.
– İçimdeki sesin sakin olduğunu biliyorum.
– Kendi hayatımın ipleri benim elimde.
– İşlerimi hatasız, hızlı bir şekilde halletmeyi biliyorum.
– X kişisinden kendimi korumayı biliyorum.
– Her durumda huzuru hissetmeyi kabul ediyorum.

HİPERMETROP

Kişinin şimdiyi yaşama ile ilgili sorunları olabilir.

Hipermetrop için test edilmesi gereken DNA kayıtları:
– Yaşlandığımda el ayaktan kesilirim.
– İnsanların güvensiz olduğunu düşünürüm.
– Tecrübelerim hep olumsuz şeylerden oluşuyor.
– Çevremdeki insanlar bana zarar verir.
– Duygusal bağım olan herkesi kendime düşman görüyorum.
– Yaşadığım olumsuzlukları görmezden gelirsem daha az etkilenirim.
– Ölümün yaklaştığını görmezden gelmeye çalışırım.
– Geleceğimi garantiye almak için sürekli plan yaparım.
– Kendi hayatımla uğraşmak zorunda kalmamak için başkalarının hayatlarıyla ilgilenirim.

– Şimdiyi yaşarken endişe duyuyorum.

Hipermetrop için tavsiye edilen yeni DNA kayıtları:
– Her yaşımda sağlıklı olmayı biliyorum.
– İnsanlara güven duymayı biliyorum.
– Olumlu tecrübeler edinmeyi biliyorum.
– Hayatıma iyi insanlar çekerim.
– Hayatımdaki herkes benim iyiliğimi ister.
– Yaşadığım olumsuzluklardan almam gereken dersleri aldım bitti.
– Ölümün hayatın bir parçası olduğunu kabul ederim.
– Geleceğimin güvende olduğunu biliyorum.
– Kendi hayatıma değer veririm. Önceliğin kendim olduğunu bilirim.
– Şimdiyi rahatlık ve huzur içinde yaşamayı biliyorum.

HİPERAKTİVİTE

Kişinin çevresini kabul etmek istemeyişine verdiği tepki durumu.

Hiperaktivite için test edilmesi gereken DNA kayıtları:
– Kendimi rahat hissedebileceğim bir ortam yok.
– Kişisel ihtiyaçlarım karşılanmaz diye endişeliyim.
– Enerjimi kontrol etmekte zorlanırım.
– Olup biteni görmezden gelmek için ilgimi sürekli başka yerlere kaydırırım.
– Gerçekler beni mutsuz eder.
– Varlığımı hissettirmek için hareket ediyorum.

Hiperaktivite için tavsiye edilen yeni DNA kayıtları;:
– Kendimi her yerde her durumda rahat ve huzurlu hissetmeyi biliyorum.
– Kişisel ihtiyaçlarımın karşılanacağını biliyorum.
– Enerjimi kontrol etmeyi biliyorum.
– Olup bitenin varlığını kabul ettim ve bundan öğrenmem gereken dersi öğrendim bitti.
– Gerçekler beni mutlu eder.
– Varlığımı her zaman hissederim. Var olduğumu biliyorum.

HİPOFİZ BEZİ

Duyguların yönetim merkezi olarak tabir edilebilir.

Hipofiz Bezi için test edilmesi gereken DNA kayıtları:
– Kendi dengemi bulmam zordur.
– Aynı olanın değişmesinden korkarım.
– Ben üşengecim.
– Hayatımın iplerinin benim elimde olmamasına üzülürüm.
– Amaçlarım ulaşılmaz geliyor ve benim amaçlarımı gerçekleştirecek gücüm yok.
– İnsanların bana yardım etmesini kabul etmeye çekinirim.
– Kendimi hapsediyorum.

Hipofiz Bezi için tavsiye edilen yeni DNA kayıtları:
– Dengeli yaşamayı biliyorum.
– Farklılıklara açığım.
– Çalışkan olmayı biliyorum.

– Hayatımla ilgili kararları ben alırım.
– Hayallerime kolayca ulaşabilirim. Hayallerime ulaşacak güce sahibim.
– İhtiyacım olduğunda yardım edilmesini kabul ederim.
– Kendimi özgür bırakmayı biliyorum.

HİSTERİ

Kişinin kendini değersiz görmesi hali.

Histeri için test edilmesi gereken DNA kayıtları:
– Hayatımın yönünü yanlış çizerim.
– Sadece hayal dünyamda mutluyum.
– Rahatsızlanırsam insanlar benimle ilgilenir.
– Diğer insanlar kadar değerli olmadığıma inanıyorum.
– Ben farklıyım.
– Duygularımı kimsenin anlamayacağına eminim.
– Bedenim ve ruhum arasındaki iletişim azaldı.
– Sevildiğimi gördüğümde mutlu olurum.

Histeri için tavsiye edilen yeni DNA kayıtları:
– Hayatımda gideceğim yolu biliyorum.
– Gerçek dünyada da hayal dünyamdaki kadar mutlu olmayı biliyorum.
– Sağlıklı olduğum zaman da insanların benimle ilgileneceğini biliyorum.
– Ben değerliyim.
– Kendimi olduğum gibi kabul etmeyi biliyorum.
– Duygularımı doğru şekilde ifade etmeyi ve anlaşılmayı biliyorum.

– Bedenim ve ruhum arasındaki ilişkiyi kurabiliyorum.
– Her durumda mutluluk duymayı biliyorum.

HODGKİN

Cezalandırılması gerektiği düşüncesi içine girme.

Hodgkin için test edilmesi gereken DNA kayıtları:
– İnsanların beni olduğum gibi kabul etmeleri için uğraşırım.
– Kendimi olduğum gibi kabul etmemin imkânı yok.
– Başkalarının onayını aldığım zaman rahatlıyorum.
– Toplum tarafından onay görmemekten korkarım.
– Kendimi sürekli suçlarım.
– İnsanlar bana bir konuda iyi olduğumu söylediklerinde onlara inanmam zordur.
– Bu hayatı yaşamaya hakkım yok.
– Ailemin benden beklediği potansiyele sahip biri olmadığımı biliyorum.
– Kendimi insanlara kanıtlama ihtiyacı duyuyorum.
– Hayat insanların sürekli birbirleriyle yarıştığı bir yerdir.
– X kişisinden nefret ediyorum.
– İnsanlar mutlu olsun diye olmadığım biri gibi davranırım.

Hodgkin için tavsiye edilen yeni DNA kayıtları:
– İnsanlar beni olduğum gibi kabul eder.
– Kendimi olduğum gibi kabul etmeyi biliyorum.
– Kendi istediklerimi yaptığımda rahat hissetmeyi biliyorum.
– Toplum tarafından onay görmeyi biliyorum.

– Kendimi affetmeyi biliyorum.
– İnsanlara ne zaman güvenip, inanacağımı biliyorum.
– Hayatı yaşamaya hakkım var.
– Kendi potansiyelimin farkındayım.
– Kendimi kanıtlama zorunluluğum bitti.
– İnsanların birbirlerine saygı duyduğu ve yardımsever olduğu bir dünyada yaşamayı kabul ediyorum.
– İnsanlara sevgi duymayı biliyorum.
– Kendim gibi davrandığımda da insanlar mutlu olur.

HORLAMAK

Kendimle yüzleşmem gereken konular olduğunun habercisidir.

Horlamak için test edilmesi gereken DNA kayıtları:
– İstemsizce yaptığım şeylerden kurtulmak için çaba gösteririm.
– Eski kafalıyım.
– Maddelere değer veririm.
– İçine dâhil olmak istemediğim olayların ortasında kalıyorum.
– Güçsüz kaldım.
– Sabit fikirliyim.
– Değişmez katı düşüncelere sahibim.
– Duyulmak istiyorum.

Horlamak için tavsiye edilen yeni DNA kayıtları:
– İstediğim gibi davranmayı biliyorum.
– Yeni düşüncelere açığım.
– Maddeler kadar manevi şeylere de değer veririm.
– Huzuru kendime çekmeyi biliyorum.

- Kendi gücümü hissedebiliyorum.
- Esnek olmayı biliyorum.
- Değişime ve fikirlere açık olmayı biliyorum.
- Duyulmayı biliyorum.

İ

İDRAR KAÇIRMA

Kişinin çevre ile yaşadığı uyumsuzluk hali sonucunda olma olasılığı vardır.

İdrar Kaçırma için test edilmesi gereken DNA kayıtları:

- Bulunduğum ortam bana çok yabancı.
- Kendimi her konuda yetersiz ve umutsuz hissediyorum.
- Kendi bedenimin kontrolünü kaybettim.
- Gün içinde yaşadığım ruhsal değişimler kafamı karıştırıyor.
- Otoriteye karşı kendimi savunmasız, güçsüz ve değersiz hissediyorum.
- Babamdan/Annemden korkuyorum.

İdrar Kaçırma için tavsiye edilen yeni DNA kayıtları:

- Bulunduğum ortamda güvendeyim.
- Kendimi güçlü, yeterli ve umutlu hissetmeyi

biliyorum.
– Kendi bedenimin kontrolünü sağlayabiliyorum.
– Duygularımda istikrarlı olmayı ve denge sağlamayı biliyorum.
– Otoriteye karşı kendimi güçlü ve değerli hissederim.
– Babamın/Annemin beni sevdiğini biliyorum.

İDRAR YOLLARI ENFEKSİYONU– SİSTİT

İşe yaramayan şeylerin vücuttan atılmasında sorun yaşanması idrar yoluyla bağlantılıdır.

İdrar Yolları Enfeksiyonu için test edilmesi gereken DNA kayıtları:
– Ailem benim duygularımı önemsiz görür.
– Mantıksal kararlardan çok duygusal kararlar alırım.
– İçsel olarak huzursuz olduğuma inanıyorum.
– Terk edilmek beni derinden sarstı.
– İlişkim bitmesine rağmen ona hâlâ bağlıyım.
– Aşırı ilgi görmek bana garip gelir.
– İçimden atamadığım bir öfke var.
– Üzüntü içimi yakıyor.
– Cinsel ilişki beklentilerimi karşılamadığı için cinsel ilişkiden uzaklaştım.
– Karşı cinse öfkeliyim.
– X kişisinin benim hayatım üzerinde çok fazla etkisi var.
– Sorumluluklarımı başkalarının üstüne yıkarım.
– Hayal kırıklığı yaşıyorum.

İdrar Yolları Enfeksiyonu için tavsiye edilen yeni DNA kayıtları:

– Ailem benim duygularımı anlar.
– Doğru kararlar almayı biliyorum.
– İçsel huzurumu sağlamayı biliyorum.
– Hayatımdan çıkmak isteyen insanları olgunlukla karşılamayı biliyorum.
– Biten ilişkimden bağımı kopardım ve bu ders bitti.
– İlgi görmeye açığım.
– İçimdeki kötü hislerden arınmayı biliyorum.
– İçimin ferahladığını ve mutlu olmayı biliyorum.
– Cinsel ilişkimde tatmin olmayı biliyorum.
– Karşı cinsi affediyorum.
– X kişisinden bağımı kopardım.
– Sorumluluklarımı biliyorum.
– Hayallerimi yaşamayı biliyorum.

İKTİDARSIZLIK

Erkeğin duyduğu korku yoğunluğuyla bağlantısı olabilir.

İktidarsızlık için test edilmesi gereken DNA kayıtları:

– Annem bana çocukken kötü davrandığı için anneme karşı korku duyuyorum.
– Cinsellikle ilgili duygularımdan dolayı suçluluk hissediyorum.
– Yaradan her şeyi görüyor olduğu için cinsellik yaşamaktan utanıyorum.
– Cinsel dürtülerim yüzünden kontrolümü kaybederim.

– İlişki sırasında kendimi korumasız hissederim.
– Kıyafetlerim beni dış dünyanın kötülüklerinden korur.
– Kadınlar kötüdür.
– Toplumun istediği cinsiyet yapısına sahip olmadığım için dışlanırım.
– Tacize uğradım.
– Bu dünyaya bir çocuk getirmenin doğru olmadığına inanıyorum.
– Eşimin duygusal tepkileri beni korkutuyor.
– Kadınlar tarafından yönetilmekten korkuyorum.
– Çevremdeki insanlar benden kapasitemden daha fazlasını bekliyor.
– Ben yetersiz olduğuma inanıyorum.
– Eşimi annem olarak görüyorum.
– Eşim ev içinde benim varlığımı görmezden gelir.
– Çocuk sahibi olmaya hazır olmadığımı hissediyorum.
– İşe yaramaz hissediyorum.
– Düzenimi bozacak gelişmeler yaşadım.

İktidarsızlık için tavsiye edilen yeni DNA kayıtları:
– Geçmiş olumsuzluklardan kendimi arındırdım. Annemi kabul etmeyi ve geçmişi unutmayı biliyorum.
– Cinsellikle ilgili duygularımın normal olduğunu biliyorum.
– Cinselliğin normal olduğunu biliyorum.
– Cinsel dürtülerimi kontrol etmeyi biliyorum.
– İlişki sırasında kendi sınırlarımı korumayı biliyorum.
– Her durumda korunduğumu bilirim.
– Kadınlarla iyi ilişki kurmayı biliyorum.
– Toplum beni olduğum cinsiyetimle kabul eder.
– Geçmişle ilgili öğrenmem gereken derslerim bitti.

biliyorum.
– Başarıya kolayca ve hızlı bir şekilde ulaşırım.
– Ben değerliyim.
– Kendimi affediyorum.

İNTİHAR

Bedenin enerji yoksunluğu yaşadığı durumlarda intihar düşüncesi ortaya çıkar. Bağımlılık yapan maddelerin kullanımı ya da kötü beslenme insan enerjisinin azalmasına neden olduğu için İntihar düşüncesini tetiklerler.

İntihar için test edilmesi gereken DNA kayıtları:
– Sorunlarımın kesinlikle çözümü yok.
– Gelecekten bir beklentim yok.
– Umutsuzum.
– Ölürsem beni mutsuz edenleri pişman etmiş olurum.
– Ben olmasam da hayat devam eder.
– Kendimi değersiz görürüm.
– Hayatta hiçbir işe yaramadığımı düşünüyorum.
– Değer görmeyi hak etmediğimi düşünüyorum.
– Hayat amacım yok.

İntihar için tavsiye edilen yeni DNA kayıtları:
– Sorunlarımın kolayca çözüleceğini biliyorum.
– Gelecekle ilgili hayallerimin gerçek olmasını biliyorum.
– Umudum var.
– İnsanları affetmeyi biliyorum.
– Kendi hayatımı en güzel şekilde devam ettirmeyi biliyorum.

– Kendime değer veririm.
– Kendi potansiyelimin farkındayım.
– Değer görmeyi hak ediyorum.
– Hayat amacımı biliyorum.

İSHAL

Bedenin kabullenmediği durumlarla ilgilidir.

İshal için test edilmesi gereken DNA kayıtları:
– Düzenimin bozulmasından huzursuz oluyorum.
– Huzursuz ortamlardan kaçarak kurtulurum.
– Bazı şeylere tanık olmakta zorlanırım.
– Korkularım bedenimi ele geçiriyor.
– Alışık olduğum düzeni bırakmaya çekinirim.
– Yaşamın zorluklarına katlanacak güce sahip olmadığımı düşünüyorum.

İshal için tavsiye edilen yeni DNA kayıtları:
– Düzenimi korumayı biliyorum.
– Her ortamda kendimi huzurlu hissetmeyi biliyorum.
– Hayatıma güzel olanı çekmeyi biliyorum.
– Değişiklikler benim için olumlu sonuçlar getirir.
– Hayatı yaşamanın kolay olduğunu ve güçlü olduğumu biliyorum.

İSİLİK (Bkz. Cilt Hastalıkları)

İŞTAH

Hayatın kendisinden zevk almakla ilgilidir. Doyuma ulaşma çabası İştahı etkiler.

İştah için test edilmesi gereken DNA kayıtları:
- Yemek yediğimde mutlu oluyorum.
- Duygularımı ifade etmekte çok zorlanıyorum.
- Yemek yersem içimdeki boşluk hissini doldururum.
- Ailem bana sevgisizce davranır.

İştah için tavsiye edilen yeni DNA kayıtları:
- Mutlu olmayı biliyorum.
- Duygularımı doğru kelimelerle kolayca ifade etmeyi biliyorum.
- İçimde boşluk hissi oluşunca hobilerimle bu hissi doldurmayı biliyorum.
- Ailemden sevgi görmeyi biliyorum.

İŞTAHSIZLIK

Hayatta doyuma ulaşmış olma hali iştahsızlığa sebep olabilir.

İştahsızlık için test edilmesi gereken DNA kayıtları:
- Her şeye karşı güvensiz davranırım.
- Ayrılıklar beni üzüyor.
- Dünyayı terk etmem gerek.
- Görünmez olmalıyım.
- Yok olmalıyım.

İştahsızlık için tavsiye edilen yeni DNA kayıtları:
- Güven duygusunu biliyorum.
- Sevdiklerimin her zaman yanımda olacağını biliyorum.
- Dünya üzerinde mutlu ve huzurlu bir şekilde yaşamayı biliyorum. Dünya üzerinde olmaktan memnunum.

– Görünür olmayı biliyorum.
– Var olmayı biliyorum.

K

KABAKULAK

Öfkenin kontrolsüzce dışarı çıkma halini temsil eder.

Kabakulak için test edilmesi gereken DNA kayıtları:
– Hayatla tek başıma mücadele etmeliyim.
– Ailem bana yabancı.
– Kızgın olmama neden olan kişiler var.
– İnsanlar beni acımasızca eleştirir.
– İnsanlar beni amaçlarıma giden yolda engeller.
– Kendi içimde anlaşmazlık yaşarım.
– Cinsel dürtülerimi görmezden gelirim.
– İnsanlara tepeden bakarım.

Kabakulak için tavsiye edilen yeni DNA kayıtları:
– Hayatta dostlarım ve ailem daima yanımdadır.
– Ailemle iletişimim kuvvetlidir.
– Hayatıma yalnızca bana iyi gelen insanları çekerim.
– İnsanlar bana karşı kibar davranır.
– Çevremdeki insanlar amacıma giden yolda beni her zaman destekler.
– Kendi içimde dengeli olmayı bilirim.
– Cinsel dürtülerimi önemserim.
– Bütün insanlar eşittir.

KABIZLIK

Kabızlık için biriktirme rahatsızlığı denebilir. Para biriktirme, üzüntü biriktirme, öfke biriktirme. Kaybetmemek için içinde gizleme durumu.

Kabızlık için test edilmesi gereken DNA kayıtları:

- Geçmişte yaşadıklarımı aklımda tutarım.
- Hayatım benim istediğim şekilde olmalı.
- Benim olanı asla kaybetmemeye çalışırım.
- Hırslarıma yenik düştüm.
- Paramın bitmesinden korkuyorum.
- Gelecekte parasız kalmaktan korktuğum için sürekli para biriktirmeye çalışıyorum.
- Gelecekle ilgili kaygılarım var.
- Ekonomik olarak zora girme düşüncesi beni korkutuyor.
- Alıştığım düzeni bırakmak beni mutsuz eder.
- Hayatımın ipleri benim elimde olmazsa endişelenirim.
- Otoriteyi elimde tutmam gerek.
- Kendimi ait hissettiğim bir yer yok.
- Çevremdeki insanlarla bağım kuvvetli olmalı.
- Yapmak zorunda kaldığım her yolculukta rahatsızlanıyorum.
- Ben kıskanç biriyim.
- Hayatımı kendim kontrol etmeliyim.
- Otoriteyi ben idare etmeliyim.
- Kendimden emin olamadığım için başkalarının onayını beklerim.
- Maddi sıkıntı yaşamamak için para biriktirmeliyim.
- Geçmişte beni mutlu eden şeylere tutunup kalırım.
- Geçmişimden rahatsızlık duyuyorum.

Kabızlık için tavsiye edilen yeni DNA kayıtları:
- Geçmişte yaşadıklarımdan almam gereken ders bitti.
- Hayatımın iplerinin benim elimde olduğunu biliyorum.
- Benim olanı korumayı biliyorum.
- Hırslarımı doğru yönetmeyi biliyorum.
- Paramın her zaman çoğalmasını biliyorum. Bolluk ve bereket içinde yaşamayı biliyorum.
- Geleceğin, şimdiden daha iyi olacağını biliyorum.
- Ekonomik olarak rahat olmayı biliyorum.
- Yeni düzenlerin bana daha iyi geleceğini biliyorum.
- Hayatım ile ilgili tüm kararları ben veririm.
- Otoriteyi ben yönetirim.
- Kendimi ait hissettiğim yerlerde olmayı biliyorum.
- Kendi kararlarımdan, duygu ve düşüncelerimden eminim.
- Çevremdeki insanlarla bağım çok kuvvetlidir.

KABURGALAR

Kaburgalar için test edilmesi gereken DNA kayıtları:
- Çevre baskısı alanımı daraltıyor.
- İnsanlar sınırlarımı aşıyor.
- Mantığım ve duygularım arasında kaldım.
- Duygusal olarak hassasım. Korumasız hissediyorum.
- Yaşamak yorucudur.
- İçimde yaşadığım acılarımı ifade etmeye çalışırım ama başarısız olurum.
- Ailemde duygusal bağımın güçlü olduğu biriyle sorunlarım var.

– Gelecekte nasıl bir hayatım olacağından endişeliyim.
– İnsanlar tarafından fark edilmeliyim.
– Aile içinde değersiz hissederim.
– Sevgiye aç hissederim.

Kaburgalar için tavsiye edilen yeni DNA kayıtları:
– Alanımın geniş olduğunu biliyorum. Çevremin beni iyi hissettiren insanlarla dolu olduğunu biliyorum.
– İnsanlar sınırlarımın farkındadır ve saygı duyarlar.
– Mantığım ve duygularım arasında denge kurabiliyorum.
– Duygularımı yaşarken de güçlü ve güvende olmayı biliyorum.
– Yaşamak keyifli ve kolaydır.
– Duygularımı kolayca ve anlaşılır şekilde ifade etmeyi bilirim.
– Ailemle ilişkilerimin yolunda gittiğini biliyorum.
– Gelecekte hayatımın istediğimden çok daha iyi olacağını biliyorum.
– İnsanlar varlığımı fark eder.
– Aile içinde değerli olduğumu biliyorum.

KAFA (Bkz. BAŞ – BEYİN)

KALÇA

Nasıl, hangi yöne gideceğimi, hareket alanımı, özgürlüğümü temsil eder.

Kalça için test edilmesi gereken DNA kayıtları:
– Hayatımla ilgili önemli kararlar almaktan korkarım.
– Gelecekten bir beklentim yok.

– Sorunlarımla baş ederken herkes bana uzak kalır.
– Yaşadıklarımın gerçekliğini kabul etmekte zorlanırım.
– Ayaklarım üstünde durmakta zorlanırım.
– Ailem kararlarıma müdahale eder.
– Hayatımı istediğim gibi yaşamak için anneme rest çektim.
– Kendimi cinsel olarak yetersiz hissediyorum.
– Kendi hayatımla ilgili endişelerim var.

Kalçalar için tavsiye edilen yeni DNA kayıtları:
– Hayatımla ilgili önemli kararları doğru bir şekilde kolayca alırım.
– Gelecekle ilgili umutlarım var.
– Sorunlarımı çözerken sevdiklerim hep destek olur.
– Gerçekleri kabul ederek onlardan öğrenmem gerekeni öğrendim bitti.
– Ayaklarım üstünde sağlam durabiliyorum.
– Ailemin kararlarıma saygı duymasını biliyorum.
– Annemle ilişkim düzgün olduğu zaman da hayatımı istediğim gibi yaşamayı biliyorum.
– Kendimin cinsel olarak yeterli olduğu biliyorum.
– Kendi hayatımla ilgili kendime güveniyorum.

KALP

Yaşamak için yayılan enerjinin merkezi kalptir.

Kalp için test edilmesi gereken DNA kayıtları:
– Hayatımın nasıl ilerleyeceğini bilememekten endişe duyuyorum.
– Hayatımdaki insanları yönlendirmeye çalışıyorum.

– Sevgiye dair bir hissim yok. Sevgisiz olduğuma inanıyorum.
– Eşimle/Sevgilimle mutsuz bir ilişkim var.
– Terk edileceğimi düşündüğüm için ilişkilerden uzak dururum.
– Sevilmediğime inanıyorum.
– Kendimi suçlu görüyorum.
– Bana kötü şeyler yapanlara kin besliyorum.
– Hayatımı yoluna koymak için çaba harcarım.
– Sorumluluklarımın ağırlığından kaçarım.
– Kaldıramadığım olaylarla yüz yüze kaldığımda düşüncelerimi ifade etmekte zorlanırım.
– Sevgimi göstermekte zorlanırım.
– Duygularımı ifade edemediğimi düşünürüm.
– Sürekli olumsuz düşünüyorum.
– Duygularımla değil mantığımla hareket ederim.
– Kalbim sıkışıyor.
– Kalbim acıyor.
– Sevilmeyi hak etmediğime inanıyorum.
– Yalnızca kendimi düşünürüm.
– Sağlığımı hiçe sayarak para kazanmaya odaklı yaşarım.
– Kendi hayatıma değersiz davranırım.
– Geçmişimdeki kötü anılardan kurtulamayacağıma eminim.
– Sevdiğim insanları kaybettiğimde çok üzüldüğüm için artık kimseyi sevmemeye çalışırım.
– Geçmişimde bıraktığım insanları unutamıyorum ve onlardan nefret ediyorum.
– Yolunda gitmeyen şeylerin varlığı beni huzursuz ediyor.

Kalp için tavsiye edilen yeni DNA kayıtları:

– Geleceğimle ilgili korku ve endişelerden kurtulmayı kabul ediyorum. Geleceğimin mutlu, huzurlu ve bolluk içinde olacağını biliyorum.

– Hayatımdaki insanların kendi seçimlerine saygı duyarım.

– Sevgiyi biliyorum.

– Eşimle/Sevgilimle mutlu olmayı biliyorum.

– Sevgi duyduğum insana güvenerek hayatımla ilgili yeni adımlar atabilir, yeni bir ilişkiye başlayabilirim.

– Sevildiğimi hissedebiliyorum.

– Kendimi affetmeyi biliyorum.

– İnsanları affetmeyi biliyorum.

– Hayatımda istediklerimin olduğunu biliyorum. Doğru yolda ilerlemeyi biliyorum.

– Sorumluluklarımı yerine getirecek olgunluğa sahibim.

– Her durumda düşüncelerimi kolayca ifade etmeyi bilirim.

– Sevgimi göstermeyi biliyorum.

– Duygularımı ifade etmeyi biliyorum.

– Olumlu düşüncelere sahip olmayı biliyorum.

– Duygularım ve mantığım arasında denge kurarım.

– Kalbimi ferah hissetmeyi biliyorum.

– Kalbimin sağlıklı olduğunu biliyorum.

– Sevilmeyi hak ettiğimi biliyorum.

– Kendim kadar başkalarını da düşünürüm.

– Sağlıklı bir şekilde para kazanmayı biliyorum.

– Kendi hayatıma değer veririm.

– Geçmişimde yaşadıklarımdan öğrenmem gereken dersi öğrendim, bitti.

– Sevdiğim insanların her zaman yanımda olacağını bilirim.

– Geçmişimde kalan bütün insanların bana öğrettikleri dersi aldım bitti, onları affediyorum.
– İşlerimin yolunda gitmesinin verdiği mutluluğu biliyorum.

KAN

(Kan bağı– Ailevi sıkıntılarla ilgilidir)

Kan için test edilmesi gereken DNA kayıtları:
– Kendimi hayatla baş edemeyecek kadar güçsüz hissediyorum.
– İçimdeki kızgınlıkla baş etmem zor.
– Yaşamaktan mutsuz oluyorum.
– Zaman elimden kayıp gidiyor.
– Sorumluluklarım ağır geliyor.
– Para kazanmak için işimi sevmesem de çalışmak zorundayım.
– Yapabilecek güçte olduğum şeyleri çevreme göstermekte beceriksiz olduğuma inanıyorum.
– Hayatı sorguluyorum.
– Gergin ortamlarda durmak beni strese sokar.
– Gergin ortamlarda kendimi kaybederim ve bayılırım.

Kan için tavsiye edilen yeni DNA kayıtları:
– Hayata karşı güçlü olduğumu biliyorum.
– İçimdeki tüm kızgınlıklardan kurtulmayı kabul ediyorum.
– Yaşamaktan mutluluk duyuyorum.
– Zamanı verimli kullanmayı biliyorum.
– Sorumluluklarımı yorulmadan yerine getiririm.
– Sevdiğim bir işte çalışarak da bolca para kazanmayı bilirim.

– Gücümü ve yapabileceklerimi insanlara kanıtlarım.
– Hayatın bana sorduğum soruların cevabını verdiğini biliyorum.
– Her zaman içimi rahat hissettiğim yerlerde olmayı biliyorum.

KANGREN

Sevginin vücuda eşit dağılmadığını gösterir. Kangren olan bölgeniz nereyse kitapta o bölüme de ayrıca bakarak yer alan DNA kayıtlarını da test etmenizi öneririm.

Kangren için test edilmesi gereken DNA kayıtları:
– Hayata karşı sevgimi geri çektim.
– Kendimi kötü hissederim.
– Hayattan bağım koptu.
– Kendi yeteneklerimi kaybettim.

Kangren için tavsiye edilen yeni DNA kayıtları:
– Hayata karşı sonsuz sevgi duyarım.
– Kendimi iyi hissedebiliyorum.
– Hayatla aramdaki bağ kuvvetlidir.
– Yeteneklerimin farkında olmayı ve yeteneklerimi kullanmayı biliyorum.

KANSER

Geçmiş yaşanan olaylarla bağlantısı vardır.

Kanser için test edilmesi gereken DNA kayıtları:
– İçimde biriken bir nefret var.
– Yaşadığım acıları içimde büyütüyorum.
– Başkalarına kendimden daha çok değer veririm.
– Kendi ihtiyaçlarımı görmezden geliyorum.
– Kendimi değersiz görürüm.
– Hayat adaletsizdir.
– Kötü düşüncelere teslim oldum.

Kanser için tavsiye edilen yeni DNA kayıtları:
– İçimde yalnızca sevgi birikir. İçimde yalnızca huzuru, sevgiyi ve mutluluğu hissetmeyi biliyorum.
– Geçmişte yaşadığım kötü tecrübelerden öğrenmem gereken dersleri aldım. Geçmişimi serbest bırakırım.
– Önce kendime sonra insanlara değer veririm.
– Kendi ihtiyaçlarımın öneminin farkındayım.
– Kendime değer vermeyi biliyorum.
– Hayatı adil bir şekilde yaşamayı biliyorum.
– Güzel düşüncelerinin zihnimde ve kalbimde yeşermesine izin veririm.

KARACİĞER

Karaciğer rahatsızlıklarının temel sebebi duyulan aşırı kızgınlığı sürdürmektir.

Karaciğer Kanseri için test edilmesi gereken DNA kayıtları:
– Kızgınken yanlış bir şey yapmamak için davranışlarımı engellerim.
– Başkalarını kıskanırım.
– Bazen aşırı utangaç tavırlar sergilerim.

– Depresyondayım.
– Bu hayatı yaşamak bana anlamsız geliyor.
– Yaşamaya sevgisiz yaklaşırım.
– İyi olanla kötü olanı ayırt etmek zor geliyor.

Karaciğer için tavsiye edilen yeni DNA kayıtları:
– Duygularımı ve davranışlarımı kontrol etmeyi biliyorum
– Başkalarının başarılarından, mutluluklarından mutluluk duymayı bilirim.
– Tavırlarımda dengeli olmayı biliyorum.
– Ruhsal olarak sağlıklı olmayı biliyorum.
– Hayatın anlamını bilmeyi biliyorum.
– Yaşamayı çok seviyorum.
– İyiyi kötüden ayırt edebiliyorum.

KARIN AĞRISI

Karın bölgemiz duygularımızı yansıtan bölgedir. Duygularımızı ifade edemezsek, duygularımız karın bölgemizde birikmeye başlar.

Karın Ağrısı için test edilmesi gereken DNA kayıtları:
– Kendimi yalnız hissediyorum.
– Kendimi terk edilmiş hissediyorum.
– Ailem ilgisiz davranır.
– Söylediklerimin önemsenmeyeceğinden korktuğum için konuşmamaya çalışırım.
– Hata yapmaktan korkarım.
– Her şeyi en iyi şekilde yapmalıyım.
– Acı içinde kıvranarak öleceğime inanıyorum.

– Takip ediliyorum gibi hissediyorum.

Karın ağrısı için tavsiye edilen yeni DNA kayıtları:
– Sevdiğim insanların yanımda olduğunu biliyorum.
– Doğru insanların yanımda olduğunu biliyorum.
– Ailemin sevgisini içimde hissederim.
– Söylediklerimin önemli olduğunun ve önemli görüleceğinin farkındayım.
– Doğru kararlar vermeyi bilirim.
– Her şeyi en iyi ve en doğru şekilde yapmayı bilirim.
– Hayatımı yaşarken keyifle yaşamayı biliyorum.
– Güvende olmayı biliyorum.

KARINCALANMA

Ani ruhsal değişimin belirtisidir. Anlık ve geçici sinirlilik halini sinyal verir.

Karıncalanma için test edilmesi gereken DNA kayıtları:
– Kısıtlandığım için istediklerimi yapmakta zorlanırım.
– Boş yere aniden kızgın olurum.
– Yaşadığım kötü olayları hatırladığımda gerilirim.
– Kendime sinir olurum.
– Kendime engel olmaya çalışırım.

Karıncalanma için tavsiye edilen yeni DNA kayıtları:
– Önüme konulan engelleri aşmayı ve istediğim zaman istediğim her şeyi yapmayı biliyorum.
– Duygularımı kontrol etmeyi biliyorum.
– Geçmişteki anılarımı kabul ediyorum.
– Kendimi affetmeyi ve sevmeyi biliyorum.

– Kendimi özgür kılmayı biliyorum.

KARPAL TÜNEL SENDROMU

Kişinin kendisinden yapabileceklerinin fazlasını bekliyor olduğuna işaret eder.

Karpal Tünel Sendromu için test edilmesi gereken DNA kayıtları:

– Sürekli aynı işlerle uğraşmaktan sıkıldım.
– Hayatımda değişiklikler olması gerek.
– Çevremdeki olumsuzlukları görmezden gelmeye çalışırım.
– Üretkenliğimi kullanabileceğim bir iş yapmadığıma inanıyorum.
– Hayatımı daha güzel bir hale getirebilecekken içinde bulunduğum duruma katlanıyorum.
– Amaçlarımı gerçekleştirmek için kendimi yetersiz görüyorum.
– Söylemek istediklerimi söylememi engellediler.
– İlişkilerimde hep arabulucu rolünde oldum.
– İnsanları etkilemek için çok çabalarım.
– İnsanların eleştirilerinden kaçmak için olmadığım biri gibi davranırım.
– Kendi yeteneklerimden şüphe duyduğum için yaratıcılığım köreldi.
– Evlenirsem hayatımın nasıl şekil alacağından korkarım.

Karpal Tünel Sendromu için tavsiye edilen yeni DNA kayıtları:

– Yaptığım her işten keyif almayı biliyorum.

– Değişime açık olmayı biliyorum ve değişim güvenlidir.
– Çevremde olumlu olan her şeyi kendime çekebilirim.
– Kendi potansiyelimi gösterebileceğim bir işimin olmasını hak ediyorum.
– Hayatıma yalnızca güzel olan şeylerin varlığını çekerim.
– Amaçlarımı gerçekleştirecek gücün içimde var olduğunu biliyorum.
– Konuşmakta özgür olduğumu ve düşüncelerimi kolayca ifade etmeyi biliyorum.
– İnsan ilişkilerindeki rolümün yalnızca kendim olmak olduğunu biliyorum.
– İnsanları kolayca etkilerim.
– Kendim olarak yaşarım ve eleştirilere açık olmayı bilirim.
– Kendi yeteneklerimi güvenir ve kendimi geliştiririm.
– Evlenmenin hayatımda güzel sonuçlar vereceğini kabul ederim.

KAS

Kaslar, beynimizin verdiği komutlarla hareket eder dolayısıyla kaslarda ortaya çıkan sorunların temeli beyni ilgilendiren konulardır.

Kas için test edilmesi gereken DNA kayıtları:
– Güvensiz hissediyorum.
– Kendimi suçlu hissediyorum.
– Ön yargılarımı kırmakta zorlanıyorum.
– Korkularımla baş etmek çok zor.
– Sürekli gerginim.

– Ruhsal acı çekiyorum.
– Öfkeme yeniliyorum.
– Korkularımın esiriyim.
– Özlem duyduğum birileri var.
– Hayatımda farklı şeylerin olmasına ihtiyacım var.
– Ağrılarım olduğunda sevdiklerim benimle ilgilenir.
– Sabit düşüncelere sahibim.
– Eski kafalıyım. Değişime direnirim. (Kas sertleşmesi için)
– İki durum arasında seçim yapmak zorunda kalıyorum.
– Boşa kürek çektiğimi hissediyorum.
– İnsanlar bana değersizmişim gibi hissettirirler.

Kas için tavsiye edilen yeni DNA kayıtları:
– Güven duygusunu hissederim.
– Kendimi affetmeyi biliyorum.
– İnsanlara karşı daha açık yaklaşırım.
– Korkularımdan arındığımı hissederim.
– Vücudumun rahatlamasını kabul ediyorum.
– Acılarımın son bulmasını biliyorum.
– Duygularımı kontrol etmeyi biliyorum.
– Duygularımın beni esir almasına izin vermem.
– Sevdiğim insanların yanımda olmasını biliyorum.
– Hayatımı yeniliklere açarım.
– Sevdiklerim bana ilgi gösterir.
– Düşüncelerim geniş bir perspektife sahiptir.
– Değişime açığım.
– Seçenekler arasında kaldığımda doğru olanı tercih etmeyi bilirim.
– Çabalarımın sonuçlarını en verimli şekilde almayı biliyorum.
– Değer görmeyi biliyorum.

KASIK FITIĞI (Bkz. Fıtık)

KAŞINMAK

Kaşınma için kişinin kendi vücudunu bir tarla olarak hayal edersek, kaşıma da kazıyarak ortaya çıkarma çabasına benzetilebilir.

Kaşınmak için test edilmesi gereken DNA kayıtları:
- Şu an içinde bulunduğum yerden başka bir yerde olmalıyım.
- İsteklerimi karşılamakta zorlanırım.
- Her zaman elde ettiğimden çok daha fazlasına sahip olmalıyım.
- Kurtulmak istediğim düşüncelerim var.
- Kurtulmak istediğim şeyler var.

Kaşınmak için tavsiye edilen yeni DNA kayıtları:
- Olmak istediğim yerde olmayı biliyorum.
- İsteklerimi karşılayacak güce sahibim.
- Sahip olmak istediğim şeylere kolayca ulaşabilirim.
- Düşüncelerimi kontrol edebilirim.
- Varlığını istemediğim her şeyden kolayca kurtulurum.

KATARAKT

Gözlerle ilgili bir rahatsızlık olan Katarakt, kişi gerçekleri ne kadar görmeyi reddederse o kadar ilerler

Katarakt için test edilmesi gereken DNA kayıtları:
- Hayatımda gerçekleşen olayları görmezden gelirim.
- Kendi hayatıma müdahale edemeyeceğimi düşünürüm.

– Hayatımı kendime uygun yaşamadığımı düşünürüm.
– Yaşlandığımı reddederim.
– Kendimle, olmasını istemediğim durumlar arasına set çekerim.
– Geleceğimle ilgili endişelerim var.

Katarakt için tavsiye edilen yeni DNA k ayıtları:
– Yaşadığım olayların gerçekliğini kabul ederim.
– Hayatımdaki söz sahibi kişi benim.
– Hayatımı istediğim gibi yaşamayı biliyorum.
– Var olduğumun farkındayım.
– Korkusuzca yaşamayı kabul ediyorum.
– Geleceğin hayallerimi bana sunacağını biliyorum.

KAZA

Cezalandırılmam gerek inancı kazalara sebep olabilir.

Kaza için test edilmesi gereken DNA kayıtları:
– Yanlış yolda olduğumu düşünüyorum.
– Korkularım var.
– Kendimi dış etkenlerden korumakta zorlanıyorum.
– Yaptıklarımın bedelini ödemeliyim.
– Hayatımın yön değiştirmesi gerekiyor.

Kaza için tavsiye edilen yeni DNA kayıtları:
– Doğru yolda ilerlemeyi biliyorum.
– Korkularımla yüzleşerek kendimi daha güçlü kılarım.
– Kendimi koruyacak güce sahibim.
– Kendimi affederim.

– Hayatımın kendimi iyi hissedeceğim yöne doğru akmasını biliyorum.

KEKEMELİK

Anlaşılmama korkusu ile ilgilidir.

Kekemelik için test edilmesi gereken DNA kayıtları:
– Kendimi savunmakta zorlanırım.
– Ortamdaki baskın karakteri kızdırmamam gerektiğini düşünürüm.
– Sürekli korku duygusu duyarım.
– İçsel çatışma yaşıyorum.

Kekemelik için tavsiye edilen yeni DNA kayıtları:
– Kendimi gerektiğinde rahatlıkla savunabilirim.
– Kendimden baskın karakterleri nasıl idare edeceğimi bilirim.
– Korkularımdan arınırım ve huzuru hissederim.
– Kendi içimde uzlaşmaya varırım.

KELİMELERİ YUTMA

Çocuklukla bağlantılı konuşma anıları, konuşurken aniden susturulma, konuşmasına izin vermeme. Anne çocuğa hamileyken herkesten gizlediyse çocuk konuşmada sorunlar yaşayabilir.

Kelimeleri yutma için test edilmesi gereken DNA kayıtları:
– Gereksizce çok fazla konuşurum.
– Cümlemin sonunu getirmekte sorun yaşarım.

– Anlaşılmayı reddettim.

Kelimeleri yutma için tavsiye edilen yeni DNA kayıtları:
– Gerektiğinde doğru cümlelerle kendimi ifade ederim.
– Cümlelerimi kolayca anlaşılır şekilde kurarım.
– Kolayca anlaşmayı biliyorum.

KELLİK– (Bkz. Saçlar)

KEMİK

Cüssemizi ayakta dimdik tutan kemiklerimizdir. Kemiklerimiz hayattaki gücümüzün temsilcisidir.

Kemik için test edilmesi gereken DNA kayıtları:
– Yaptıklarımın bedelini kendime ödetiyorum.
– Kendimi güçsüz hissediyorum.
– Sevdiklerimden ayrı kalmaktan korkuyorum.
– Varlığımla ilgili çatışmalar yaşarım.
– Hayata karşı direnirim.
– Kendimi değersiz hissediyorum.
– Kendimi işe yaramaz hissediyorum.
– Kendimi korunmasız hissediyorum.
– Sorumluluklarımı yerine getirmekte zorlanıyorum.
– Kendimi aşağılarım.

Kemik için tavsiye edilen yeni DNA kayıtları:
– Ödemem gereken tüm bedelleri ödedim, bitti.
– Sahip olduğum gücü içimde hissediyorum.
– Sevdiklerimin her zaman yanımda olduklarını hissediyorum.

– Varlığımın farkına varırım.
– Hayatı kucaklarım.
– Kendimin değerli olduğumun farkındayım.
– Kendimi önemli hissederim.
– Kendimi koruyabiliyorum.
– Sorumluluklarımı kolayca yerine getiririm.
– Kendime sevgiyle yaklaşırım.

KEPEK

Vadesi dolmuş düşüncelerin değişimi ile ilgilidir.

Kepek için test edilmesi gereken DNA kayıtları:
– Değişmem gerektiğine inanıyorum.
– Kendime karşı güvensiz olduğuma inanıyorum.
– Düşünerek kendimi yoruyorum.
– Neden terk edildiğimi anlamakta zorlanırım.
– Diğer insanların amaçlarını anlamakta zorlanırım.
– Ailem ile düşünce yapılarımız farklı.
– Babamla bağım koptu.

Kepek için tavsiye edilen yeni DNA kayıtları:
– Değişimin kapılarını kendim için açıyorum. Güvenle değişirim.
– Kendime her konuda güven duyuyorum.
– Düşüncelerim beni aydınlatır.
– Doğru insanları kendime çekerim.
– İnsanların amaçlarına ve değerlerine saygı duyarım.
– Ailemi oldukları gibi kabul etmeyi bilirim.
– Babamla aramda sevgi bağımın olmasını biliyorum.

KIRIK

Kendi içimde kendimi hapsolmuş hisseder ve kırarak çıkmaya çalışırım.

Kırık için test edilmesi gereken DNA kayıtları:

– Stres duyduğum şeyden kurtulamayacağıma inanıyorum.
– Kendi değerimin farkına varmamayı seçiyorum.
– İnsanların bana değer verdiğini görmeliyim.
– Üzerimdeki baskı ağır geliyor.
– Kendime acımasızca davranıyorum.
– Bana uygun olmayan bir hayatın içinden kurtulmaya çabalarım.

Kırık için tavsiye edilen yeni DNA kayıtları:

– Kendimi rahat hissettiğim şeyleri kendime çekerim.
– Kendi değerimin farkında olmayı biliyorum.
– İnsanların bana değer verdiklerinin farkındayım.
– Üzerimdeki baskıları atarak rahatlamayı biliyorum.
– Kendime sevgi dolu davranırım.
– Kendi becerilerime ve ilgi alanıma uygun bir hayat içinde yaşamayı kabul ediyorum.

KIRIŞIKLIK

Unutulması zor şeylerin vücutta bıraktığı izlerdir.

Kırışıklık için test edilmesi gereken DNA kayıtları:

– Geçmişimin yükünü omuzlarımda taşırım.
– Ayrılıklar beni yıpratır.
– Çektiğim acıların izlerini taşıyorum.

– Yaşadığım acılar amaçlarıma ulaşmama engel olur.
– İnsanlar bana acı verecekleri için onlara karşı önyargılı davranırım.

Kırışıklık için tavsiye edilen yeni DNA kayıtları:
– Geçmişimdeki yüklerden kurtulmayı biliyorum.
– Yeni başlangıçlara hazır hissederim.
– Yaşadığım tüm acılar bitti. Güvendeyim.
– Yaşadıklarımdan almam gereken dersleri aldım.
– Kendime bana değer veren insanları çekerim.

KISIRLIK

Çocuk için hazır hissetmeme durumu olabilir. Cinsellikle ilgili hatalı kodlamalar olabilir. Geçmişte yaşanan olaylar ya da hatalar etkileyebilir.

Kısırlık için test edilmesi gereken DNA kayıtları:
– Anne/Baba olmamam gerektiğini düşünüyorum.
– Anne/Baba olmak için doğru zaman olmadığını düşünürüm.
– Tacize uğradım.
– Kendimi korumalıyım.
– Çocuk sahibi olmamam gerektiğine inanırım.
– Kendimi işe yaramaz hissediyorum.
– Çocuğumun ölmesinden ya da sorunlu doğması düşüncesinden korkuyorum.
– Toplum dayattığı için çocuk sahibi olmayı düşünürüm ama içten içe çocuk sahibi olmak istemediğimi fark ederim.
– Çocuğuma ekonomik olarak yetemeyeceğime inanıyorum.

– Eşimi kendime bağlamak için çocuk yapmalıyım.
– Çocuğumun benim gibi bir hayat yaşamasından korkuyorum.
– Çocuk sahibi olmak için yeterli olmadığımı hissediyorum.
Erkek için;
– Baba olma sorumluluğundan korkuyorum.
– Bir insanın tüm yükünü üstlenmek zor.
– Kendi babam gibi olmaktan korkuyorum.
– Aile otoritesini aşamadığım için çocuk sahibi olmam engellenir.
– Eşime zarar vermekten korkuyorum.
– Çocuk sahibi olmayı hak etmediğimi düşünürüm.

Kısırlık için tavsiye edilen yeni DNA kayıtları:
– Hazır hissettiğimde Anne/Baba olmanın duygusunu biliyorum.
– Anne/Baba olmak için doğru zaman olduğuna inanıyorum.
– Taciz bitti ve eşimle sevgiyle birlikte olmayı hak ediyorum .
– Kendimi korumayı ve Yaradan'ın beni koruduğunu biliyorum.
– Çocuk sahibi olmayı hak ettiğimi biliyorum.
– Kendi becerilerimin farkındayım.
– Çocuğumun sağlıklı doğacağını biliyorum.
– Eşim ve ben çocuk sahibi olmak için hazır olmayı biliyoruz.
– Çocuğumu büyütebileceğim uygun bir ortamı sağlamayı biliyorum.
– Eşimle aramda her zaman sevgi bağı kurabilirim.
– Çocuğumun kaderinin kendine ait olduğunu

biliyorum.
– Çocuk sahibi olmak için yeterliyim.
Erkekler için;
– Baba olma sorumluluğunu kabul ediyorum.
– Çocuk sahibi olmanın keyifli olduğunu biliyorum.
– Babamın benden farklı bir birey olduğunu kabul ederim.
– Baba olduğumda nasıl davranacağımı biliyorum.
– Eşimi çok sevdiğimi ve çocuk doğurmasına izin vermeyi biliyorum.
– Çocuk sahibi olmayı hak ediyorum.

KISKANÇLIK

Kişinin kendi eksikliklerinin var olduğunu gösterir.

Kıskançlık için test edilmesi gereken DNA kayıtları:
– Kimse beni önemsemiyor hissine kapılırım.
– Sevdiklerimin beni terk etmesinden korkuyorum.
– Kendimi yetersiz gördüğüm için istediklerimi elde edemeyeceğimi düşünürüm.
– Başkalarının benim istediklerime sahip olmasını kıskanırım.
– Kendime güvenim yok.
– Özgüvenim yok.
– İnsanlara güvenilmeyeceğine inanıyorum.
– İnsanlar üzerinde otorite sağladığımda istediklerime sahip olurum.
– İnsanları huzursuz ederek kıskandığım şeyi ortadan kaldırırsam mutlu olurum.

Kıskançlık için tavsiye edilen yeni DNA kayıtları:
- İnsanların beni önemsediğini biliyorum.
- İnsanların beni sevdiğini biliyorum.
- Kendimin farkındayım ve istediklerimi elde edebilecek güce sahibim.
- Kendimi başkalarıyla kıyaslamayı bırakıyorum.
- Kendime güvenim var.
- Özgüven ve farkındalık sahibi biriyim.
- İnsanlara güven duymayı biliyorum.
- İnsanlara nezaketli davrandığımda da istediklerimi elde edebilirim.
- Başkalarıyla mutlu olmayı biliyorum.

KIZAMIK

Çocuk hastalığı olan kızamık aile içinde problemlerin olduğu ya da çocuğun sevgisiz kaldığı durumlarda ortaya çıkabilir.

Kızamık için test edilmesi gereken DNA kayıtları:
- Mevcut durumun hiçbir şeyinden memnun olmadığıma inanıyorum.
- Annem ve babam birbirine sevgisiz davranır.
- Arkadaşlarım bana karşı sevgisiz davranır.
- Beklemediğim bir anda yalnız bırakıldım.
- Arkamdan kuyu kazıldığı hissine kapılıyorum.
- Kendimi dış etkenlere karşı korumasız hissederim.
- İçgüdülerimle hareket edersem hata yaparım.
- Hasta olursam insanların ilgisini çekerim.
- Kendi varlığımı belli etmezsem kötülüklerden korunabilirim.

Kızamık için tavsiye edilen yeni DNA kayıtları:
- İçinde bulunduğum mevcut hayat şartlarından memnunum.
- Anne ve babamın birbirlerine sevgi duymasını biliyorum.
- Arkadaşlarımın beni sevdiğini biliyorum.
- Sevdiğim insanlarla olmayı biliyorum.
- İnsanlara güvenmeyi biliyorum.
- Kendimi korunuyor hissederim.
- İçgüdülerime güvenirim.
- Sağlıklı olmayı ve ilgi görmeyi biliyorum.
- Kendim olarak yaşayarak ve varlığımı hissederek de kendimi koruyabilirim.

KIZAMIKÇIK

Çocuğun baba ile arasında yaşanan iletişimsizlik, sevgisizlik.

Kızamıkçık için test edilmesi gereken DNA kayıtları:
- Her şeyimi kaybettim. Elimde tutmakta başarısız olurum.
- Bazen kendimi suçlu hissediyorum.
- Babam beni aşağılar.
- Hayat adaletsiz davranır.
- İnsanlar kendimden utanmama neden oluyor.
- Hayatımla ilgili kararlara karışmalarına izin veririm.
- Kendimi dış etkenlere karşı güçsüz hissediyorum.

Kızamıkçık için tavsiye edilen yeni DNA kayıtları:
- Sahip olduğum şeyleri elimde tutmayı biliyorum.
- Kendimi affetmeyi biliyorum.

– Babamın benimle sevgi dolu vakit geçirmeyi biliyorum.
– Hayatı adaletli yaşamayı biliyorum.
– İnsanların yanında rahat bir şekilde kendimi ifade ederek iletişim kurarım.
– Hayatımla ilgili doğru kararlar almayı biliyorum.
– Kendimi koruyabiliyorum.

KİST

Yapmak istediklerimi yapmamış olmaktan ya da yaptığım halde pişmanlık duymamdan kaynaklı olabilir.

Kist için test edilmesi gereken DNA kayıtları:
– Kendime üzülüyorum.
– Kalbim kırık.
– Mutsuzluktan besleniyorum.
– Hayallerimi gerçekleştirememekten büyük üzüntü duyuyorum.
– Geçmişte takılı kaldığım bir olay var.
– Geçmişime karşı öfkeliyim.
– Vermek istediğim tepkileri kimseyi üzmemek için içimde biriktiririm.
– Bana yapılanların hesabını ödetirsem kendimi güçlü hissederim.
– Hayatımı istediğim gibi yaşamamak beni mutsuz ediyor.

Kist için tavsiye edilen yeni DNA kayıtları:
– Kendimin güçlü biri olduğunu biliyorum.
– Kalbimin onarılmasına izin veririm.

– Mutluluktan beslenmeyi biliyorum.
– Hayallerimi gerçekleştirmenin verdiği mutluluğu biliyorum.
– Geçmişi geride bırakmayı kabul ediyorum ve bu hissi biliyorum.
– Geçmişte yaşadığım tüm olayları geride bırakarak şimdiye odaklanırım.
– Kendi geçmişimi affediyorum.
– Olaylara doğru tepkiler vererek, kimseyi kırmadan çözüme ulaşmayı biliyorum.
– İnsanları affetmeyi biliyorum.
– Hayatımı istediğim gibi yaşamayı, kendi kararlarımı kendim almayı biliyorum.

KLOSTROFOBİ

Bir alanda kapalı kalmaktan korku duymadır. Doğum anında yaşanan sorunlar etkili olabilir. Örneğin doğum anında bebeğin sıkışması ya da suyun gelmesine rağmen bebeğin içeride kalması gibi.

Klostrofobi için test edilmesi gereken DNA kayıtları:
– Oksijenin biteceğine ve nefessiz kalacağıma inanıyorum.
– Boğulmaktan korkuyorum.
– Kendimi kapatılmış hissediyorum.
– Hayatımı kontrol edersem mutlu olurum.
– Kapalı kaldığım yerden çıkmak için çözümsüz kalmalıyım.
– Annemin karnından bilmediğim bir dünyaya çıktığımda çok korktum.

(Geçmişte kapalı kalmakla ilgili anılar)

Klostrofobi için tavsiye edilen yeni DNA kayıtları:
- Oksijenin bolca varlığını kabul eder ve rahatça nefesi içime çekerim.
- Korkularımdan arınmayı kabul ediyorum.
- Kendimi huzurlu hissettiğim yerdeyim.
- Hayatımın ipleri benim elimde.
- Her zaman bir çözüm bulmayı biliyorum.
- Dünyada güvendeyim.

KOLLAR

Sevginin ifade edilmesi, paylaşım, iletişim için kollar önemlidir. Kollar verilen kararların işleme sürecini oluşturur.

Kollar için test edilmesi gereken DNA kayıtları:
- X kişisinin varlığından kurtulmam gerek.
- Hayatın kollarıma yüklediği yük çok ağır.
- Hayatımın ipleri elimden kaçtı.
- Hayatımı daha güzel hale getirecek kararlar almakta zorlanıyorum.
- Duygu ve düşüncelerimi içimde tutarım.
- Düşüncelerimi eyleme dökmekte engellenmiş hissederim.
- Birileri tarafından zorlanıyorum.
- Kollarımda gizlediğim duygularım var.
- Sevgimi göstermeye çekiniyorum.

Kollar için tavsiye edilen yeni DNA kayıtları:
- X kişisinin varlığını kabul etmeyi biliyorum onu affediyorum.

– Kollarımdaki yüklerden kurtulmayı biliyorum.
– Hayatımın iplerini elimde tutmayı biliyorum.
– Kendimi geliştirebileceğim, doğru kararlar almayı biliyorum.
– Duygu ve düşüncelerimi özgür bırakarak kendimi ifade ederim.
– Düşüncelerimi doğru kararlar alarak eyleme dökmeyi biliyorum.
– Özgürce hareket edebildiğim yerleri ve kişileri kendime çekerim.
– Kollarımdaki duyguların serbest kalmasına izin veririm.
– Sevgimi göstermeyi kabul ediyorum.

KOLERA

Kabullenme ile ilgili sorunlar.

Kolera için test edilmesi gereken DNA kayıtları:
– Yeni inançlara, bilgilere hazır olmadığımı hissederim.
– Yeni bir dönüşüme hazır olmadığımı hissederim.
– Yaşadığım yerden başka bir yere zorla sürüldüm.

Kolera için tavsiye edilen yeni DNA kayıtları:
– Yeni inançlara, bilgilere hazırım.
– Dönüşüme açığım.
– Yaşadığım her yerde kendimi huzurlu hissetmeyi biliyorum.

KOLESTEROL

Güven duygusuyla ilgili sorunlar.

Kolesterol için test edilmesi gereken DNA kayıtları:
– Kendimi iyi hissetmek için öncelikle bunu hak etmem gerek.
– Kendimden başka kimseye güven duygum yok.
– Kendime bile güvenim yok.
– Hayat sevincimi kaybettiğimde mutluluk sebebimi kaybederim.
– İhtiyacım olduğu anda yanımda kimse yok.
– Kimsenin beni desteklemeyeceğini bilirim.

Kolesterol için tavsiye edilen yeni DNA kayıtları:
– İyi hissetmeyi hak ediyorum.
– İnsanlara güvenmeyi biliyorum.
– Kendime güveniyorum.
– Hayat sevincimi sevgiyle bulmayı biliyorum.
– Sevdiğim insanların her durumda yanımda bana destek olduklarını biliyorum.
– Aradığım desteği çevrem bana koşulsuz sevgiyle verir.

KOLİT

Sevilmeye duyulan ihtiyaç.

Kolit için test edilmesi gereken DNA kayıtları:
– Sevgiye ihtiyacım var.
– Kendimi gerçekleştiremeyeceğime inanıyorum.
– Kontrolü sağlamazsam huzursuz olurum.

– Amaçsızca yaşıyorum.
– Hayatıma başkalarının sözlerine göre yön veriyorum.
– Var olduğumu hissetmeye ihtiyaç duyuyorum.
– Yaşadıklarım beni hayal kırıklığına uğrattı.
– Kendi düşüncelerimi ifade ederken zorlanıyorum.
– Annemin beni sevmesi için çabalıyorum.

Kolit için tavsiye edilen yeni DNA kayıtları:
– Koşulsuz sevginin varlığını kabul ediyorum.
– Kendimi gerçekleştirecek gücü içimde hissediyorum.
– Kontrollü ve huzurlu yaşamayı biliyorum.
– Hayat amacımı yaşamayı biliyorum.
– Hayatımın yönünü kendim belirlerim.
– Varlığımın farkına varmayı biliyorum.
– Hayata karşı her zaman umut beslerim.
– Kendi düşüncelerimi ifade etmekten mutluluk duyuyorum.
– Annemin sevgisini biliyorum.

KOLON KANSERİ

Vücudun özgürlük ve rahatlık yaşamaya ihtiyacı vardır.

Kolon Kanseri için test edilmesi gereken DNA kayıtları:
– Hazmedemediğim şeyler yaşadım.
– Olan biten midemi bulandırıyor.
– Geçmişi geride bırakıp yeni bir sayfa açmaktan çekinirim.
– Zengin olmak için mükemmel olmalıyım.
– Ayrılıklar beni üzüyor.

– Yemek yedikçe kendimi duygusal doyuma ulaştırırım.
– Duygularımı ifade etmekte zorlanırım.

Kolon Kanseri için tavsiye edilen yeni DNA kayıtları:
– Yaşadıklarımdan almam gereken dersi aldım ve bu ders bitti.
– Vücudumdaki gerginliği atmayı ve midemi rahatlatmayı biliyorum.
– Hayatımda yeni bir sayfa açmak için cesarete sahibim.
– Zengin olmayı biliyorum.
– Benimle yollarını ayıran insanlara saygı duyarım.
– Duygusal doyuma nasıl ulaşacağımı biliyorum.
– Duygularımı rahatça ifade etmeyi biliyorum.

KOMA

Sarsıcı bir kazadan olma olasılığı yüksek bir durumdur. Kişi ölümün kendine yaklaştığını zanneder. Genellikle sevildiğini bilmek için kendisini sevenleri yanı başına toplama ihtiyacı duyuyor olabilir.

Koma için test edilmesi gereken DNA kayıtları:
– Ölümü görmekten korktuğum için dünya ile bağlantımı kestim.
– Hayatımda olan bitene dâhil olmamak için hareketsiz kalmalıyım.
– Geçmişteki kötü anılarımdan kurtulmak için komaya girmeliyim.
– Suçluluk duygusundan kaçıp saklanmaya çalışırım.
– Özgürlüğümü elde etmek için kendi içime kapanmalıyım.

– Sevildiğimi bilmek için, hareketsiz kalıp insanları etrafıma toplamalıyım.
– Komada olmak beni güvenli tutar.
– Hayatımdaki farklılıkları toparlamak için durmam gerek.
– Derin mutsuzluk duygusundan iç dünyama kaçarım.

Koma için tavsiye edilen yeni DNA kayıtları:
– Ölümün hayatın bir parçası olduğunu ve dünya ile bağımı tekrar kurmayı kabul ediyorum.
– Hayatımı yaşamayı ve hareket hâlinde olmayı biliyorum.
– Geçmişimden almam gereken dersler bitti artık hareket edebilirim.
– Kendimle yüzleşmeyi ve kendimi affetmeyi biliyorum.
– Sağlıklı olduğumda da özgür ve sosyal bir insan olmayı biliyorum.
– Sevilmeyi ve güvende olmayı ve aynı zamanda sağlıklı olmayı biliyorum.
– Hareket hâlinde olarak farklılıkları kolayca ve keyifle biliyorum.
– İç dünyamda ve dış dünyamda mutlu olmayı biliyorum.

KORKU

Kişi içsel gücünün farkına varamamış olabilir. Bu yüzden kendisinin güçlü olduğu kaydını DNA'sına yüklemesi korku problemini çözmede yardımcı olabilir.

Korku için test edilmesi gereken DNA kayıtları:
– Kendime güven duymadığım için başarılı olamayacağıma inanırım.
– Korkularım hayatımla ilgili önemli kararlarımı etkiler.
– Korkularım gücümü bastırır.

Korku için tavsiye edilen yeni DNA kayıtları:
– Kendime güven duymayı ve başarılı olmayı biliyorum.
– Korkularımdan kolayca kurtularak doğru kararlar almayı biliyorum.
– İçimdeki gücü ortaya çıkarmayı ve doğru şekilde kullanmayı biliyorum.

KÖRLÜK

Gerçekleri görmek, tanık olmak istememek.

Körlük için test edilmesi gereken DNA kayıtları:
– Dünya üzerinde olup biteni görmeyi reddediyorum.
– Yaşadıklarım yüzünden dünyaya küskünüm.
– Dünya'ya gelmem ailemin tercihiydi.
– Etrafımdaki kötülüklere karşı gözlerimi kapatmalıyım.

Körlük için tavsiye edilen yeni DNA kayıtları:
– Dünya üzerinde var olan her şeyi görmeyi kabul ediyorum.
– Dünya ile barışmayı kabul ediyorum.
– Dünya üzerindeki varlığımı kabul ediyorum.
– Etrafımdaki güzellikleri görmeyi biliyorum.

KÖR BAĞIRSAK

Aile ile ilgili problemlerle alakalıdır.

Kör bağırsak için test edilmesi gereken DNA kayıtları:
– Aile içinde yaşanan olayları kaldırmakta zorlanırım.
– Ailemin bana verdiği sözleri yerine getirmemesine üzülürüm.
– Çıkış yolu bulamayacağıma inanırım.
– Ailem bana ekonomik yardım vermeyi kesti.

Kör bağırsak için tavsiye edilen yeni DNA kayıtları:
– Huzurlu ve mutlu bir aileye sahip olmayı biliyorum.
– Aileme güven duymayı biliyorum.
– Her zaman her durumda çözüm bulmayı biliyorum.
– Kendi ekonomik özgürlüğümü elime almayı biliyorum.

KRAMP

Yaşanan stresli olayların vücudu fazla germesinden kaynaklıdır. Vücudun rahatlamasına yönelik çalışılmalıdır.

Kramp için test edilmesi gereken DNA kayıtları:
– Vücudumda atamadığım bir gerginlik var.
– Kendimi ifade ettiğimde alacağım tepkilerden çekinirim.
– Mesleğimi icra ederken çok geriliyorum.
– Kendimi sıkışmış gibi hissediyorum.

Kramp için tavsiye edilen yeni DNA kayıtları:
- Vücudumun rahatlamasını kabul ediyorum.
- Kendimi anlaşılmak istediğim şekilde ifade etmeyi biliyorum.
- Mesleğimi severek yapmayı biliyorum.
- Kendimi rahatlatmayı biliyorum.

KUDUZ

Temelinde aşırı kızgınlık bulunan bir hastalıktır.

Kuduz için test edilmesi gereken DNA kayıtları:
- X kişisine karşı nefret besliyorum.
- İstemediğim işleri mecbur bırakıldığım için yapıyorum.
- Kendime güvenmediğimi, insanlara belli etmemek için rol yaparım.
- Baskı altında yaşıyorum.
- Geçmişimde bana zarar veren kişilere yaptıklarının bedelini ödetmek istiyorum.
- Hayatımdaki değişikliklerden hoşnutsuzluk duyarım.
- Kendime ve diğer herkese değersiz davranırım.

Kuduz için tavsiye edilen yeni DNA kayıtları:
- X kişisini affetmeyi biliyorum.
- İstediğim işleri yapmayı biliyorum.
- Kendime güvenmeyi ve kendim gibi yaşamayı biliyorum.
- Huzurlu hissettiğim yerlerde olduğumu biliyorum.
- İnsanları affetmeyi biliyorum. Etrafıma iyi insanları çekmeyi biliyorum.
- Değişime ve gelişmeye hazır hissederim.
- Kendime ve insanlara değer vermeyi biliyorum.

KULAK

Duymaktan mutlu olmadığı bir çevrede bulunmak kulaklarda sorun çıkmasına neden olabilir.

Kulak için test edilmesi gereken DNA kayıtları:

- Yüksek sese tahammülüm yok.
- Duymak istemediğim şeyler var.
- Söylediklerimi dinleyen kimse yok.
- Etrafımda sürekli bana ne yapmam gerektiğini söyleyen kişiler var.
- İçimdeki sesi duymazdan gelirim.
- Dışarıdan duyduğum seslere sinirleniyorum.
- Etrafımdaki insanlar olumsuz konuşuyor, her şeyden şikâyetçiler.
- Huzurlu olmak için sessizliğe ihtiyacım var.
- İnsanların bencil, kibirli ve kıskanç düşüncelerini duymak içimi karartıyor.
- Duygusal bağım olan insanlardan kendimle ilgili olumsuz şeyler duymak beni üzüyor.
- Sezgilerime güvensiz yaklaşırım.
- Başkalarının görüşleri benimkinden farklıysa duymaya tahammülüm yok.

Kulak için tavsiye edilen yeni DNA kayıtları:

- Sakin ve huzurlu bir hayat yaşarım.
- Her zaman güzel şeyleri duymayı kabul ediyorum.
- Söylediklerimin önemsenmesini biliyorum.
- Kendi istediğim gibi davranmakta özgür olduğumu biliyorum.
- İçimdeki sese kulak vermeyi biliyorum.
- Duyduğum sesler karşısında sakin olmayı biliyorum.

– Çevremdeki insanlar olumlu düşüncelere sahiptir ve hallerinden memnundur.
– Her zaman, her yerde, her durumda huzurlu olmayı biliyorum.
– Hayatıma iyi niyetli insanlar çekerim.
– Eleştirilmeden yaşamayı ve takdir edilmeyi biliyorum.
– Sezgilerime güvenirim.
– İnsanların farklı görüşlerine saygılı olmayı biliyorum.

KURDEŞEN

Bastırılamayan duyguların deri üzerinde kendini belli etmesi hali.

Kurdeşen için test edilmesi gereken DNA kayıtları:
– Endişelerimi gizlemeye çalışırım.
– Kendimi azarlanmış hissediyorum.
– Düşüncelerimi savunmakta zorlanıyorum.
– X kişisinin bana olan davranışlarına sinirlenirim.
– Yaşanan olaylar bitip gitse de kişiye olan öfkem devam ediyor.

Kurdeşen için tavsiye edilen yeni DNA kayıtları:
– Endişelerimden kurtulmayı ve güvende hissetmeyi biliyorum.
– Kendimi şefkat dolu hissedebileceğim yerde olmayı biliyorum.
– Düşüncelerimi savunmayı ve kendimi kolayca ifade etmeyi biliyorum.
– X kişisini olduğu gibi kabul etmeyi biliyorum.
– Geçmiş olayları affetmeyi biliyorum.

KURTÇUKLAR (Bkz. Bağırsaklar)

KURU GÖZ (Göz Kuruluğu)

Duygularını ifade etmede zorluk yaşama.

Kuru göz için test edilmesi gereken DNA kayıtları:
- Küçükken ailem tarafından şiddet gördüm.
- Acı çektiğimi belli etmemem gerekiyor.
- Annem bana acı veriyor.
- Duygularımı belli etmemem gerekiyor.

Kuru göz için tavsiye edilen yeni DNA kayıtları:
- Geçmişteki tüm derslerimi aldım bitti.
- Duygularımı ifade etmek beni rahatlatır.
- Annemin beni anladığını, beni sevdiğini biliyorum.
- Duygularımı rahatlıkla belli etmeyi biliyorum.

KUSMA– Bkz. Mide Bulantısı

KUŞ GRİBİ

Kötü şeylerin yaşandığı bir çevrenin enerjisine maruz kalmış olabilir.

Kuş Gribi için test edilmesi gereken DNA kayıtları:
- İnsanlara karşı çabuk kararlar veririm.
- Hayatımın nereye doğru evirildiğinden şikâyetçiyim.
- Kendim dâhil kimsenin isteklerine saygı duymadığıma inanıyorum.

Kuş Gribi için tavsiye edilen yeni DNA kayıtları:
- İnsanları oldukları gibi kabul etmeyi biliyorum.

– Kendi yolumdan keyifle gitmeyi biliyorum.
– Kendi isteklerime ve çevremdekilerin isteklerine saygı duymayı biliyorum.

KUYRUK SOKUMU

Yakın çevre ile yaşanmış kötü bir cinsel anının varlığı sebep olabilir.

Kuyruk sokumu için test edilmesi gereken DNA kayıtları:
– Tacize uğradım.
– Tecavüze uğradım.
– Akrabalarım tarafından baskı altındayım.

Kuyruk sokumu için tavsiye edilen yeni DNA kayıtları:
– Geçmişle ilgili almam gereken tüm dersleri aldım bitti.
– Geçmişi geride bırakarak hayatın tüm güzelliklerini yaşamayı kabul ediyorum.
– Kendimi özgür ve iyi hissettiğim insanların yanında olmayı kabul ediyorum.

KÜRTAJ

Babayı affedememe ve çocuk sahibi olmaya hazır olmadığına dair DNA kayıtlarının varlığı sebep olabilir.

Kürtaj için test edilmesi gereken DNA kayıtları:

– Çocuk sahibi olmak için hazır değilim.
– Çocuk sahibi olmak için yanlış zaman.
– İstemeden hamile kaldım.
– Babamdan nefret ediyorum.
– Babama sinirliyim.
– Hamile kalırsam değersizleşirim.

Kürtaj için tavsiye edilen yeni DNA kayıtları:
– Çocuk sahibi olmaya hazır hissediyorum.
– Çocuk sahibi olmak için doğru zaman olduğunu biliyorum.
– Kendi isteğimle hamile kalmayı biliyorum.
– Babamı affetmeyi ve ona sevgi duymayı biliyorum.
– Babama karşı hislerimin değişmesine izin veriyorum.
– Kendimi her zaman değerli hissetmeyi biliyorum.

L

LARENJİT

Boğaz ile bağlantılı bir hastalık olan larenjit iletişim kurma ile ilgili problemlerin varlığına işaret eder.

Larenjit için test edilmesi gereken DNA kayıtları:
– Konuştuğum zaman kendimi küçük düşürürüm.
– Kendimi ifade etmekte zorlanırım.
– İçimden geçenleri söylemeye çekinirim.
– Baskılara karşı gelemem, kabullenip susarım.

– Kendimi açıklamak zorunda kalmak istemediğim için sesim kısılır.
– Duygularımı içimde biriktiririm.
– Konuşmazsam içimdeki duyguları gizlemeyi başarırım.
– Hatalarımı belli etmemek için susmayı tercih ederim.
– İtiraf etmem gereken şeyleri cesaretim olmadığı için saklarım.
– Yanlış bir şey söylemekten korktuğum için, konuşmamak için kendimi tutarım.

Larenjit için tavsiye edilen yeni DNA kayıtları:
– Konuştuğum zaman kendimi olduğum gibi göstermeyi biliyorum.
– Kendimi kolayca ifade etmeyi biliyorum.
– İçimden geçenleri doğru cümlelerle ifade edebiliyorum.
– Kendimi savunmayı biliyorum.
– Kendimi açıklamayı kabul ediyorum.
– Duygularımı dışa vurmayı biliyorum.
– İçimdeki duyguların dışarıya akmasını ve konuşmayı kabul ediyorum.
– Hatalarımı kabul ediyorum ve onlardan almam gereken dersi bitirmeyi kabul ediyorum.
– İçimde gizlediğim cesareti kullanmayı biliyorum.
– Doğru olanı söylemeyi biliyorum.

LEĞEN KEMİĞİ

Bkz. Kemik.

Leğen kemiği için test edilmesi gereken DNA kayıtları:

– Rahat hareket edememekten korkuyorum.
– Kötü şeylerden kaçıp kurtulacağım hiçbir yer yok.
– Hayatımdaki yeniliklere açık olmadığıma inanıyorum.
– Alışılmışın dışına çıkmak beni zorlar.
– Ölmemek için hareketsiz kalmayı denerim.
– İnsanlar bana çok yakınlaşırsa bana zarar verirler.
– Annemle bağımın kopmasından korkuyorum.
– Hayatımı çocuğuma adadım.

Leğen kemiği için tavsiye edilen yeni DNA kayıtları:

– Hareket alanımın geniş ve ferah olmasını kabul ediyorum.
– Kendimle yüzleşip onları bitirmeyi biliyorum.
– Yeniliklere açık olmayı ve kendimi geliştirmeyi kabul ediyorum.
– Farklı olan şeylerin varlığını kabul ediyorum.
– Ölümün hayatın bir parçası olduğunu ve hareket hâlinde olmayı kabul ediyorum.
– İnsanlara güvenmeyi ve onlara yaklaşmayı biliyorum.
– Annemle sevgi bağım olduğunu biliyorum.
– Hayatımı kendim için yaşadığımda çocuğum için daha yararlı olduğumu biliyorum.

LENF BEZLERİ

Mutluluk yoksunluğu denilebilir. Olumsuz düşüncelerden ve buhranlı duygu durumundan arınmak gerekmektedir.

Lenf bezleri için test edilmesi gereken DNA kayıtları:

– Hayatımda olup biteni sürekli kontrol altında tutmalıyım.
– Kimseye güven duyamayacağıma inanıyorum.
– Olmadığım biri gibi davranmaktan yoruldum.
– Hayatıma nasıl yön vereceğimi bilmemek beni güçsüz düşürür.
– Duygularımla hareket etmeme engel olamıyorum bu yüzden sürekli kırılıyorum.
– Geçmişte yaşadığım bir dramın içinde yaşamaya devam ederim.
– Olumsuz ve çaresiz düşüncelerden kurtulamayacağıma inanıyorum.
– Eğer yardım alırsam insanlar benim güçsüz olduğumu düşünür.
– Geleceğimle ilgili endişelerim var.
– İnsanlar bana zarar verecekmiş hissine kapılırım.
– İnsanlara güvenmediğim için iletişim kurmakta sorun yaşarım.
– Yalnız kalmaktan korktuğum için herhangi bir gruba dâhil olmaya çalışırım.
– İçimdeki hisleri dile dökersem insanları kırarım.
– Duygularımın ağırlığı beni hasta eder.
– İşitmek istemediğim şeylerden kaçarak kurtulurum.
– Sadece babamın yanımda olduğunu bilirsem rahatlarım.
– Sorumluluklarımı yerine getiremiyorum.
– Kendimi insanlardan korumak için çevreme set çekerim.
– Bana ait olmayan her şey daha değerlidir.

Lenf bezleri için tavsiye edilen yeni DNA kayıtları:

– Hayatımı doğal akışını bırakarak mutlu olmayı kabul ediyorum.
– İnsanlara güven duymayı biliyorum.
– Kendim olarak yaşamayı biliyorum.
– Kendi yolumu çizmeyi ve bu yoldan ilerlemeyi biliyorum.
– Duygularımla mantığımı dengeleyerek hareket etmeyi biliyorum.
– Anda yaşamayı biliyorum.
– Olumlu ve çözüm odaklı düşünmeyi biliyorum.
– Güçlü olmayı ve gerektiğinde insanlardan yardım almayı kabul ediyorum.
– Geleceğin bana bolluk, bereket, yenilik ve güzellikler getireceğini biliyorum.
– Güvenilir ve sevgi dolu insanları kendime çekerim.
– İnsanlara güvenmeyi ve onlarla doğru iletişim kurmayı biliyorum.
– Sevdiklerimin her zaman yanımda olduğunu biliyorum.
– Zarafetle konuşmayı biliyorum.
– Duygularımın hafiflemesine izin veririm.
– Duyduklarımı kabul etmeyi biliyorum.
– Babamın her zaman beni desteklediğini biliyorum.
– Sorumluluklarımı yerine getirmeyi kabul ediyorum.
– Sınırlarımı insanlarla iletişimimi kesmeden çizebilir ve kendimi koruyabilirim.
– Sahip olmayı ve sahip olduklarıma değer vermeyi biliyorum.

LÖSEMİ (KAN KANSERİ)

Aile problemleri, bu dünyada mutlu olamayacağı inancının varlığı.

Lösemi (Kan Kanseri) için test edilmesi gereken DNA kayıtları:

– Hayata karşı içimde mutsuzluk hissediyorum.
– Anneme/Babama karşı kötü duygular besliyorum.
– Umudum kalmadığı için yaşamak için çaba göstermekten vazgeçtim.
– Yaşamak istemediğim için kendi kendimi yok etmeye çalışırım.
– Çocukken hayat daha güzeldi.
– Büyüdükçe dünya daha acımasız bir hal alır.
– Çevremdeki insanlar, onların beklentilerini karşılamam için bana baskıda bulunurlar.
– Ruhum bedenimin içinde sıkışmış gibi hisseder.
– Sevdiklerimi kaybettiğimde ben de kaybolmak, yok olmak isterim.
– Babamın yanında ancak kendimi güvende hissederim.
– Ailemi memnun etmek adına kendimi feda ederim.
– Kendi hayatımı yaşarken hep değersiz hissediyorum.
– Babamın sevgisini hissedemediğim için paradan mutlu olmaya çalışırım.
– Hayallerimi gerçekleştiremediğim için derin öfkeye kapılırım.

Lösemi (Kan Kanseri) için tavsiye edilen yeni DNA kayıtları:

– İçimde mutluluğu hissetmeyi kabul ediyorum.

– Anneme/Babama sonsuz sevgi duymayı kabul ediyorum.
– Hayata dair umutlarımın yeşerdiğini hissederim.
– Yaşamayı ve yaşama sevinç duymayı kabul ediyorum.
– Hayatın her anının güzel olduğunu biliyorum.
– Hayatı eşit ve adil bir şekilde yaşamayı biliyorum.
– İstemediğim şeylere hayır demeyi biliyorum.
– Ruhumun bedenimde özgür olduğunu biliyorum.
– Kendi varlığımı kabul ediyorum.
– Her yerde, her durumda güvende olduğumu biliyorum.
– Varlığımın ailemi zaten memnun ettiğini biliyorum.
– Hayatımın değerli olduğunun bilincine varmayı kabul ediyorum.
– Babamdan almam gereken sevgiyi almayı biliyorum.
– Hayallerimi gerçekleştirmeyi biliyorum.

M

MANİK DEPRESYON (BİPOLAR BOZUKLUK)

İki uç noktada yaşanan kişilik bozukluğu.

Manik Depresyon (Bipolar Bozukluk) için test edilmesi gereken DNA kayıtları:
– Ben diğer insanlardan daha üstünüm bu yüzden dünyaya uyum sağlayamıyorum.
– Ben diğer insanlardan daha değersizim bu yüzden yaşamaya hakkım yok.
– Ailem bana karşı tutarlı olmadığı için ben de hayata karşı tutarlı değilim.
– Kendimi kuyunun dibinde hapis kalmış gibi hissederim.
– Çevrem benim yapabileceklerimi kısıtlar.
– Kişiliğimi oturtamadığım için varlığımla ilgili kendimle çelişirim.

Manik Depresyon (Bipolar Bozukluk) için tavsiye edilen yeni DNA kayıtları:
– Bana verilen yetenekleri en doğru şekilde kullanmayı ve dünyaya uyum sağlamayı biliyorum.
– Ben de herkes kadar değerliyim ve yaşamaya hakkım var.
– Aileme ve hayata karşı tutarlı olmayı biliyorum.
– Özgür olmayı biliyorum.
– Çevrem potansiyelimi gösterebileceğim kişilerle doludur.
– Kendi kişiliğimin ve varlığımın farkında olmayı biliyorum.

MANTAR

Aniden ortaya çıkan üzücü durumlar Mantar oluşumunda etkilidir.

Mantar için test edilmesi gereken DNA kayıtları:
- İçimde beni endişelendiren ne varsa kopup kurtulmaya çalışırım.
- Hayatım çok stresli geçiyor.
- Var olmayı reddederim.
- Aşırı stres duyarım.
- Annemle aramda sorunlar var.

Mantar için tavsiye edilen yeni DNA kayıtları:
- İçimin huzurla dolmasını kabul ediyorum.
- Hayatımı rahat bir şekilde geçirmeyi biliyorum.
- Var olmayı kabul ediyorum.
- Kendimi rahat hissetmeyi biliyorum.
- Annemle aramdaki ilişkinin iyi olduğunu biliyorum.

Bkz. Candida Albican

MEME

Kadınlığın, analığın ve bereketin temsilcisidir. Bu yüzden bu bölgede ortaya çıkan rahatsızlıklar da bu konular ile alakalıdır.

Meme için test edilmesi gereken DNA kayıtları:
- Kadın olarak kendimi değerli görmekte zorlanırım.
- Annelik sevgisini veremiyorum hissine kapılırım.
- Kadın olmanın fiziksel özelliklerini kabullenmekte zorlanıyorum.
- Kabul görmek için annelik kimliğimi reddetmeliyim.
- İyi bir anne olduğumu göstermek için sürekli çabalarım.
- Ailemi kanatlarım altına alıp korumaya çalışırım.

Meme için tavsiye edilen yeni DNA kayıtları:
- Kadınlığımı ve değerli olduğumu kabul ediyorum.
- Çocuğuma annelik sevgisi verebildiğimi biliyorum.
- Kadın olmanın fiziksel özelliklerini kabul ediyorum.
- Annelik kimliğimle kabul görmeyi biliyorum.
- İyi bir anne olduğumu biliyorum.
- Ailemi koruyacak güce sahip olmayı biliyorum.

MENENJİT

Aşırı güvensizlik, güçsüz hissetme, özgüven eksikliğinden kaynaklı olabilir.

Menenjit için test edilmesi gereken DNA kayıtları:
- Sevgi görmeyi hak etmediğime inanıyorum.
- İnsanlara güvenmekte zorlanırım.
- Kendimi hiçbir yere ait hissedemediğime inanıyorum.
- Kendimi dışarıya karşı korunmasız hissediyorum.
- Kişiliğimi oturtmaya çalışırken kendimi boşlukta hissediyorum.
- Dünya üzerinde tek başıma kalmışım hissine kapılırım.
- Kendimi beceriksiz hissederim.
- Hayat ellerimden kayıp gitti.
- Kendimi kontrol etmekte başarısız olduğuma inanıyorum.
- Beynime hâkim olamadığım için çıldıracağıma inanıyorum.
- Güçsüz olduğum için dış etkenlere karşı daha temkinli davranmaya çalışırım.
- Duygusal olarak çok hassas bir kişiliğe sahibim bu

yüzden olaylar beni çok daha fazla etkiler.
– Duygularımı nasıl ifade edeceğimi bilemediğimden yanlış anlaşılırım.
– İnsanlardan uzak durarak kendimi korumak istediğimde kendimi görünmez olarak hayal ederim.
– Annemin desteğinden uzaklaştığım anda sudan çıkmış balığa dönerim.

Menenjit için tavsiye edilen yeni DNA kayıtları:
– Sevgiyi hissetmeyi hak ediyorum.
– İnsanlara güvenmeyi biliyorum.
– Kendimi huzurlu ve mutlu olduğum yere ait hissetmeyi biliyorum.
– Kendimi güvende hissettiğim yerde olmayı biliyorum.
– Kendimi tanımayı ve kişiliğimi oturtmayı kabul ediyorum.
– Sevdiğim insanların her zaman yanımda olduğunu hissederim.
– Kendi becerilerimin farkında olmayı biliyorum.
– Zamanı yakalamayı biliyorum.
– Kendimi kontrol etmeyi biliyorum.
– Kendime hâkim olmayı biliyorum.
– Güçlü olmayı biliyorum.
– Duygusal olarak sağlam bir yapıya sahip olmayı biliyorum.
– Duygularımı doğru açıklamayı biliyorum.
– İnsanlara yakın olduğumda da kendimi korumayı biliyorum.
– Annemin desteği olmadan da kendi ayaklarım üzerinde durmayı biliyorum.

MENOPOZ

Kadınların geçirdiği doğal bir süreç. Sorunsuz atlatmak için DNA kayıtlarını deneyebilirsiniz.

Menopoz için test edilmesi gereken DNA kayıtları:
- Yaşlanırsam vücudum işe yaramaz hale gelir.
- Doğurganlığımı kaybedersem değersizleşirim.
- Yaşlanırsam herkes beni reddeder.
- Erkeklere karşı sinirliyim.
- Kadın olduğum hissini kaybettim.
- Kadınlığımı doya doya yaşayamadım.
- Değişikliklere hazır değilim.

Menopoz için tavsiye edilen yeni DNA kayıtları:
- Vücudumun dinç olduğunu biliyorum.
- Beni değerli kılan şey kendim olmamdır.
- Her halimle kabul görmeyi biliyorum.
- Erkekleri affetmeyi biliyorum.
- Kadınlığımı hissetmeyi biliyorum.
- Kadınlığımı hissederek yaşamayı biliyorum.
- Değişikliklere açık olmayı kabul ediyorum.

MENÜSKÜS (Bkz. Diz)

Menüsküs için test edilmesi gereken DNA kayıtları:
- Mutluluğu başka insanlarda ararım.
- Hayatımın ipleri başkalarının elinde.
- Kendi başıma ayakta duramadığım için başkalarına yaslanırım.
- Her zaman orta yolu bulmaya çalışırım. Eğer orta

yolu bulamazsam kendime olan güvenimden şüphe duymaya başlarım.

Menüsküs için tavsiye edilen yeni DNA kayıtları:
- Mutluluğu kendi içimde bulurum.
- Hayatımın ipleri benim elimdedir.
- Kendi ayaklarım üzerinde durmayı biliyorum.
- Hayatımı yalnızca kendim için yaşamayı kabul ediyorum.

MESANE

Nefsine hâkim olmaya çalışma.

Mesane için test edilmesi gereken DNA kayıtları:
- Cinsel dürtülerime hâkim olmaya çalışırım.
- Karşı cinsle anlaşmakta zorlanırım.
- Hayatın zorluklarını düşündükçe yaşamayı kendime daha zorlu hale getiririm.
- Hayatımda hep karmaşıklıklar var.
- Hayatımda her şeyin planlı olması beni mutlu eder.
- Duygularımı ifade etmekte zorlandığımda gergin hissederim.
- Babama özlem duyuyorum.
- Sevdiklerimden ayrı kalmak beni mutsuz eder.

Mesane için tavsiye edilen yeni DNA kayıtları:
- Cinselliği özgürce yaşamayı biliyorum.
- Karşı cinsle sağlıklı iletişim kurmayı biliyorum.
- Hayatımı kolaylıklarla yaşamayı biliyorum.
- Hayatımı düzen içinde yaşarım.
- Her anda mutlu olmayı biliyorum.

– Duygularımı kolayca ifade etmeyi ve rahatlamayı kabul ediyorum.
– Babamın varlığını her zaman yanımda hissediyorum.
– Sevdiklerimin her zaman yanımda olacaklarını biliyorum.

MİDE

Mutluluk duygusu ile bağlantılıdır.

Mide için test edilmesi gereken DNA kayıtları:
– Hayatı yaşamaya uyum sağlayamadığıma inanıyorum.
– Kendim gibi davranmakta zorlanıyorum.
– Dünya adaletsiz bir yerdir.
– Haklarıma saygı duyulmasını beklerim.
– Korkularımı midemde hissederim.
– Gergin ortamlardan rahatsızlık duyarım.
– Duygularımı dengelemekte zorlanırım.
– Sinirli oluşum beni içten içe yakar.
– Kafamda dönüp duran düşüncelerden bedenimdeki tüm yükleri atarak kurtulabilirim.
– İsteğim dışında bir şeyler yapmaktan memnun değilim.
– Kendim için doğru olana karar vermekte zorlanırım.

Mide için tavsiye edilen yeni DNA kayıtları:
– Hayata uyum sağlamayı biliyorum.
– Kendim olarak davranmayı biliyorum.
– Hayatımı adaletli yaşamayı kabul ediyorum.
– Çevreme her zaman insanların haklarına saygı duyan kişiler çekerim.

– Korkularımla yüzleşmeyi ve vücudumdan gerginliği atmayı kabul ediyorum.
– Her ortamda rahat hissetmeyebiliyorum.
– Duygularımı dengede tutmayı biliyorum.
– Duygularımı kontrol etmeyi ve içimi her zaman ferah tutmayı biliyorum.
– Düşüncelerimi ve bedenimi sakinleştirmeyi biliyorum.
– İstediğim gibi yaşamayı kabul ediyorum.
– Kendim için doğru kararlar almayı biliyorum.

MİDE BULANTISI

Sindiremediğim olayları dışarı atarak kurtulmaya çalışırım.

Mide Bulantısı için test edilmesi gereken DNA kayıtları:
– Kendime gerçekleri itiraf edemem diye korkuyorum.
– Hayatımla ilgili önemli kararlar vermek benim için çok zordur.
– Beni rahatsız eden şeylerden hemen kurtulmak için çabalarım.
– Hayatımda benden bağımsız gelişen olayları kabullenmekte zorlanıyorum.

Mide Bulantısı için tavsiye edilen yeni DNA kayıtları:
– Kendime gerçekleri söylemekte dürüst davranırım.
– Hayatımla ilgili önemli kararları doğru bir şekilde kolayca alırım.
– Kendime yalnızca bana huzur veren şeyleri çekerim.

– Her şeyin olmasının bir sebebi olduğunu kabul ediyorum.

MİDE ÜLSERİ

Çevreden kaynaklı stresli olma tetikler.

Mide ülseri için test edilmesi gereken DNA kayıtları:

– Gerçeklerle yüzleşmekten kaçarım.
– Çevremdeki insanların olumsuzlukları beni de olumsuz etkiler.
– Eşime/Sevgilime güven duyamadığım için içim içimi yiyor.
– İş hayatımda kendimi güvensiz hissediyorum.
– Her an işten çıkarılma korkusu yaşıyorum.
– İnsanların bana yaptıkları kötülüklerin bedelini ödetme duygusuyla yanıp tutuşuyorum.

Mide ülseri için tavsiye edilen yeni DNA kayıtları:

– Gerçeklerle yüzleşmek için hazır hissetmeyi biliyorum.
– Çevreme yalnızca iyi düşünceli insanları çekerim.
– Eşime/Sevgilime güven duymayı biliyorum.
– İş hayatımda güvende olmayı biliyorum.
– Korkularımdan özgürleşmeyi biliyorum.
– İnsanları affetmeyi biliyorum.

MİGREN

Kişinin mükemmel olma çabası ile bağlantılıdır.

Migren için test edilmesi gereken DNA kayıtları:
- Hayatımdaki her şeyi kontrol etmeye çalışırım.
- Kusursuz olmalıyım.
- Hayatımı daha kolay bir hale getirmek için sorumluluklarımı başkalarına yüklemeye çalışırım.
- Gergin bir ruh haline katlanmakta zorlanırım.
- Hayata ben yön vermeliyim.
- Her şey benim elimde olmalı.
- Bu hayatı yaşamamak için kendimi gizlerim.
- Yaşamaya korktuğum şeylerin varlığından yok olarak kurtulmaya çalışırım.
- Varlığımı reddederim.
- Duygularımı hiç hissetmemişim gibi davranmaya çalışırım.
- Kendi sınırlarımın ötesinde şeyler yapabileceğimi düşünür, kendimi zorlarım.
- Bana verilen sorumlulukları yerine getirememekten çekinirim.
- İlgi görmek için hasta olmam gerekir.

Migren için tavsiye edilen yeni DNA kayıtları:
- Hayatı doğal akışına bırakmayı biliyorum.
- Kendimi her halimle kabul etmeyi biliyorum.
- Sorumluluklarımı üstlenmeyi ve kendi ayaklarım üstünde durmayı biliyorum.
- Çevreme huzurlu ve mutlu insanlar çekmeyi biliyorum.
- Hayatın akışını kabul ederek kendi hayatımı yönetmeyi biliyorum.
- Her şeyin kontrolünü elimde tutmayı biliyorum.
- Bu hayatı yaşamayı kabul ediyorum.
- Yaşamaktan zevk aldığım şeyleri kendime çekerim.

– Varlığımı kabul ediyorum.
– Duygularımın varlığını özgürce hissetmeyi kabul ediyorum.
– Kendi sınırlarımın farkında olarak hareket ederim.
– Bana verilen sorumlulukları kolayca yerine getiririm.
– Sağlıklı olduğumda da ilgi görmeyi biliyorum.

MİYOP

Düşünceler, bakış açıları, alanın darlığı ile ilgilidir.

Miyop için test edilmesi gereken DNA kayıtları:
– Hayata dair her şeyin bilgisine sahip olduğum için daha fazlasını öğrenmeme gerek yok.
– Benimle aynı düşünceye sahip olmayan insanları kendimden uzaklaştırırım.
– Taraflı düşünürüm.
– Kendimi at gözlüğü içine hapsederim.
– Hayata karşı umutsuzum.
– Ben merkezci düşünürüm.
– Yeni bilgilerin ufkumu genişletmesinden ve hayatımdaki düzeni bozmasından korkarım.
– Hayatın kendisinden korktuğum için hayatın kendisini öğrenmeyi reddederim.
– Geleceğimden endişe duyuyorum.

Miyop için tavsiye edilen yeni DNA kayıtları:
– Bilgiye her zaman açık hissederim.
– Farklı görüşlere saygı duymayı biliyorum.
– Çok yönlü düşünme becerisine sahibimdir.
– Bakış açımı geniş tutmayı biliyorum.
– Hayata karşı umutlu olmayı biliyorum.

– Başkalarının düşüncelerine de değer veririm.
– Yeni bilgilere ve değişimlere açığım.
– Hayatı öğrenmeyi kabul ediyorum.
– Geleceğin bana güzel şeyler katacağını biliyorum.

MİYOMLAR (Bkz. Yumurtalıklar)
Miyomlar için test edilmesi gereken DNA kayıtları:
– Sabit görüşlüyüm.
– Cezalandırılmam gerektiğine inanıyorum.
– Kendi vücudumdan utanç duyuyorum.
– Anne olabilmek için acı çekmem gerekir.
– Başkalarını kendimden daha değerli görürüm.
– Alışılmışın dışına çıkmak beni korkutur.

Miyomlar için tavsiye edilen yeni DNA kayıtları:
– Kendime yeni bakış açıları katmayı kabul ediyorum.
– Kendimi affediyorum.
– Kendi vücudumu seviyorum.
– Acı çekmeden anne olmayı biliyorum.
– Kendimin değerli olduğunu kabul ediyorum.
– Farklılıklara sevgi duymayı biliyorum.

MULTİPL SKLEROZ

Kişi kendini hapsedilmiş hisseder ve çıkış yolu bulamayacağına inanmıştır.

Multipl Skleroz için test edilmesi gereken DNA kayıtları:
– Kendimi bir kukla gibi hissediyorum.
– Kararlarımı benim yerime başkaları verir çünkü sorumluluk almaktan korkarım.

– Başkalarının desteği olmadan başarısız olurum.
– Beni başarıya taşıyacak birçok işi kendime güvenmediğim için geri teptim.
– Hayata karşı öfkeliyim.
– Kötü her şey benim başıma gelir.
– İnsanlara kızgınım.
– Ailemi bir arada tutmak için MS olmalıyım.

Multipl Skleroz için tavsiye edilen yeni DNA kayıtları:
– Kullanılmadan yaşamayı biliyorum
– Kendi sorumluluklarımı kendim üstlenmeyi biliyorum.
– Kendi kendime de başarıyı elde edebilirim.
– Kendime güvenmeyi ve başarılı olmayı biliyorum.
– Hayata karşı sevgi duyarım.
– Kendime iyi ve güzel olan şeyleri çekerim.
– İnsanları affediyorum.

N

NASIRLAR

Duygu ve düşüncelerin sertleşerek vücutta yer etmesi durumu.

Nasırlar için test edilmesi gereken DNA kayıtları:
– Alışılmış olana bağlı kalırım.

– Değişen hayat şartlarına uyum sağlamakta zorlanırım.
– Monoton bir hayat yaşarım.
– Dış etkenlerden korunmak için kendimi sert bir kabuğun içine sokarım.
– Değişmekten korktuğum için sabit kalmayı tercih ederim.
– İnsanlara karşı her zaman ön yargılı davranırım.
– Sevginin beni zayıflatacağını düşünürüm.
– Hayat akıp giderken kendimi olduğum yerde takılıp kalmış gibi hissederim.

Nasırlar için tavsiye edilen yeni DNA kayıtları:
– Farklılıklara açığım.
– Değişen hayat şartlarına kolayca uyum sağlarım.
– Hayatımı renklendirmeyi biliyorum.
– Güçlü olduğumun farkına varmayı ve kabuğumdan çıkmayı kabul ediyorum.
– Hareket etmeyi ve değişmeyi kabul ediyorum.
– İnsanlara karşı her zaman hoşgörülü yaklaşırım.
– Sevgi beni güçlendirir.
– Hayatın akışına uyum sağlarım.

NEFES DARLIĞI

Nefesle alakalı problemler hayatın kendisiyle doğrudan bağlantılıdır. Genellikle kişi nefes almayı hak etmediği düşüncesine kapılır.

Nefes darlığı için test edilmesi gereken DNA kayıtları:
– Nefes almayı hak etmediğimi düşünürüm.

– Kimsesizmişim hissine kapılırım.
– Seçim yapmakta zorlanırım.
– Sakladığım gerçeklerin altında ezildiğimi hissederim.
– Kararlarımın sonuçlarından tatmin olmam.
– Yaşadığım kötü bir anı yaşamayı reddederim.
– Duygularım içimde birikir ve göğsümü sıkıştırır.
– İçinde bulunduğum durumu değiştirebilecek gücü kendimde bulamam.

Nefes darlığı için tavsiye edilen yeni DNA kayıtları:
– Nefes almayı hak ediyorum.
– Her zaman yanımda dostlarımın olduğunu bilirim.
– Kolayca seçim yaparım.
– Gerçeklerle yüzleşerek hafiflerim.
– Kararlarımın sonuçları beni tatmin eder.
– Yaşadığım her anın mutlu ve huzurlu geçmesini biliyorum.
– Duygularımın içimden akıp gitmesine izin veririm.
– İhtiyacım olan güce sahip olduğumu biliyorum.

NEFRİT (Bkz. Böbrekler)

Nefrit için test edilmesi gereken DNA kayıtları:
– Hayatımın güzel olacağına dair bir umudum yok.
– Yaptığım işlerden olumlu sonuçlar alamayacağıma inanıyorum.
– Hayat bana hakkım olanı verir. (Hayır çıkarsa değiştirin.)
– İnsanların isteklerini kabul etmek zorunda kalırım.
– Ölüm korkusu yaşarım.
– Yaşadıklarımdan öğrenmem gereken dersleri ertelerim.

Nefrit için tavsiye edilen yeni DNA kayıtları:
– Hayatımın güzel ve umut dolu olmasına izin veriyorum ve biliyorum.
– Yaptığım her iş bana olumlu olarak sonuç verir.
– Hayatın bana hakkım olanı vermesini biliyorum.
– Hayır demeyi biliyorum.
– Ölümün hayatın bir parçası olduğunun farkındayım.
– Yaşadıklarımdan almam gereken tüm dersleri aldım, bitti.

NEVROZ

Kişinin içsel çatışmaları olduğu durumdur.

Nevroz için test edilmesi gereken DNA kayıtları:
– Duygularımı saklamalıyım.
– Sırtımı yaslayabilecek kimsem yok.
– Hayattan keyif almamak için kendimi sınırlandırırım.

Nevroz için tavsiye edilen yeni DNA kayıtları:
– Duygularımı hissetmeyi kabul ediyorum.
– Çevremdeki insanlara güvenmeyi biliyorum.
– Hayattan keyif alma hakkına sahibim.

NEZLE

Neyi önce düşüneceğine karar verememe durumu Nezle hastalığına sebep olabilir.

Nezle için test edilmesi gereken DNA kayıtları:

– Hayatımdaki karmaşa kafamın karışmasına sebep olur.
– Hayatın yorgunluğunu üzerimden atmak için yalnız kalmam gerekir.
– Yaşadığım olaylar içimdeki sıcaklığı söndürdü.
– Söylemek isteyip söyleyemediğim sözler beni hasta ediyor.

Nezle için tavsiye edilen yeni DNA kayıtları:
– Sakin bir hayat yaşamayı biliyorum.
– Hayatın yorgunluğunu kolaylıkla atarım. Dinlenmeyi biliyorum.
– İçimdeki sıcaklığı her zaman hissederim.
– Söylemek istediklerimi özgürce dile dökerim.

NODÜLLER

Amacıma giden yolda engellendiğimi ve bu durumdan duyulan derin mutsuzluk ve kızgınlığı yansıtır.

Nodüller için test edilmesi gereken DNA kayıtları:
– Dile getirmediğim gerçekler var.
– Çok konuştuğumda aptal olduğumu düşünürler.
– Konuşurken istemsizce söylememem gereken şeyleri söylerim.
– Hayatımın değişmesi için beklemek beni bunaltır.

Nodüller için tavsiye edilen yeni DNA kayıtları:
– Gerçekleri konuşmayı biliyorum.
– Konuşurken kendimi olduğum gibi ifade edebilirim.

– Konuşurken neyi söylemek isteyip istemediğim ayrımını yapmayı biliyorum.
– Hayatımın değişmesine izin vermeyi biliyorum.

O

OBEZİTE

Mutluluğu yemekte arama.

Obezite için test edilmesi gereken DNA kayıtları:
– Yemek yedikçe mutlu oluyorum.
– İçimdeki boşluğu yemek yiyerek doldurmaya çalışıyorum.
– Hayattan beklentilerimi ifade etmekte zorlanırım.
– Sevgiyi nasıl hissetmem gerektiği hakkında bir fikrim yok.
– Varlığımı yok sayarım.
– Kilo aldığımda bedenimle çevrem arasına bir barikat koymuş olurum ve kendimi bu şekilde korurum.

Obezite için tavsiye edilen yeni DNA kayıtları:
– Mutluluğu her zaman biliyorum.
– İçimdeki boşluğu sevgiyle doldurmayı biliyorum.
– Hayattan beklentilerimi kolayca ifade ederim.
– Sevgiyi hissetmeyi biliyorum.
– Varlığımı kabul ediyorum.

– Kendimi koruyacak güce içimde sahip olduğumun farkındayım.

OMURGA

Tamamen aile ile ilgili sorunları teşkil eder.

Omurga için test edilmesi gereken DNA kayıtları:
– Sınırlarımı doğru belirleyemiyor ve koruyamadığıma inanıyorum.
– Kendime değer vermediğime inanıyorum.
– Hiç sevilmediğimi hissederim.
– Tüm yükümü sırtımda taşırım.
– Kaderimi kabullenir ve değişmesi için çaba göstermekten kaçarım.

Omurga için tavsiye edilen yeni DNA kayıtları:
– Sınırlarımı doğru çizmeyi ve korumayı biliyorum.
– Kendime değer veririm.
– Sevilmeyi biliyorum.
– Sırtımdaki tüm yüklerden kurtulmayı biliyorum.
– Hayatımın keyifle değiştiğini biliyorum.

Omurga ile ilgili hastalıklar; Kifoz, lordoz, skolyoz.

Kifoz için test edilmesi gereken DNA kayıtları:
– Annem bana değer verir. (Hayır, çıkarsa değiştirin.)
– Annemle iletişim kurarım. (Hayır, çıkarsa değiştirin.)
– Annemden sevgi görüyorum. (Hayır, çıkarsa değiştirin.)
– Annem beni istiyor. (Hayır, çıkarsa değiştirin.)

Lordoz için test edilmesi gereken DNA kayıtları:
– Babam bana değer verir. (Hayır, çıkarsa değiştirin.)
– Babamla iletişim kurarım. (Hayır, çıkarsa değiştirin.)

– Babamdan sevgi görüyorum. (Hayır, çıkarsa değiştirin.)
– Babam beni istiyor. (Hayır, çıkarsa değiştirin.)

Kifoz için tavsiye edilen yeni DNA kayıtları:
- Annem bana değer verir.
- Annemle iletişim kurmayı biliyorum
- Annemden sevgi görmeyi biliyorum.
- Annem benim varlığımdan mutluluk duyar.

Lordoz için tavsiye edilen yeni DNA kayıtları:
- Babam bana değer verir.
- Babamla iletişim kurmayı biliyorum.
- Babamdan sevgi görmeyi biliyorum.
- Babam benim varlığımdan mutluluk duyar.

OMURİLİK (Bkz. Omurga)

Omurilik için test edilmesi gereken DNA kayıtları:
- Anne ve babamdan kendimi geliştirebilmem için destek görüyorum. (Hayır, çıkarsa değiştirin.)
- Anne ve babam beni sevgiyle büyütüyor. (Hayır, çıkarsa değiştirin.)
- Sürekli planlı programlı hareket ederim. (Hayır, çıkarsa değiştirin.)
- Her şey kontrolüm altında olmak zorundadır.
- İç sesime güvenirim. (Hayır, çıkarsa değiştirin.)

Omurilik için tavsiye edilen yeni DNA kayıtları:
- Anne ve babam bana destek olurlar.
- Anne ve babamın bana olan sevgilerini hissetmeyi biliyorum.

– Planlarımın her zaman yolunda gideceğini biliyorum.
– Her şeyin akışta güvenle yaşamayı biliyorum.
– İç sesime güvenirim.

OMUZLAR

Kişinin yüklendiği sorumluluklar ile bağlantılıdır.

Omuzlar için test edilmesi gereken DNA kayıtları:
– Kaldıramayacağım yükleri omzuma sırtlandım.
– Kendimi yönetmekte zorlanırım.
– Yaşamak bana zevk verir. (Hayır, çıkarsa değiştirin.)
– Çevremdeki insanların dertlerini de üstlenmeye çalışırım.
– Kendi ihtiyaçlarımı gidermek yerine başkalarının ihtiyaçlarına odaklanırım.

Omuzlar için tavsiye edilen yeni DNA kayıtları:
– Kendi gücümün farkında olarak hareket etmeyi bilirim.
– Kendimi yönetmeyi biliyorum.
– Yaşamaktan zevk almayı biliyorum.
– Her insan kadar kendimin de değerli olduğunun farkındayım.
– Kendi ihtiyaçlarımı öncelikli tutarım.

OSTEOPOROZ

Kişi kendini dünyada yalnız hisseder. Tutunacak kimsesi olmadığına inanır.

Osteoporoz için test edilmesi gereken DNA kayıtları:
- Arkamda kimsenin desteğini hissedemediğime inanıyorum.
- Çıkış yolu bulamayacak gibi hissederim.
- Dişiliğimi kaybetmiş gibi hissetmek beni üzüyor.
- Hayattaki rolüm elimden kayıp gitti.

Osteoporoz için tavsiye edilen yeni DNA kayıtları:
- Sevdiklerimin desteğini her zaman hissederim.
- Her zaman bir çıkış yolu olduğunu biliyorum.
- Kadınlığımı hissetmeyi biliyorum.
- Hayattaki rolümü en iyi şekilde yaşamayı biliyorum.

OSTEOARTRİT

Kişi kendini bir kalıba sokmuştur ve bu kalıp dışına çıkmak onu korkutur.

Osteoartrit için test edilmesi gereken DNA kayıtları:
- Eyleme geçmekten korkarım.
- Hayata karşı olumsuz hissediyorum.
- Kendimi savunurken sert bir tavır takınırım.
- Hayatımdaki değişikliklere hemen uyum sağlayamayacağıma inanıyorum.

Osteoartrit için tavsiye edilen yeni DNA kayıtları:
- Eyleme geçecek cesarete sahibim.
- Hayata karşı her zaman olumlu yaklaşırım.
- Hoş davranışlarla da kendimi ifade etmeyi biliyorum.

– Hayatımdaki değişikliklere hemen adapte olurum.

OTİZM

Gerçek olandan memnun olmama ve kabul etmeme durumudur.

Otizm için test edilmesi gereken DNA kayıtları:
– Dünya üzerinde her şey olasılıklardan ibarettir.
– Kendimi dış dünyadan soyutlarım.
– Yalnızca kendi dünyamda daha mutlu ve güvenliyim.
– Duygusal oluşumla alay edilmesine üzülürüm.
– Çabuk kırıldığım için insanlardan uzak dururum.
– Dış dünya benim için korkutucudur.
– Çevremde bulunmasını istemediğim kişilerin varlığını görmezden gelirim.
– Yolumu kaybetmiş hissederim.
– Mükemmel olmaya çalışırım.
– Duygularımı ifade etmekten kaçarım.
– Diğer insanlardan daha özel olduğumu düşünürüm.

Otizm için tavsiye edilen yeni DNA kayıtları:
– Güzel ve iyi olanı kendime çekmeyi biliyorum.
– Dış dünyanın varlığını kabul ediyorum.
– Gerçek dünyada da mutlu ve güvende yaşamayı biliyorum.
– Duygusal oluşumla kimsenin alay etmeyeceğini biliyorum.
– Duygularımı kontrol etmeyi ve insanlara yakın olmayı biliyorum.
– Dış dünyanın güvenilir olduğunu biliyorum.
– Çevremde mutluluk duyduğum insanlar vardır.
– Yolumda ilerlemeyi biliyorum.

– Mükemmel olmayı biliyorum.
– Duygularımı kolayca ifade ederim.
– Her insanın özel olduğunu kabul ederim.

Ö

ÖDEM

Duyguların vücudun farklı yerlerinde birikmesidir. Test ederken ödemin olduğu bölgenizle ilgili inanç kayıtlarına da bakın. Örneğin bacaklar, kollar vs.

Ödem için test edilmesi gereken DNA kayıtları:
– Vücudumu hareket ettirip ettirmemekte kararsız kalıyorum.
– Vücudumun istirahat etmeye ihtiyacı var.
– Duygularım içimde birikir ve şişer.
– Geçmiş anılarımla var olmaya çalışırım.
– Çıkış yolu bulmaya çalışırken düşünememeye başlarım.
– Başkalarının kendimden daha değerli olduğunu düşünürüm.
– İnsanlar arasında köprü görevi üstlenirim.
– Ne yaparsam yapayım hiçbir zaman amaçlarıma ulaşamayacağıma inanırım.
– Hayatın gerçekleri beni korkutur.
– İlerlemek istediğim yolun tam tersi yönünde ilerlerim.

Ödem için tavsiye edilen yeni DNA kayıtları:
– Vücudumu hareket ettirmeyi kabul ediyorum.
– Vücudumun dinlenmesine izin veriyorum.
– Duygularımı ifade ederek dışarı çıkmasına izin veriyorum.
– Anı yaşarken var olduğumun farkındayımdır.
– Mantıklı düşünerek her zaman çıkış yolu bulabilirim.
– Ben değerliyim.
– Kendim olarak var olmayı biliyorum.
– Amaçlarıma kolayca ulaşmayı biliyorum.
– Hayatın gerçeklerinden korkmadan yaşamayı biliyorum.
– İlerlemek istediğim yolda yürümeyi biliyorum.

ÖKSÜRÜK

Öfkeli olma ve iletişim sorunları ile ilgilidir. Bkz. Boğaz.

Öksürük için test edilmesi gereken DNA kayıtları:
– İçimden atmak istediklerim beni rahatsız ediyor.
– Sinirlerime hâkim olmakta zorlanıyorum.
– Kendimi nefes alamıyor gibi hissediyorum.
– İçinde bulunmak istemediğim olayların içinde zorla tutuluyorum.
– Konuşurken kullandığım kelimelerle insanları kırıyorum.
– İçimde ne hissettiğimi ifade etmekte zorlanıyorum.
– Duygularıma hâkim olmak için öksürürüm.
– Kızgınlık duyduğum şeylerden kurtulmaya çalışıyorum.
– Beni kimse duymadığı için öksürüyorum.

Öksürük için tavsiye edilen yeni DNA kayıtları:
– Tüm kurtulmak istediklerimden kurtulmayı kabul ediyorum.
– Sinirlerime hâkim olmayı biliyorum.
– Kolayca nefes almayı biliyorum.
– Olmak istediğim yerde olmayı biliyorum.
– Tatlı dilli bir insan olmayı biliyorum.
– İçimdeki hisleri ifade etmeyi biliyorum.
– Duygularıma hâkimim.
– Kızgınlıklarımı affetmeyi biliyorum.
– Beni herkes duyar.

P

PAMUKÇUK

Besinsiz kalma korkusu ile ilişkilidir. Genelde emzirme dönemindeki bebeklerde görülür.

Pamukçuk için test edilmesi gereken DNA kayıtları:
– Ölmekten korkuyorum.
– Vücudumun besinsiz kalacağı ihtimali beni tedirgin ediyor.
– Annem yanımdayken kendimi güvende hissederim.
– Anneme ihtiyacım olduğunda yanımda yok.
– Terk edilmişlik hissine kapılırım.
– Kendimi güvensiz hissederim.
– Aileme fiziksel temasta bulunursam yalnız olmadığımı anlarım.

Pamukçuk için tavsiye edilen yeni DNA kayıtları:
– Ölümün varlığını kabul ediyorum. Hayatı keyifle yaşarım.
– Dünyanın bolluk bereketini ve doyacağımı biliyorum.
– Her zaman güvendeyim.
– Anneme ihtiyaç duyduğumda annem her zaman yanımda olur.
– Sevdiklerimin yanımda olmasını biliyorum.
– Kendimi güvende hissederim.
– Ailemin varlığını her zaman yanımda hissederim.

PANİKATAK

Ölüm korkusu. Korku.

Panikatak için test edilmesi gereken DNA kayıtları:
– Hayatımın aniden son bulmasından korkuyorum.
– Yaşamaya devam edecek gücü kendimde bulamayacağıma inanıyorum.
– Duyduğum korku bedenime hükmediyor.
– Kendimi değersiz hissediyorum.
– Korkularım bedenimi ele geçirir.

Panikatak için tavsiye edilen yeni DNA kayıtları:
– Hayatımı akışında yaşamayı kabul ediyorum.
– Yaşamaya devam edecek gücün içimde olduğunu biliyorum.
– Bedenime hükmetmeyi biliyorum.
– Kendime değer vermeyi biliyorum.
– Korkularımdan arınmayı ve sonsuz sevgiyle dolmayı kabul ediyorum.

PANKREAS

Kişinin kendini tanımladığı yerdir. Bu yüzden kendi değeri, duyguları ve hissettiği sevgiyle bağlantılıdır.

Pankreas için test edilmesi gereken DNA kayıtları:
– Kendime değer veremediğim için suçluyum.
– Mutlu olmama engel olurum.
– Hayattan zevk almamam gerektiğini düşünür etrafımdaki insanlardan da hayattan zevk almamalarını beklerim.
– Karşı karşıya kaldığım kötü durumlar olduğunda ne yapacağımı bilememekten korkarım.
– Duygularımla baş etmekten kaçarım.
– Bana şefkat gösterilmesinden çekinirim.
– Sevilmek bana zarar verir.
– Kendi hayatıma üzülürüm.
– Her zaman olumsuz düşünürüm.
– İnsanların yüzüne bakamayacak haldeyim.
– İki kadın arasında kaldım. (Örneğin anne ve eş)

Pankreas için tavsiye edilen yeni DNA kayıtları:
– Kendime değer veririm.
– Mutlu olmayı kabul ediyorum.
– Hayattan zevk almayı kabul ediyorum.
– Karşılaştığım tüm zorluklarla baş etmeyi biliyorum.
– Duygularımı yönetmeyi biliyorum.
– Şefkat gösterilmesini kabul ediyorum.
– Kendi hayatımdan memnun olmayı biliyorum.
– Her zaman olumlu düşünmeyi biliyorum.
– İyi olmayı kabul ediyorum.
– Doğru davranışlar sergilemeyi biliyorum.

PARAZİT- KURTÇUKLAR
PARKİNSON

Çevresindeki insanları cezalandırmaya çalışma.

Parkinson için test edilmesi gereken DNA kayıtları:
- Hayatımın ipleri tamamen benim elimde olmalı.
- Hastalığımla insanları cezalandırırım.
- Duygularım ve mantığım arasında kaldım.
- Yapmak istediğim çoğu şeyi yapmamam için kısıtlanırım.

Parkinson için tavsiye edilen yeni DNA kayıtları:
- Hayatımın iplerini elimde tutmayı biliyorum.
- İnsanları ve kendimi affetmeyi biliyorum.
- Duygularım ve mantığımı dengede tutmayı biliyorum.
- Her zaman bir çözüm yolu olduğunun bilincindeyim.

PARMAKLAR

Parmaklar kendimizi ifade etme merkezimizdir.

Parmaklar için test edilmesi gereken DNA kayıtları:
- Duygu ve düşüncelerimi ifade etmekte zorlanırım.
- Ayrıntıları düşünmekten asıl işimden uzaklaşırım.
- Dikkat dağınıklığı yaşadığım için işlerimi aksatırım.
- Sorumluluklarımı yerine getirememe korkusu içimi sarar.
- Vicdanımı rahatlatmak için ceza görmeliyim.
- Sevmeyi ve sevilmeyi hak etmediğime inanıyorum.
- Kendime karşı acımasızım.

Parmaklar için tavsiye edilen yeni DNA kayıtları:
- Duygu ve düşüncelerimi kolayca ifade ederim.
- Asıl işe nasıl odaklanacağımı biliyorum.
- Odaklanarak işlerimi zamanında bitirmeyi biliyorum.
- Sorumluluklarımı kolayca yerine getirmeyi biliyorum.
- Kendimi affetmeyi biliyorum.
- Sevmeyi ve sevilmeyi biliyorum.
- Kendime iyi davranırım.

Başparmak test edilmesi gereken DNA kayıtları:
- Kendime değer veririm. (Hayır, çıkarsa değiştirin.)
- İyiyi kötüden ayırabilirim. (Hayır, çıkarsa değiştirin.)
- Karar vermekte zorlanırım.
- Zamanı yönetirim. (Hayır, çıkarsa değiştirin.)
- Kendimi işe yaramaz, beceriksiz hissederim.

Başparmak için tavsiye edilen yeni DNA kayıtları:
- Kendime değer veririm.
- İyi ve kötü ayrımını kolayca yaparım.
- Karar vermek benim için basit bir iştir.
- Zamanı yönetmeyi biliyorum.
- İşe yarar ve becerikli olmayı biliyorum.

İşaret Parmağı test edilmesi gereken DNA kayıtları:
- Otorite sağlamakta zorlanırım.
- Babamın otoritesi altında ezilirim.
- Toplum içindeki yerimi bilirim. (Hayır, çıkarsa değiştirin.)
- Sessizliğe ihtiyaç duyarım.

İşaret parmağı için tavsiye edilen yeni DNA kayıtları:
- Kolayca otorite sağlayabilirim.
- Babamla doğru iletişim kurmayı biliyorum.
- Toplum içindeki yerimi biliyorum.
- İhtiyaç duyduğum sessizliğe sahibim.

Orta Parmak test edilmesi gereken DNA kayıtları:
- Kendimi çekici buluyorum. (Hayır çıkarsa değiştirin.)
- Fiziksel olarak güzel olduğumu düşünüyorum. (Hayır çıkarsa değiştirin.)
- Kendimi değersiz hissediyorum.
- Dokunmamam gereken kişilere, yerlere dokunduğum için pişmanım.

Orta parmak için tavsiye edilen yeni DNA kayıtları:
- Kendimi çekici bulurum.
- Fiziksel olarak güzel olduğumun farkına varmayı kabul ediyorum.
- Kendimi değerli hissederim.
- Dokunduğum yerlere dikkat etmeyi biliyorum.

Yüzük parmağı test edilmesi gereken DNA kayıtları:
- Evliliğim yolunda gidiyor. (Hayır, çıkarsa değiştirin.)
- Kendi düşüncelerimi önemsemeden başkalarının düşüncelerine göre kararlar alırım.
- Kendime acımasızca davranırım.
- Kendi derdimi dile dökmekte zorlanırım.
- Olasılıklar içinde boğulurum.

Yüzük parmağı için tavsiye edilen yeni DNA kayıtları:

- Evliliğim yolunda gidiyor.
- Kendi düşüncelerimi önemsemeyi biliyorum.
- Kendime iyi davranırım.
- Kendi derdimi kolayca dile dökerek rahatlarım.
- Olasılıklar arasından benim için en doğru olanı seçmeyi bilirim.

Serçe parmak test edilmesi gereken DNA kayıtları:
- Aile içinde dedikodu var.
- Kendime sevgi gösteririm. (Hayır, çıkarsa değiştirin.)
- Kişisel dönüşümüme uyum sağlamak için çaba göstermem gerekir.
- Her şeye karşı endişe duyarım.
- Olayları kafamda daha karmaşık bir hale getiririm ve çözmekte zorlanırım.

Serçe parmak için tavsiye edilen yeni DNA kayıtları:
- Aile içinde huzurlu olmayı biliyorum.
- Kendime sevgi göstermeyi biliyorum.
- Kişisel dönüşümümü kolayca tamamlamayı kabul ediyorum.
- Huzurlu yaşamanın verdiği duyguyu biliyorum.
- Olayları kolayca çözüme kavuşturmayı biliyorum.

PENİS

Erkeğin anne ile olan iletişimi ile alakalıdır.

Penis rahatsızlıkları için test edilmesi gereken DNA kayıtları:
- Annemin sevgisine yoksunluk çekiyorum.
- Sevgi hissetmek için sürekli çabalamam gerekir.

– Hayatıma başkaları yön verir.
– Hayatı akışına bırakmaya korkarım.
– Cinsel kimliğimle ilgili problemlerim var.
– Ben kadınım.
– Güçlü görünmek için erkeksi olmam gerekir.

Penis rahatsızlıkları için tavsiye edilen yeni DNA kayıtları:
– Annemin sevgisini hissederim.
– Koşulsuz sevgiyi biliyorum.
– Hayatıma kendim yön veririm.
– Hayatı anda yaşamayı biliyorum.
– Cinsel kimliğimin farkında olmayı biliyorum.
– Ben erkeğim.
– Güçlü olmayı ve olduğum gibi görünmeyi kabul ediyorum.

POLİKİSTİK OVER

Kadınlık içgüdüsü ile ilgili yanlış kodlamaların varlığını gösterir.

Polikistik over için test edilmesi gereken DNA kayıtları:
– Ailemi korumak için kendimi ölüme bırakabilirim.
– Çocuk sahibi olmak için doğru zaman. (Hayır, çıkarsa değiştirin.)
– Çevresel faktörler yumurtalıklarımın doğal seyrini engelliyor.
– Kadın olmak zordur.
– Kadın olmak acılıdır.
– Kadın olmak tehlikelidir.

Polikistik over için tavsiye edilen yeni DNA kayıtları:
– Ailemi hayattayken de koruyabilirim.
– Çocuk sahibi olmak için doğru zaman olduğunu biliyorum.
– Her durumda yumurtalıklarımın sağlıklı olduğunu biliyorum.
– Kadın olmak güzeldir.
– Kadın olmak zevklidir.
– Kadın olmak güvenlidir.

POLİPLER

Birilerinin davranışlarından rahatsız olduğunu gösterir.

Polipler için test edilmesi gereken DNA kayıtları:
– Hayatta beni yalnız bırakıp giden herkesi suçlarım.
– Sınırlarımı çizmeyi biliyorum. (Hayır, çıkarsa değiştirin.)
– Ders almam gereken olayları görmezden gelirim.
– X kişisinin varlığından rahatsızım.

Polipler için tavsiye edilen yeni DNA kayıtları:
– İnsanları affetmeyi ve yanlarımda olmalarına izin vermeyi biliyorum.
– Sınırlarım bellidir.
– Yaşadığım olaylardan almam gereken tüm dersleri aldım.
– X kişisini olduğu gibi kabul etmeyi biliyorum.

PROSTAT

Erkekteki güç göstergesinin zarar görmesidir. Ekonomik olarak azalmış olmak ya da yaşanan bir olay sonucu kendi gücünü kaybettiğini hissetmek sebep olabilir.

Prostat için test edilmesi gereken DNA kayıtları:

– Hayatımda gerçekleştirmek istediğim hiçbir şey yok.
– Kendimi ekonomik olarak zor durumda hissediyorum.
– Paranın gücünü kaybettim.
– Kendimi korumasız hissediyorum.
– Sevilmenin tanımını biliyorum. (Hayır, çıkarsa değiştirin.)
– Sevildiğimi hissediyorum. (Hayır, çıkarsa değiştirin.)
– Sevilmeyi yalnızca cinsel ilişkide arıyorum.
– Hayat amacımı belirlemediğim için ne yapacağım hakkında da kararsız kalırım.

Prostat için tavsiye edilen yeni DNA kayıtlar

– Hayata dair bir amacımın var olduğunu biliyorum.
– Ekonomik olarak güçlü olmayı biliyorum.
– Paranın gücüne sahibim.
– Kendimi güvende hissediyorum.
– Sevmenin ve sevilmenin tanımını biliyorum.
– Sevildiğimi her zaman hissederim.
– Sevginin varlığının her yerde olduğunu biliyorum.
– Hayat amacımın farkında olmayı biliyorum.

PSİKOZ

Dünyaya karşı yabancılaşma.

Psikoz için test edilmesi gereken DNA kayıtları:

– Kendimi bu dünyaya ait hissediyorum. (Hayır, çıkarsa değiştirin.)
– Kendimi herkese yabancı hissediyorum.
– Ruhumu bedenime sıkışmış hissediyorum.
– Kendi benliğimi kaybederim.
– İnsanların hayatıma müdahale etmelerine izin veririm.
– Kendime olan değerimi insanların beni sevmeleri ile ölçerim.
– Sevildiğimi hissetmek için her şeyi yaparım.
– Kendim gibi davranırım. (Hayır, çıkarsa değiştirin.)
– Beni mutlu eden her şeyin bağımlısı olurum.
– Kötü şeyleri neden yaşadığımı anlamlandırırım. (Hayır, çıkarsa değiştirin.)
– Hayat derslerimden bir şeyler öğrenip hayatıma katmak yerine olanları yalnızca saklarım.
– Benim için değerli olan bir şeyin yokluğu canımı yakıyor.
– Hayatımı dengelerim. (Hayır, çıkarsa değiştirin.)
– Verdiğim kararların sonuçlarının felaket olmasından korkarım.
– Hayatımı doğru programlayamamaktan ve zamanın akıp geçmesinden korkarım.
– Ailemin hayalindeki çocuk oldum. (Hayır, çıkarsa değiştirin.)
– Annemin yaşadığı acılardan etkilendim.

Psikoz için tavsiye edilen yeni DNA kayıtları:
- Bu dünyaya ait olduğumu kabul ediyorum.
- Toplum içine karışmayı kabul ediyorum.
- Ruhumun bedenimde huzurlu hissetmesini biliyorum.
- Kendi benliğimi fark etmeyi biliyorum.
- Kendi hayatımı kendim yönetirim.
- Kendime değer vermeyi biliyorum.
- Sevilmeyi biliyorum.
- Kendim olarak davranmayı biliyorum.
- Mutluluğu her zaman içimde hissetmeyi kabul ediyorum.
- Yaşadıklarımdan öğrenmem gereken dersleri aldım bitti.
- Hayat derslerimden öğrenmem gereken tüm dersleri öğrendim.
- Değer verdiğim şeyleri korumayı biliyorum.
- Hayatımı dengede tutarım.
- Doğru kararlar vermeyi biliyorum.
- Zamanımı en verimli şekilde geçirmeyi biliyorum.
- Kendim olarak da annemi memnun etmeyi biliyorum.
- Ailemin yaşadıklarından almam gereken dersleri aldım bitti.

R

RAHİM

Annelik ile ilgili korku inanç kayıtlarının varlığını gösterir.

Rahim için test edilmesi gereken DNA kayıtları:
- Annelikten korkuyorum.
- Kadın olduğumu özümsemekte zorlanırım.
- Çocuk doğurursam işe yaramış gibi hissederim.
- Kadınlığım elimden gitti.
- Ailemle aramda sevgi bağım eksik.
- Cinsel tacize uğramaktan korkuyorum.
- Kendi hayatımı yönetmeme izin verilir. (Hayır, çıkarsa değiştirin.)

Rahim için tavsiye edilen yeni DNA kayıtları:
- Anne olmanın harika bir deneyim olduğunu biliyorum.
- Kadınlığımı hissedebiliyorum.
- Kadın olarak varlığımın bir bütün olduğunun farkındayım.
- Kadınlığım benim ellerimde.
- Ailemle aramda sevgi bağı kurmayı kabul ediyorum.
- Hayatta her zaman güzel şeyleri yaşamayı biliyorum.
- Kendi hayatımı yönetmeyi biliyorum.

RAŞİTİZM

Ruhsal açlığın olduğunu gösterir.

Raşitizm için test edilmesi gereken DNA kayıtları:
- Ruhumu yeteri kadar tatmin edemeyeceğime inanıyorum.
- Hayatımda sevgiye dair boşluklar var.
- Kendimi hayata karşı yalnız hissederim.
- Tutunacak kimsem yokmuş hissine kapılırım.
- Başkalarını mutlu etmek için yaşarım.
- Kendimi tüm insanlardan daha değersiz görürüm.

Raşitizm için tavsiye edilen yeni DNA kayıtları:
- Ruhumu tatmin etmeyi biliyorum.
- Hayatımdaki tüm boşlukların sevgiyle dolmasına izin veriyorum.
- Dostlarımın her zaman yanımda olduğunu bilirim.
- Sevdiklerimin her zaman bana destek olduğunu bilirim.
- Kendi mutluluğumu önemserim.
- Kendime değer veririm.

RAYNAUD HASTALIĞI

Sevginin vücutta dolaşımının engellenmesidir. (Ayrıca Bkz. Parmaklar, Bkz. Eller)

Raynaud hastalığı için test edilmesi gereken DNA kayıtları:
- Sevilmek ve ilgi görmek beni ürkütür.
- Vücudumdan sevginin eksildiğini hissediyorum.

– Vücudum bu zamanı ve mekânı reddediyor.
– Olmak istemediğim bir yerdeyim.
– İnsanların bana zarar vereceklerini düşündüğüm için iletişim kurmamaya çalışırım.
– Kendi iç dünyamda yaşarım.
– Sevgisiz hissederim.
– Kendimi değersiz hissederim.
– Kararlarımı kimse önemsemiyormuş gibi geliyor.
– Aile bağım koptu.
– Sınırlarımı ihlal ederler.
– Gerçekleri kendimden saklarım.
– Terk edilmiş olmayı reddederim.
– Fiziksel temasta bulunmak benim için zordur.
– Hayatı terk etmeye çalışıyor hissine kapılırım.
– Diğer insanlar için değersiz olduğumu hissederim.

Raynaud hastalığı için tavsiye edilen yeni DNA kayıtları:
– Sevilmek ve ilgi görmek beni mutlu eder.
– Vücuduma sevginin yayılmasına izin veriyorum.
– Vücudum bu zaman ve mekâna uyum sağlar.
– Olmak istediğim yerde olmayı biliyorum.
– İyi insanları hayatıma çekmeyi ve onlarla doğru iletişim kurmayı biliyorum.
– Bu dünyada yaşamayı kabul ediyorum ve güvendeyim.
– Sevgiyi hissetmeyi biliyorum.
– Kendime değer vermeyi biliyorum.
– Kararlarımın önemsenmesini biliyorum.
– Ailemle aramda sevgi bağı olduğunu biliyorum.
– Kendi sınırlarımı koruyabiliyorum.
– Gerçeklerle yüzleşmeyi kabul ediyorum.

– Hayatımdan çıkan insanların kararlarına saygı duyarım.
– Dokunmayı biliyorum.
– Hayatın beni kabul ettiğini biliyorum.
– İnsanların gözünde değerli olduğumu biliyorum.

REFLÜ

Stres temelli bir rahatsızlıktır.

Reflü için test edilmesi gereken DNA kayıtları:
– İnsanların bana karşı olan bazı davranışlarına tahammülüm yok.
– Doğruları söylemediğim için kendime kızgınım.
– Kendimi çok stresli hissediyorum.
– Annem benim içimi rahatlatarak çaba gösterir. (Hayır, çıkarsa değiştirin.)
– Çevremdeki insanlar tarafından anlaşılıyorum. (Hayır, çıkarsa değiştirin.)
– Dile getirmek istediğim gerçekler içimde birikiyor.
– Annemle doğru iletişim kurmak için çaba sarf etmem gerek.
– Annem tarafından onaylanma ihtiyacı duyarım.
– Bana yapılanları hazmedemediğim için reflü olduğuma inanıyorum.

Reflü için tavsiye edilen yeni DNA kayıtları:
– Sabırlı davranmayı biliyorum.
– Doğruları söylemeyi biliyorum.
– Kendimi rahatlamış hissederim.
– Annemin her zaman bana destek olduğunu biliyorum.

– Çevremdeki insanların beni anlamalarını biliyorum.
– Dile getirmek istediğim gerçeklerin kolayca dışarı çıkmasına izin veririm.
– Annemle birbirimizi kolayca anlarız.
– Annemin beni onaylamasını ve takdir etmesini biliyorum.
– Kabule geçmeyi ve sağlıklı olmayı biliyorum.

REKTUM

Kabullenmek zorunda kalmak.

Rektum için test edilmesi gereken DNA kayıtları:
– Yaşadıklarımı hazmetmem zordur.
– Yaşadıklarımdan kurtulmak için çaba sarf etmem gerek.
– Sevdiğim birinin ölümünü kabullenmekte zorlanırım.
– Ölmüş birinin hâlâ varlığını hayal ederek yaşıyorum.
– Kaybettim.

Rektum için tavsiye edilen yeni DNA kayıtları:
– Yaşadıklarımı kabul ettim ve yaşadıklarımdan almam gereken dersleri aldım.
– Güzel bir hayat yaşamayı biliyorum.
– Ölümün, hayatın bir parçası olduğunu kabul ederim.
– Gerçekleri kabul ederek hayatıma devam etmeyi kabul ediyorum.
– Kazanmayı biliyorum.

RENK KÖRLÜĞÜ

Geçmiş anılarla bağlantılı olabilir.

Renk körlüğü için test edilmesi gereken DNA kayıtları:
- Hayatın güzelliklerini görmeyi reddederim.
- Hayatım hep aynı geçiyor.
- Tembelliğim yüzünden birçok şeyin farkına varmakta zorlanırım.
- Bana kötü anılarımı hatırlatan renkleri görmezden gelirim.
- Renkleri ayırt etmeyi reddediyorum.

Renk körlüğü için tavsiye edilen yeni DNA kayıtları:
- Hayatın güzelliklerini görmeyi kabul ediyorum.
- Hayatımda farklılıkların olduğunu biliyorum.
- Çalışkan olmayı ve farkına varmayı biliyorum.
- Tüm renklerin sakladığı güzel anıları görmeyi kabul ediyorum.
- Renkleri kolaylıkla ayırt etmeyi biliyorum.

ROMATİZMA (Bkz. Eklemler)

Romatizma için test edilmesi gereken DNA kayıtları:
- Kendime üzülürüm.
- Hayatta hep en kötü şeyleri ben yaşarım.
- Çevremdeki insanlar bana hak ettiğim gibi davranır. (Hayır, çıkarsa değiştirin.)

Romatizma için tavsiye edilen yeni DNA kayıtları:

- Kendim için mutlu olmayı biliyorum.
- Güzel şeyleri hayatıma çekmeyi biliyorum.
- Çevremdeki insanlar bana hak ettiğim davranışı gösterirler.

ROMATOİD ARTRİT

Davranışların sınırlandırılması ile ilgili bir rahatsızlıktır.

Romatoid artrit için test edilmesi gereken DNA kayıtları:
- Kendimle çelişirim.
- Alışılmış olanı bırakmakta zorlanırım.
- Kendimi beceriksiz hissediyorum.
- Kendime hayrım yok.
- Hareketli olursam gerçek yüzümü insanlardan saklarım.
- Kendime güven duyarım. (Hayır, çıkarsa değiştirin.)
- Kendimi acımasızca eleştiririm.
- X kişisine kızgınım. X kişisinin varlığından rahatsız olurum.
- Davranışlarım kısıtlanıyor gibi hissediyorum.
- Yanlış hareket ederek çevreme zarar veririm.

Romatoid artrit için tavsiye edilen yeni DNA kayıtları:
- Kendimle tutarlıyım.
- Yeniliklere her zaman açık olmayı biliyorum.
- Becerikli olduğunu biliyorum.
- Kendim için başarılı olurum.
- Olduğum gibi yaşamayı biliyorum.

– Kendime güvenmeyi biliyorum.
– Kendime iyi davranırım.
– X kişisini affetmeyi biliyorum.
– Davranışlarımın özgür olduğunu biliyorum.
– Vücudumun hareketlerini doğru şekilde yönetmeyi biliyorum.

SAÇLAR

Gücün temsilcisidir.

Saçlar için test edilmesi gereken DNA kayıtları:
– İşimi zamanında yapmadığım için işten çıkarılma korkusu yaşarım.
– Saf dışı kalmaktan çekinirim.
– Hayal dünyamda yaşarım.
– İnançlarımdan koptuğumu hissederim.
– Sürekli hata yapmaktan mutsuzum.
– Yaptığım bir hata yüzünden her şeyimi kaybettim.
– Hayatla bağımı kesmeye çalışıyorum.
– Kendimi kötü biri olarak görüyorum.
– Kendimi değersizleştiriyorum.
– Hayatımdaki önemli kararları başkaları alıyor.
– Hayatıma yön veren kişi ben olmalıyım.
– Yaşamak bana mutluluk veriyor. (Hayır, çıkarsa değiştirin.)

– Hayatla bağım kopmuş gibi hissederim.
– Yaradan'ın varlığını kendime kanıtlamaya çalışırım.

Saçlar için tavsiye edilen yeni DNA kayıtları:
– İşlerimi zamanında yapmayı biliyorum. İş yerimde huzurluyum.
– Her zaman etkin olmayı biliyorum.
– Gerçek dünya ile hayal dünyamı dengelemeyi biliyorum.
– İnanç erdemine sahip olmayı biliyorum.
– Doğru yolda olmayı biliyorum.
– Hatalarımdan aldığım dersler bitti.
– Hayatla aramdaki bağ, sevgi dolu ve kuvvetlidir.
– İyi olduğumu biliyorum.
– Kendimi değerli kılmayı biliyorum.
– Hayatımdaki önemli kararları kendim alırım.
– Hayatıma ben yön vermeyi biliyorum.
– Yaşamak bana mutluluk verir.
– Hayatla aramdaki bağın farkındayım.
– Yaradan'ın varlığını hissederim.

SAFRA KESESİ

Vücutta nefretin biriktiği yerdir.

Safra kesesi için test edilmesi gereken DNA kayıtları:
– İçimde engel olamadığım öfke, kırgınlık, nefret, kıskançlık duyguları var.
– İnsanların davranışlarını yönetmeye çalışırım.
– İnsanlar benim dediklerimi yapmayınca sinirlenirim.
– Hayatımı programladığım gibi yaşamalıyım.

– Kibirim yüzünden yanlış kararlar alırım.
– Bana zarar veren insanlara kin beslerim.
– İnsanların başarılarını kıskanır ve önlerine taş koymaya çalışırım.
– Kendimden fazla başkaları için uğraşırım.
– İnsanların beni kullanmalarına izin veririm.
– İçimdeki kin duygusu beni ele geçirir.
– X kişisini duygusal olarak seviyorum ama ona güvenmekte zorlanıyorum.

Safra kesesi için tavsiye edilen yeni DNA kayıtları:
– İçimdeki negatif duyguların temizlenmesini ve yerine sevgi dolmasını kabul ediyorum.
– İnsanların davranışlarına saygı duyarım.
– İletişimde olmayı ve huzurlu iletişim kurmayı biliyorum.
– Hayatımı programladığım gibi yaşamayı biliyorum.
– Tevazu sahibi olmayı ve doğru kararlar almayı biliyorum.
– Affedecek olgunluğa sahibim.
– İnsanların başarılarını görmekten mutlu olurum ve onları desteklerim.
– Önceliğin her zaman kendim olduğunu bilirim.
– İnsanlara "hayır" demeyi biliyorum.
– Kendimi kontrol etmeyi biliyorum.
– X kişisine güven duymayı biliyorum.

SAĞIRLIK

Duymak istenmeyen şeylerin varlığını gösterir.

Sağırlık için test edilmesi gereken DNA kayıtları:

– Çevremde duymak istemediğim şeyler konuşuluyor.
– Dinlenmek için sessizliğe ihtiyacım var.
– İç dünyamda yalnız kalmalıyım.
– Kendi benliğimden uzaklaştım.
– Kendim olmaktan çıktığım için kendimi başkalarına ifade etmekte de zorlanırım.
– Eşim sözleriyle bana kendimi kötü hissettirir.
– Ailemin bana karşı eleştirilerinin ağır olması sebebiyle beni sevmediklerini düşünürüm.
– Kendimi dinlemek istemediğim için sağır olurum.
– Beni mutsuz eden her şeyi duymaktan kaçarak mutlu olabilirim.
– İnsanlardan koparak kendi iç dünyama çekilirim.

Sağırlık için tavsiye edilen yeni DNA kayıtları:
– Çevremde yalnızca güzel şeyler konuşulur.
– Her durumda dinlenmeyi biliyorum.
– Dış dünyamda da sevdiklerimle huzur içinde yaşamayı biliyorum.
– Kendi benliğimle bir olmayı biliyorum.
– Kendim olmayı ve olduğum gibi iletişim kurmayı biliyorum.
– Eşimin bana güzel sözler söyleyeceğini biliyorum.
– Ailemin beni sevdiğini biliyorum.
– Kendimi dinlemeyi kabul ediyorum.
– Duyduklarımla mutluluğu her zaman içimde bulabileceğimi biliyorum.
– İnsanlarla iletişim kurmayı ve gerçek dünyaya dönmeyi kabul ediyorum.

SALGI BEZLERİ

Kişiliğin temelidir.

Salgı bezleri için test edilmesi gereken DNA kayıtları:

- Sorumluluklarımı yerine getirecek güç içimde yok.
- Yerine getirmem gereken işleri bahaneler üreterek sonraya ertelerim.
- Kendime güvenmekte zorlandığım için hayatım bir karmaşaya dönüşür.
- Kendimi her zaman mağdur olan olarak görürüm.
- Hayatı yalnızca zihnimde yaşarım.

Salgı bezleri için tavsiye edilen yeni DNA kayıtları:

- Sorumluluklarımı yerine getirecek güce sahibim.
- İşlerimi zamanında halletmeyi biliyorum.
- Kendime güvenmeyi ve hayatımı düzen içinde yaşamayı biliyorum.
- İyi bir konumda olmayı biliyorum.
- Hayatımı gerçek dünyada yaşamayı kabul ediyorum.

SAMAN NEZLESİ (Bkz. Alerjiler, Bkz. Nezle)

Saman nezlesi için test edilmesi gereken DNA kayıtları:

- Önemli işlerimi aynı döneme sıkıştırdığım için rahatsızlık duyuyorum.
- İşlerimin altından kalkamayacağıma inanıyorum.
- Hayatımdaki hızlı akış düşünmemi engelliyor.
- Duygularımdan uzaklaşmaya çalışırım.
- Zamanı doğru yönetmekte zorlanırım.
- İlgi çekmek için alerji olurum.

Saman nezlesi için tavsiye edilen yeni DNA kayıtları:
- Zamanı nasıl kullanmam gerektiğini biliyorum.
- İşlerimi kolaylıkla yapmayı biliyorum.
- Hayatımı dengede yaşamayı biliyorum.
- Duygularımı sahiplenirim.
- Zamanımı yönetmeyi biliyorum.
- İlgi görmeyi biliyorum.

SARILIK

Bebek ile aile arasındaki bağ kopukluğundan kaynaklıdır.

Sarılık için test edilmesi gereken DNA kayıtları:
- Beni kötü bir insan yapacak duygularımı bastırmak için çabalarım.
- Ailemi suçlarım.
- Ailem dünyaya gelmemden memnuniyetsizdir.
- Annem bana hamile olmaktan hoşnutsuz.
- Bebeğimi kabullenmekte zorlanırım.

Sarılık için tavsiye edilen yeni DNA kayıtları:
- İyi bir insan olmayı biliyorum.
- Ailemi affediyorum.
- Ailemin varlığımdan mutluluk duyduklarını biliyorum.
- Annemin beni sevdiğini biliyorum.
- Bebeğime sevgiyle bağlı olduğumu biliyorum.

SEBOREİK DERMATİT– EGZAMA– CİLT HASTALIKLARI

SEDEF (Bkz. Cilt Hastalıkları)

Sedef için test edilmesi gereken DNA kayıtları:

– İnsanlar benden uzak durduğunda güvende hissederim.
– Sevdiğim insanlar hata yaptıklarında, hatalarını anlamaları için onlardan uzaklaşırım.
– İnsanlara güvenmediğim için onları kendimden uzak tutmaya çalışırım.
– Duygusal olarak yara almaktan korkuyorum.
– Vücudumu yeni bir katmanla kapatırsam duygusal anlamda zarar görmemi engellerim.
– Güvensiz hissediyorum.
– Ruhum acı çekiyor.
– Daha önce üzüldüğüm olayların tekrar olmasından korkuyorum.
– Kendimi duygusal etkilerden korumak için vücudumu çevrelerim.
– Kendimi korumak için alanımı belirlemeye çalışırım.
– Hayatımdaki ayrılıktan kurtulmaya çalışırım.

Sedef için tavsiye edilen yeni DNA kayıtları:

– İnsanlara yakın olduğum zaman da güvende olmayı biliyorum.
– Sorunlarımı konuşarak daha sağlıklı çözebileceğimi biliyorum.
– İnsanlara güvenmeyi ve iletişim kurmayı kabul ediyorum.
– Duygusal olarak kendimi güçlü hissederim.

– Yaradan tarafından korunuyorum.
– Güven duygusunu biliyorum.
– Ruhumu özgür ve huzurlu hissederim.
– Yaşadığım olaylardan almam gereken tüm dersleri aldım bitti.
– Vücudumu duyguları hissetmeye açarım.
– Alanımı belirlemeyi ve korumayı biliyorum.
– Hayatımı farklılıklara açarım.

SELÜLİT

Selülit için test edilmesi gereken DNA kayıtları:
– Kendimi korunaksız hissederim.
– Annemin beni bırakıp gideceğinden korkarım.
– Anneme öfkeliyim.
– Kendi fiziksel görünüşümü beğenmediğim için görmekten kaçarım.
– Kendim olabilmek için annemle savaşmam gerekiyor.
– Annemden daha iyisi olmak için çabalarım.

Selülit için tavsiye edilen yeni DNA kayıtları:
– Kendimi korunmuş hissediyorum.
– Annemin her zaman yanımda olacağını biliyorum.
– Annemi kabul ediyorum.
– Fiziksel görünüşümü seviyorum.
– Annemle uzlaşmaya vararak da kendim olmayı biliyorum.
– Anneme sevgi ile yaklaşmayı biliyorum.

SES

Yorgunluk ve iletişimden kaçmak istemek.

Ses rahatsızlıkları için test edilmesi gereken DNA kayıtları:
– Konuşmak istemediğim insanlarla konuşmak zorundayım.
– Yapmak istemediğim işleri yapmak zorundayım.
– Yalan söylemek zorunda kaldığım durumlar oluyor.
– İşim yüzünden gergin ortamlarda iletişim kurmak zorunda kalırım.

Ses rahatsızlıkları için tavsiye edilen yeni DNA kayıtları:
– Uyum sağlamayı ve iletişim kurmayı biliyorum.
– Yapmaktan zevk aldığım işleri kendime çekerim.
– Doğruları söylemeyi biliyorum.
– İçinde bulunduğum her durumda rahatça iletişim kurmayı biliyorum.

SIRT

Çevreden beklenen destekle ilgilidir.

Sırt için test edilmesi gereken DNA kayıtları:
– Sorunlarımla baş ederken kimse yoktu.
– Duygularımın ağırlığı altında ezildiğimi hissederim.
– Kendimi boşluğa düşmüş gibi hissederim.
– Başkalarının sorumluluklarını üstlenirim.
– Ekonomik olarak yetersiz kalacağıma inanıyorum.
– Bana zarar vereceğini hissettiğim her şeyden

kaçmaya çalışırım.
- Duygularımı nasıl ifade edeceğim hakkında fikrim yok.
- Sorunlarımı erteleyerek kurtulmaya çalışırım.
- Dertlerim sırtıma fazla ağır geliyor.
- Hayatın zorlukları altında ezildiğimi hissederim.
- Tek başıma ayakta durmakta zorlanırım.
- İhtiyacım olduğunda etrafımda kimse yoktu.
- En yakınlarım tarafından kandırıldım.
- Bağımı kopartmak istediğim bana zarar veren insanlar var.
- Hayallerimi yaşamayı unuttum.
- Tercihlerimi başkalarına göre yaparım.
- Sırtımdan bıçaklanmaktan korkarım.
- Tüm her şeyin ağırlığını taşıyorum.

Sırt için tavsiye edilen yeni DNA kayıtları:
- Sorunlarımla baş ederken insanlardan yardım almayı kabul ediyorum.
- Duygularımın hafiflemesini ve rahatlamayı biliyorum.
- Kendi amacımın farkında olmayı biliyorum.
- Herkesin kendi sorumluluğunu üstlenmesine izin veriyorum.
- Ekonomik olarak güçlü olmayı biliyorum.
- Kendime yalnızca faydalı olan şeyleri çekerim.
- Duygularımı doğru bir şekilde ifade etmeyi biliyorum.
- Sorunlarımı anında çözüme kavuşturmayı biliyorum.
- Sırtımdaki yüklerden kurtulmayı biliyorum.
- Hayatı keyifli bir şekilde yaşamayı kabul ediyorum.
- Tek başıma, ayaklarım üstünde durmayı biliyorum.

– Yardım almayı kabul ediyorum.
– Hayatıma güvenilir insanları çekmeyi biliyorum.
– Bana iyi gelen insanlarla bağ kurmayı biliyorum.
– Hayallerimi gerçekleştirmeyi biliyorum.
– Tercihlerimi kendim için yaparım.
– İnsanlara güven duymayı biliyorum.
– Yüklerimi bırakmayı biliyorum.

SITMA

Hayatı yaşamayı istememe, hayattan memnun olmama.

Sıtma için test edilmesi gereken DNA kayıtları:
– Sorunlarımı asla çözemeyeceğime inanıyorum.
– Hayattan zevk almak yerine sürekli şikâyetçi olurum.
– Sorunlarımla savaşacak gücüm kalmadığını düşünürüm.
– Hayatın zorluklarına tahammülüm yok.
– Alıştığım düzenin bozulması beni kızdırır.
– Dünya üzerinde olmamın hiçbir anlamı yok.
– Varlığım dünyaya yarardan çok zarar verir.

Sıtma için tavsiye edilen yeni DNA kayıtları:
– Sorunlarıma her zaman çözüm bulmayı biliyorum.
– Hayattan zevk almayı, hayatımdan memnun olmayı biliyorum.
– Sorunlarımın bittiğini biliyorum.
– Hayatı yaşamanın kolay ve keyifli olduğunu biliyorum.
– Alıştığım düzeni korurum gerektiğinde değişime açık olmayı biliyorum.

– Hayatta olmamın bir amacı olduğunu ve bunu keşfetmeyi biliyorum.
– Yaratılmamın bir amacı olduğunu biliyorum.

SİĞİL

Çocukların okul ile ilgili yaşadıkları deneyimlerle ilgilidir.

Siğil için test edilmesi gereken DNA kayıtları:
– Okulda başarılı olamayacağıma inanıyorum.
– Yazdıklarımın okunmamasından çekiniyorum.
– Hata yaptığım için kendimi suçlu görüyorum.

Siğil için tavsiye edilen yeni DNA kayıtları:
– Başarılı olmayı biliyorum.
– Yazdıklarımın okunaklı olmasını biliyorum.
– Hatalarımdan almam gereken dersleri bitirip kendimi affediyorum.

SİNİRLİLİK

Duygusal olarak kendini ifade edememek ve yanlış anlaşılmaktan korkmak.

Sinirlilik için test edilmesi gereken DNA kayıtları:
– Kendi düşüncelerimi doğru ifade edememek beni geriyor.
– Yarın için endişe duyuyorum.
– Kafa karışıklığı yüzünden doğru kararlar almakta zorlanırım.

– Sevgiye ihtiyaç duyuyorum.
– Duygusal olarak zayıfım.
– Zor durumlarımda insanların bana destek olmasını istemekten çekinirim.
– Duygularım vücudumu geriyor.
– Elden ayaktan kesilmek düşüncesi beni korkutuyor.
– İçinde olduğum durumdan kurtulmak için çabalarım.
– Çevremdeki insanlara zarar vermekten korkarım.

Sinirlilik için tavsiye edilen yeni DNA kayıtları:
– Rahatlamayı ve kendimi doğru ifade etmeyi biliyorum.
– Gelecekten umutluyum.
– Sakin hissetmeyi ve doğru kararlar almayı biliyorum.
– İhtiyacım olan sevgiye sahibim.
– Duygusal olarak güçlü olduğumu biliyorum.
– İnsanlardan yardım istemeyi biliyorum.
– Duygularımın vücudumu rahatlatmasına izin veririm.
– Bedenimi kontrol etmeyi biliyorum.
– Kendimi huzurlu hissettiğim yerdeyim.
– İnsanlara karşı her zaman iyi niyetli davranışlar gösteririm.

SİNİR SIKIŞMASI

Kişiye yüklenen fazla sorumlulukların verdiği stres durumu.

Sinir Sıkışması için test edilmesi gereken DNA kayıtları:

– Kendimi bir şeyler için zorunda bırakılmış hissediyorum.
– Üzerimde çok fazla baskı olması beni zorluyor.

Sinir için tavsiye edilen yeni DNA kayıtları:
– Kendi irademle hareket etmeyi biliyorum.
– Kendimi hafiflemiş hissederim.

SİNÜZİT

Kişinin kendi hayatından çok başkalarının hayatlarıyla ilgili olduğunu gösterir.

Sinüzit için test edilmesi gereken DNA kayıtları:
– Haddim olmayan işlere burnumu sokarım.
– İnsanların hayatlarına müdahale ederim.
– Hayatımdaki insanların varlığından mutsuzluk duyarım.
– Geniş açıdan bakmakta zorlanırım.
– Nefes almakta zorlanırım.
– Yeteneklerimi göstermekte kısıtlanmış hissediyorum.
– Sinirli bir ruh haline sahibim.
– Hakkım olanı istemekte zorlanırım.

Sinüzit için tavsiye edilen yeni DNA kayıtları:
– Beni ilgilendirmeyen konulardan uzak kalmayı biliyorum.
– İnsanların hayatlarına saygı duyarım.
– Varlığından mutlu olduğum insanlarla birlikte olmayı biliyorum.
– Bakış açımı genişletmeyi biliyorum.
– Rahatça nefes alırım.

– Yeteneklerimi özgürce sergileyebilirim.
– Ruh halimin daha barışçıl ve sakin olmasına izin veririm.
– Hakkım olanı istemeyi biliyorum.

SİROZ

Kişinin içinde biriken kin, öfke ve kızgınlıklar.

Siroz için test edilmesi gereken DNA kayıtları:
– İçimde öfke biriktiririm.
– Sevdiğim bir insanın bana yaptığı kötülükleri unutmamaya çalışırım.
– Kendimi kanıtlamak uğruna istemediğim bir hayatı yaşıyorum.
– Aileme öfke duyarım.
– Ailem için yaşarım.

Siroz için tavsiye edilen yeni DNA kayıtları:
– İçimde yalnızca iyi olan duyguların birikmesine izin veririm.
– Affetme erdemine sahibim.
– İstediğim hayatı yaşamayı biliyorum.
– Ailemi affederim.
– Kendim için yaşamayı biliyorum.

SİSTİT

Geçmişe dair üzüntülerin biriktirilmesi ile ilgilidir.

Sistit için test edilmesi gereken DNA kayıtları:

– Sürekli mutsuzluk duyuyorum.
– Üzerime yapışan sıkıntılardan kurtulamayacağımı düşünürüm.
– İç huzursuzluk yaşarım.
– Eşime teslim olmakta direnirim.
– Üzerimdeki psikolojik baskıdan kurtulmaya çalışırım.
– Geçmişte yaşanan gerginlikleri saklarım.
– Üzüntülerimi içimde yaşamaya çalışırım.

Sistit için tavsiye edilen yeni DNA kayıtları:
– Mutlu olmayı biliyorum.
– Üzerimdeki bütün sıkıntılardan kolayca kurtulmayı biliyorum.
– İç huzura ermeyi biliyorum.
– Eşime koşulsuz sevgi duymayı biliyorum.
– Güçlü bir bilince sahip olmayı biliyorum.
– Geçmişteki tüm kötü anıları geride bıraktım, anı yaşamayı biliyorum.
– Duygularımı özgürce yaşamayı biliyorum.

SİVİLCE

Ergenlik dönemiyle bağlantılı olarak değişim, cinsellik ve beğenilme arzusu ile ilgilidir.

Sivilce için test edilmesi gereken DNA kayıtları:
– Fiziksel görüntüm beni üzüyor.
– Gizlediğim duyguların dışarı taştığını hissediyorum.
– Cinsel dürtülerimden utanıyorum.
– Cinsel istek duymamın yanlış bir davranış olduğuna inanıyorum.

– Kendimi ifade etmekte zorlanırım.
– Kendime güvenim yok.
– Düşüncelerimin ve davranışlarımın beni aptal göstermesinden korkarım.
– Kendime karşı tahammülsüz davranıyorum.

Sivilce için tavsiye edilen yeni DNA kayıtları:
– Fiziksel görünüşümü seviyorum ve kabul ediyorum.
– Duygularımı özgürce yaşamayı biliyorum.
– Cinsel dürtülerimin doğal olduğunu biliyorum.
– Cinsel istek duymamın sağlıklı bir belirti olduğunu biliyorum.
– Kendimi kolayca ifade etmeyi biliyorum.
– Kendime güvenirim.
– Düşüncelerimi ve davranışlarımı doğru seçmeyi biliyorum.
– Kendime sevgi duymayı biliyorum.

SİYATİK

Kişinin istemediği bir hayata katlandığını gösterir.

Siyatik için test edilmesi gereken DNA kayıtları:
– Sorunlarımın üstesinden gelmekte zorlanıyorum.
– Yürümek istemediğim bir yolda ilerliyorum.
– Beni kısıtlayan insanların varlığından mutsuzum.
– Gerçekten dünyaya bir çocuk getirmeli miyim diye düşünüyorum.
– Hamile olmamın beni mutlu etmeyeceğini düşünüyorum.
– Bebekle birlikte gelecek ağır sorumluluklar beni endişelendiriyor.

Siyatik için tavsiye edilen yeni DNA kayıtları:
- Sorunlarımı kolayca çözmeyi biliyorum.
- Yürümek istediğim yolda olmayı biliyorum.
- Beni destekleyen insanları hayatıma çekerim ve onlarla mutluyum.
- Çocuk sahibi olmak için doğru zamanda olmayı biliyorum.
- Hamile olmak beni çok mutlu eder.
- Bebek sahibi olmanın tüm sorumluluklarını kabul ediyorum.

SKOLYOZ

Özgüven eksikliği, kişiliğin oturmaması ve çevre tarafından aşağılanmış olma.

Skolyoz için test edilmesi gereken DNA kayıtları:
- Güven duygusuna sahip olmadığıma inanırım.
- Kendimi olduğumdan daha yukarıda görürüm.
- Kendimi olduğumdan daha aşağıda görürüm.
- Ezik hissederim.
- İnançlarıma yeteri kadar bağlı olmadığımı hissederim.
- Düşüncelerimi eyleme dökmekte zorlanırım.
- Sorumluluklarımı benimsemekte zorlanırım.
- Hayallerimi gerçekleştirmem zordur
- Çabalamadan elde etmeyi hayal ederim.
- Ailemin bana hep yaşıtım olan akrabalarımı örnek göstermesi kendimi aşağı görmeme neden olur.

Skolyoz için tavsiye edilen yeni DNA kayıtları:

– Güven duygusunu hissetmeyi biliyorum..
– Kendimi olduğum gibi kabul ederim.
– Kendi potansiyelimin farkına varmayı kabul ediyorum.
– İnançlı olmayı biliyorum.
– Düşüncelerimi kolayca eyleme dökmeyi biliyorum.
– Sorumluluklarımı benimsemeyi biliyorum.
– Hayallerimi gerçekleştirmeyi biliyorum.
– Kolayca elde etmeyi biliyorum.
– Ailemin beni olduğum gibi kabul ettiklerini biliyorum.

SOĞUK ALGINLIĞI

Vücudun dinlenmek için ürettiği bahanedir.

Soğuk Algınlığı için test edilmesi gereken DNA kayıtları:
– Hasta olursam dinlenmek için vaktim olur.
– Zihnimin rahatlamaya ihtiyacı var.
– Üzüntümü belli edersem güçsüz duruma düşerim.
– Kendim olmak için savaşıyorum.
– Arkamdan kuyum kazılıyormuş hissine kapılırım.

Soğuk Algınlığı için tavsiye edilen yeni DNA kayıtları.
– Sağlıklı olduğumda da dinlenecek vakti bulmayı biliyorum.
– Zihnimi rahatlatmayı biliyorum.
– Duygularımı belli ettiğim zaman da kendimi güçlü hissederim.
– Kendim olmayı biliyorum.

– İnsanlara güven duymayı biliyorum.

SOLUNUM YOLU

Hayatla bağını koparmaya çalışma durumu.

Solunum için test edilmesi gereken DNA kayıtları:
– Nefessiz kalarak öleceğime inanıyorum.
– Yaşamın içime işlemesine engel olurum.
– Hayatla bağımı koparmaya çalışıyorum.
– Olmak istemediğim bir yerde olduğum için nefes almakta zorlanırım.
– Çevremdeki insanlar nefes almamı engeller.
– Ne hissettiğimi söylemekte zorlanırım.
– Kendi içimde yaşamaya çalışırım.

Solunum Yolu için tavsiye edilen yeni DNA kayıtları:
– Yaşam nefesini içime çekerek yaşamımı sürdürmeyi biliyorum.
– Yaşamın içime işlemesine izin veriyorum.
– Hayatı yaşamayı kabul ediyorum.
– Olmak istediğim yerde olmayı biliyorum.
– Çevremde beni rahatlatacak insanlar olur.
– Hislerimi kolayca ifade ederim.
– Gerektiğinde nefes almayı biliyorum.

SUÇİÇEĞİ

Çocuklarda görünen bu hastalık, çocuğun potansiyelinin ortaya çıkışının engellendiğini gösterir.

Suçiçeği için test edilmesi gereken DNA kayıtları:
- Sahip olduğum gücü kullanmam engelleniyor.
- Annemin beni bırakıp gitmesinden korkarım.

Suçiçeği için tavsiye edilen yeni DNA kayıtları:
- Sahip olduğum gücü kullanmayı biliyorum.
- Anneme güven duymayı biliyorum.

SPAZM

Sevginin vücutta dolaşımı ile ilgilidir.

Spazm için test edilmesi gereken DNA kayıtları:
- Sevgiyi kaybetmekten korkarım.
- Sevgiyi içimde tutmaya çalışırım.
- İçimdeki sıkıntı hissinden kurtulamayacağımı düşünürüm.
- Arzularım için kendimi suçlu görürüm.

Spazm için tavsiye edilen yeni DNA kayıtları:
- Sahip olduğum sevgiyi korumayı biliyorum.
- Sevgiyi yaydıkça çoğalacağını biliyorum.
- İçimdeki kötü hislerden arınmayı biliyorum.
- Arzularımı özgürce hissetmeyi biliyorum.

Ş

ŞALAZYON

Sevilmeyen kişilerin yakın çevrede olmalarının verdiği rahatsızlıktır.

Şalazyon için test edilmesi gereken DNA kayıtları:
- Çevremde görmek istemediğim biri var.
- Eşimi/Sevgilimi görmeye tahammülüm yok.
- Olmadığım biri gibi olmamı beklemeleri beni yoruyor.

Şalazyon için tavsiye edilen yeni DNA kayıtları:
- Çevremde yalnızca bana huzur veren insanların olduğunu biliyorum.
- Eşime/Sevgilime sevgiyle bakmayı biliyorum.
- İnsanlar beni olduğum gibi kabul eder.

ŞAŞILIK

Birden fazla düşüncenin aynı anda düşünülmesi etkisidir.

Şaşılık için test edilmesi gereken DNA kayıtları:
- Düşüncelerimi değerlendirirken tek bir noktada takılı kalıp diğer hiçbir olasılığı görmezden gelirim.
- İçsel bir zararın olma olasılığını sürekli düşünürüm.

– Gelecek için yoğun kaygı duyarım.

Şaşılık için tavsiye edilen yeni DNA kayıtları:
– Tüm olasılıkları gözden geçirerek doğru karar vermeyi biliyorum.
– İçsel olarak kendimi korumayı biliyorum.
– Geleceğin güzel şeyler getireceği biliyorum.

ŞEKER HASTALIĞI– (Bkz. Diyabet)

ŞİŞKİNLİK

Korunma içgüdüsüyle ilgilidir.

Şişkinlik için test edilmesi gereken DNA kayıtları:
– Sevdiğim kişiyi kaybetmiş olmak beni derinlemesine üzüyor.
– Hamile olduğumu hayal ederim.
– Tehlike sezdiğimde kendimi korumak için şişerim.
– Negatif duygularım beni şişiriyor.

Şişkinlik için tavsiye edilen yeni DNA kayıtları:
– Sevdiğim kişilerin varlığını korumayı biliyorum.
– Hamile kalmayı biliyorum.
– Şişmeden de kendimi koruyabileceğimi biliyorum.
– Duygularımı pozitife çevirmeyi biliyorum.

ŞİZOFRENİ

Hayattan kopmaya çalışarak, hayal dünyasına sığınma.

Şizofreni için test edilmesi gereken DNA kayıtları:

– Yaşamak için yeterli güce sahip olmadığıma inanıyorum.
– Yaşamak bana yetersiz gelir.
– Hayata adapte olamadığımı düşünürüm.
– Potansiyelimi gösterebileceğim bir düzen içinde olmamak beni yoruyor.
– Kendimi sınırlandırılmış hissederim.
– Kendim olmama izin verilmediğini düşünürüm.
– Sahip olduğum yetenekleri gösterecek bir imkânım yok.
– Gerçek olanı kavramakta zorlanırım.

Şizofreni için tavsiye edilen yeni DNA kayıtları:
– Yaşamak için güç sahibiyim.
– Hayattan istediğimi almayı biliyorum.
– Hayata adapte olmayı biliyorum.
– Kendi potansiyelimi geliştirebileceğim bir düzen içinde olmayı biliyorum.
– Kendimi özgür hissetmeyi biliyorum.
– Kendim olmayı biliyorum.
– Sahip olduğum yeteneklerimi gösterebileceğim yerlerde olmayı biliyorum.
– Gerçek olanı kavramayı biliyorum.

T

TALAMUS

Kişinin kendisiyle yaşadığı içsel kavga ile ilgilidir.

Talamus için test edilmesi gereken DNA kayıtları:
– Kendimden hiç ümitli olmadığıma inanıyorum.
– Kendimi doğru tanımlamakta zorlanırım.
– Yaşadığım travmaları atlatmam zordur.
– Yaptıklarımdan ötürü utanç duyuyorum.
– Eleştirilmekten çekindiğim için önce kendi kendimi ağır biçimde eleştiririm.
– Kendimi kökten yenilemeye çalışmalıyım.

Talamus için tavsiye edilen yeni DNA kayıtları:
– Kendimden ümitli olmayı biliyorum.
– Kendimi doğru tanımlamayı biliyorum.
– Geçmişten almam gereken tüm dersleri aldım bitti.
– Kendimi affetmeyi biliyorum.
– Kendime iyi davranmayı biliyorum.
– Kendimi yenilemeyi kabul ediyorum.

TANSİYON

Âni değişikliklerden korkma.

Tansiyon için test edilmesi gereken DNA kayıtları:

– Hayatımda farklı şeyler olması zor.
– İçinde bulunduğum ortam yüzünden aşırı strese ve çekişmelere maruz kalırım.
– Kendimden kaçmak istiyorum.
– Düşünmemek için sürekli çalışırım.
– Duygularım içimde baskı yapıyor.
– Öfkemi kontrol etmekte zorlanırım.
– Hayatla savaşmanın anlamı yok.
– Her şeyi kafamda çok fazla büyütürüm.
– Her şeyin belirleyicisi "ben" olmaya çalışırım.
– Aşırı strese maruz kaldım.

Tansiyon için tavsiye edilen yeni DNA kayıtları:
– Hayatımda farklılıklara açığım.
– İçinde bulunduğum ortamın huzurlu bir ortam olmasını biliyorum.
– Kendimle yüzleşmeyi biliyorum.
– Düşünmemin beni daha çok geliştireceğini biliyorum.
– Duygularımın dışarı çıkmasına izin veririm.
– Duygularımı arındırmayı biliyorum.
– Hayatı barış içinde yaşamayı biliyorum.
– Kendimi rahatlatmayı biliyorum.
– Kendi hayatımın ipleri benim elimde.
– Şimdiyi rahat yaşamayı biliyorum.

TAKINTI (OBSESYON)

Gelecekle ilgili korkularla ilgilidir.

Takıntı (Obsesyon) için test edilmesi gereken DNA kayıtları:

– Düşüncelerimi pozitif seçmekte zorlanırım.
– Zıt duyguları aynı anda yaşarım.
– Kendimi acımasızca eleştiririm.
– Gelecekle ilgili kötü senaryolar kurgular ve bundan mutsuzluk duyarım.
– Korkularım yüzünden tercihlerimi ertelerim ve yerimde sayarım.
– Olumsuz düşünerek kendimi koruyabileceğime inanıyorum.
– Güçlü gibi görünmeye çalışırım.
– Reddedilmiş olduğum anı unutmakta zorlanırım.
– Herkesin güvensiz olduğunu düşünürüm.

Takıntı (Obsesyon) için tavsiye edilen yeni DNA kayıtları:
– Düşüncelerimi kolayca pozitif olarak belirlerim.
– Duruma göre yaşamam gereken duyguları seçmeyi biliyorum.
– Kendime nazik davranmayı biliyorum.
– Gelecekle ilgili her zaman güzel hayaller kurarım.
– İçimdeki gücün farkına vararak seçim yapmayı ve ilerlemeyi biliyorum.
– Olumlu düşünerek kendimi koruyabilmeyi biliyorum.
– Güçlü olmayı biliyorum.
– Tecrübelerimden almam gereken dersi aldım bitti.
– İnsanlara ne zaman güven duyacağımı biliyorum.

TEMBELLİK

Umut yoksunluğu hali.

Tembellik için test edilmesi gereken DNA kayıtları:
- Sorumlu tutulmamak için hareket etmemeyi tercih ederim.
- Kendi dünyamdan çıkmadan yaşamayı tercih ederim.
- Yaşamla savaşacak gücüm bitti.
- Kendi potansiyelimin farkında olmadığımı düşünürüm.

Tembellik için tavsiye edilen yeni DNA kayıtları:
- Davranışlarımın sorumluluklarını kabul ederim.
- Konfor alanımı genişletmeyi biliyorum.
- Savaşmadan yaşamayı biliyorum.
- Kendi potansiyelimin farkına varırım.

TENDON

Bir şey tarafından sınırlandırıldığına, engellendiğine inanma.

Tendon için test edilmesi gereken DNA kayıtları:
- Kendimi sınırlandırılmış hissediyorum.
- Kendime güvenim yok.
- Hayatta hiçbir başarım yok.
- Amaçlarımı yerine getiremeden zaman akıp gidiyor.
- Düşüncelerimin önemsenmediğine inanıyorum.
- Mantıksal zekâm ile duygusal zekâm arasında kalırım.
- Kendimi potansiyelimin altında görürüm.
- Eylemlerim arasında kararsız kalırım.
- Başaracağıma dair umudum yok.
- Zamanında hareket edemediğim için pişmanım.

Tendon için tavsiye edilen yeni DNA kayıtları:
- Sınırları aşmayı biliyorum.
- Kendime güvenim var.
- Başarmayı biliyorum.
- Anı yaşamayı ve amaçlarımı gerçekleştirmeyi biliyorum.
- Düşüncelerimin önemsenmesini biliyorum.
- Mantıksal zekâm ile duygusal zekâmı dengelemeyi biliyorum.
- Kendimin farkına varmayı biliyorum.
- Karar vererek eyleme geçmeyi biliyorum.
- Başaracağımı biliyorum.
- Zamanında hareket etmeyi biliyorum.

TERLEME

Duyguları ifade edememe durumunda ortaya çıkar.

Terleme için test edilmesi gereken DNA kayıtları:
- İçimdeki duyguları ifade edemediğim için vücudumdan terle atmayı amaçlarım.
- Çok stresli yaşıyorum.
- Kendimle çatışma hâlindeyim.
- Hayatımda bir kişinin bile söz sahibi olmasına tahammülüm yok.
- Kendimi sıkışmış hissediyorum.

Terleme için tavsiye edilen yeni DNA kayıtları:
- İçimdeki duyguları ifade etmeyi biliyorum.
- Huzurlu yaşamayı biliyorum.
- Kendimle uzlaşmayı biliyorum.
- Kendi hayatımda söz sahibi olmayı ve hayatımı yönetmeyi biliyorum.

– Alanımın geniş olmasını biliyorum.

TIRNAKLAR

Kişinin hayatındaki amaçları ile ilgili sorunlar vücudun bu bölgesini etkiler.

Tırnaklar için test edilmesi gereken DNA kayıtları:
– Hayat amacımdan haberim yok.
– Neden var olduğum hakkında fikrim yok.
– Hayat felsefemi belirlemekte zorlanıyorum.
– Başaracağıma dair kendime güvenim yok.
– Kendimi koruyacak güce sahip olmadığıma inanıyorum.
– İnsanları kandırıyormuşum hissine kapılırım.
– Durumum yüzünden ailemi suçlu görürüm.
– Cezalandırılmam gerektiğini düşündüğüm bir şey yaptım.

Tırnaklar için tavsiye edilen yeni DNA kayıtları:
– Hayat amacımı biliyorum.
– Varlığımın amacını bilmeyi biliyorum.
– Hayat felsefemi belirlemeyi biliyorum.
– Başarıya ulaşmakta kendime güveniyorum.
– Kendimi koruyacak güce sahibim.
– İnsanlara dürüst olmayı biliyorum.
– Ailemi affetmeyi biliyorum.
– Kendimi affetmeyi biliyorum.

TİK

Bastırılmış duyguların dışarı çıkmak için çabaladığını gösterir.

Tik için test edilmesi gereken DNA kayıtları:
– Duygularımı bastırmak zorunda kaldım.
– Aşırı duygusal bir insanım.
– Kusursuz olmam için baskı görürüm.
– Yaşadığım mutsuzlukları vücudumla anlatmaya çalışırım.
– Kendimi kapana kısılmış hissederim.
– Kaçacak hiçbir yerim yok.
– Davranışlarım ve sözlerim hep kısıtlandı.
– Babam/Annem çok otoriter.

Tik için tavsiye edilen yeni DNA kayıtları:
– Duygularımı özgürce yaşamayı biliyorum.
– Duygusallığımı yönetmeyi biliyorum.
– İnsanların beni olduğum gibi kabul etmelerini biliyorum.
– Kendimi konuşarak ifade etmeyi biliyorum.
– Vücudumu özgürce hareket ettirmeyi biliyorum.
– Yaşadığım yerde huzurlu olmayı biliyorum.
– Kendi irademle hareket etmeyi ve kendimi ifade etmeyi biliyorum.
– Babam/Annem bana karşı anlayışlıdır.

TİROİT– (Bkz. GUT– GUATR)

TOPUK

Anneyle ilgili iletişim kopuklukları ve sevgisizlik duygusu ile ilgilidir.

Topuk için test edilmesi gereken DNA kayıtları:
– Annemle ilişkim inişli çıkışlı.
– Annemin sevgisine ihtiyaç duyuyorum.
– Annemle yakın olmaya çalıştıkça canım yanıyor.
– Amaçlarımın tam tersi yönde ilerliyorum.
– Olmak istemediğim bir yerdeyim.

Topuk için tavsiye edilen yeni DNA kayıtları:
– Annemle sağlıklı ilişki kurmayı biliyorum.
– Annemin sevgisini biliyorum.
– Anneme yakın olmamın verdiği huzuru biliyorum.
– Amaçlarımı gerçekleştireceğim yolda yürümeyi biliyorum.
– Olmaktan mutlu olduğum yerlerde olmayı biliyorum.

TÜBERKÜLOZ

Değersizlik temeline dayanan ait olmama duygusu ile ilgilidir.

Tüberküloz için test edilmesi gereken DNA kayıtları:
– Hiçbir şey için sabrım yok.
– Aidiyet duygusundan yoksunum.
– Bu hayata devam etmeyi bırakmaya çalışıyorum.
– Ölmekten içten içe korkuyorum.

Tüberküloz için tavsiye edilen ye ni DNA kayıtları:
– Sabırlı olmayı biliyorum.
– Aidiyet duygusunu biliyorum.
– Hayatı yaşamayı kabul ediyorum.
– Korkularımdan arınmayı biliyorum.

TÜKENMİŞLİK

Beklentileri karşılayamama, hayal kırıklığına uğrama.

Tükenmişlik için test edilmesi gereken DNA kayıtları:

– Bir kez başarısız olduysam bundan sonra başarılı olmamın imkânı yok.
– Her zaman idealist biri olarak görünmeye çalışırım.
– Kendimi gözümde fazla abartırım.
– Kendimi tam anlamıyla tanımadığımı düşünürüm.
– Bir işi yapabilmek için kendimi paralar ve sonunda da hasta ederim.
– İçimdeki hesaplaşmayı duymamak için çok çalışırım.

Tükenmişlik için tavsiye edilen yeni DNA kayıtları:

– Başarılı olmayı biliyorum.
– İdealist biri olmayı biliyorum.
– Kendimi olduğum gibi görürüm.
– Kendimi tanıyorum.
– İşlerimi kolayca halletmeyi biliyorum.
– İç dünyamla hesaplaşma cesaretine sahibim.

TÜMÖRLER

Güven duygusunun sarsılması sonucunda ortaya çıkabilir.

Tümörler için test edilmesi gereken DNA kayıtları:

– Geçmişimdeki üzüntüler beni takip ediyor.
– İnsanlara çabuk ısınırım bu yüzden hata yaparım.
– İnsanlara hemen güvenirim.

– İnsanlar beni üzer.
– Hayatla savaşım bitmedi diye düşünürüm.
– İçimdeki gücün farkına varmakta zorlanırım.

Tümörler için tavsiye edilen yeni DNA kayıtları:
– Geçmişten yalnızca öğrendiğim dersler kaldı.
– Doğru insanlarla arkadaşlık yapmayı biliyorum.
– Doğru insanlara güvenmeyi biliyorum.
– İnsanlar beni mutlu eder.
– Hayatla barış içinde yaşarım.
– İçimdeki gücün farkına varırım.

U

UÇUK (HERPES)

Cinsellikle ilgili sorunlara işaret eder.

Uçuk için test edilmesi gereken DNA kayıtları:
– Duygusal olarak kendimi mutsuz hissediyorum.
– Olayları hep olumsuz yönleriyle değerlendiririm.
– Memnun olmadığım durumları ifade etmekte zorlanırım.
– Cinsel olarak doyuma ulaşmakta zorlanırım.
– İnsanlara yakın olmaktan çekiniyorum.
– Duygu olmayan bir ilişkiyi sürdürmeye çalışıyorum.
– Amacıma ulaşmak için bedel ödemeliyim.

– Ayrılırken son defa öpülmüş olduğumu bilmek beni üzdü.
– Kan bağım olan kadınlardan ayrı kalmak beni üzüyor.
– İnsanların beni olduğum gibi kabul etmeyeceklerine inanıyorum.
– Toplumun dışına itilme korkusu yaşarım.

Uçuk için tavsiye edilen yeni DNA kayıtları:
– Duygusal olarak kendimi mutlu hissetmeyi biliyorum.
– Olaylara olumlu yönden bakmayı biliyorum.
– Memnun olmadığım her şeyi dile getirmeyi biliyorum.
– Cinsel olarak doyuma ulaşmayı biliyorum.
– İnsanlara ne zaman yakın olacağımı biliyorum.
– Duygu hissettiğim bir ilişki içinde olmayı biliyorum.
– Amacıma keyifle ve rahatlıkla ulaşmayı biliyorum.
– Sevgiyi içimde hissetmeyi biliyorum.
– Ailemdeki kadınların her zaman bana çok yakın olmalarını biliyorum.
– İnsanlar beni olduğum gibi kabul eder.
– Toplumdan kabul görmeyi biliyorum.

UNUTKANLIK

Zaman kavramını karıştırmakla alakalıdır.

Unutkanlık için test edilmesi gereken DNA kayıtları:
– Şimdiyi yaşamak yerine geçmişe takılı yaşarım.
– Kendimi ararım.
– Dinlenmeyi kendime fazla görürüm.

– Şu an olduğum yerden başka bir yerde olmayı tercih ederdim.
– Zamanı yakalamak için hızlı hareket etmeye çalışırım.

Unutkanlık için tavsiye edilen yeni DNA kayıtları:
– Şimdiyi yaşamayı biliyorum.
– Kendimi bulmayı biliyorum.
– Dinlenmeyi hak ettiğimi biliyorum.
– Olmak istediğim yerde olmayı biliyorum.
– Zamanı yakalamayı biliyorum.

UYURGEZERLİK

Çevreye güven duymama durumu.

Uyurgezerlik için test edilmesi gereken DNA kayıtları:
– Yattığım yerde kendimi güvensiz hissediyorum.
– Uyuduğum yerde huzursuz olurum.
– Uyursam tacize uğrarım.

Uyurgezerlik için tavsiye edilen yeni DNA kayıtları:
– Rahat ve güvende uyumayı biliyorum.
– Uyuduğum yerde kendimi huzurlu hissederim.
– Uyuduğumda da güvendeyim.

UYUŞMA– UYUŞUKLUK

Acı çekmemek ve güvende olmak için kişinin kendini hislerden uzaklaştırmasının sonucudur.

Uyuşma– Uyuşukluk için test edilmesi gereken DNA kayıtları:
- Yaşadığım hayat beni duygusuz biri haline getirdi.
- Kendimi boşlukta hissediyorum.
- İyi kötü hiçbir duygunun varlığı benim için yok.
- Kabul edemediğim şeylerin varlığını hissetmemek için uyuşurum.
- Yaşamak istemediğim şeyler olduğunda, kendimi yaşamıyor gibi hissederim.
- Yaşadığım kötü olaylar canımı çok yaktığı için onları hissetmemeye çalışırım.

Uyuşma– Uyuşukluk için tavsiye edilen yeni DNA kayıtları:
- Duygularımı hissetmeyi kabul ediyorum.
- Kendi amaçlarımın farkında olmayı biliyorum.
- Duygularımı ayırt etmeyi ve duygularımı hissetmeyi biliyorum.
- Kabule geçmeyi ve hissetmeyi biliyorum.
- Yaşamak istediğim şeyleri keyifle yaşamayı biliyorum.
- Yaşadıklarımdan almam gereken dersleri aldım, bitti. Duyguları hissetmeyi kabul ediyorum.

UYUZ

İnsanlardan uzaklaşmaya çalışmak.

Uyuz için test edilmesi gereken DNA kayıtları:
- Kurtulmak istediğim insanlardan kurtulmakta başarısız olurum.
- Hayatım hep aynı döngü içinde.

– İçimde hâkim olamadığım bir öfke var.
– Hayatımda köklü değişiklikler yapmam gerektiğini düşünürüm.
– Korkularım yüzünden kendimi güçsüz hissederim.
– Kendimi anlatamayacağımı düşündüğüm için insanlardan uzaklaşırım.

Uyuz için tavsiye edilen yeni DNA kayıtları:
– Hayatımda doğru insanların olmasını biliyorum.
– Hayatımda yeniliklerin olmasını biliyorum.
– Kendi duygularıma hâkim olmayı biliyorum.
– Hayatımda köklü değişikliklere açığım.
– Korkularımdan arınmayı ve güçlü hissetmeyi biliyorum.
– Kendimi insanlara anlatabilmeyi ve anlaşılmayı biliyorum.

UYKUSUZLUK

Zihnin düşünmekten yorgun düşmesi.

Uykusuzluk için test edilmesi gereken DNA kayıtları:
– Sürekli düşündüğüm şeyler var.
– Seçim yapmakta zorlanırım.
– İşlerimi tamamlamadığım için onları düşünürüm.
– Zamanı kaçırdım.
– Haksız olduğum konuları düşünürüm.
– Uyursam ölürüm.
– Kendimle yüzleşmekten korkuyorum.

Uykusuzluk için tavsiye edilen yeni DNA kayıtları:
- Zihnimin sakinleşmesini biliyorum.
- Doğru seçimler yapmayı biliyorum.
- İşlerimi zamanında tamamlamayı biliyorum.
- Zamanı yakalamayı, anı yaşamayı biliyorum.
- Geçmişi geride bırakarak şimdi mutlu olmayı biliyorum.
- Uyuduğum zaman güvenle uyur güvenle uyanırım.
- Kendimle yüzleşmek içimi rahatlatır.

ü

ÜLSER

Stres ve bitkinlik hâlinde vücutta ortaya çıkan bir rahatsızlıktır.

Ülser için test edilmesi gereken DNA kayıtları.:
- Güçsüz olduğuma inanıyorum.
- Düşüncelerim beni tüketiyor.
- Güvenilecek insan yok.
- Aşırı stres altında çalışmaktan bitkin düştüm.
- Yaşadığım hayata tahammül sınırım yok.
- İçimde beslenen bir kin duygusu var.

Ülser için tavsiye edilen yeni DNA kayıtları:
- Kendimi güçlü hissetmeyi biliyorum.

– Düşüncelerim beni geliştirir.
– İnsanlara güven duymayı biliyorum.
– Çalıştığım ortamın huzurlu olmasını biliyorum.
– Yaşadığım hayatı sevmeyi biliyorum.
– İçimde sevginin büyümesine izin veririm.

ÜRETRİR

Genel olarak anne ile bağlantılı sorunlar.

Üretrir için test edilmesi gereken DNA kayıtları:
– Annem beni sevgisiz büyüttü.
– Başkalarının hayatlarına müdahale ettiğimde kendi sınırlarımı korurum.

Üretrir için tavsiye edilen yeni DNA kayıtları:
– Anne sevgisini biliyorum.
– Başkalarının hayatına müdahale etmeden kendi sınırlarımı korumayı biliyorum.

ÜRTİKER– KURDEŞEN

Kızgınlık ve kırgınlıkların, öfkenin ve nefretin birikmesinin sinyalleridir.

Ürtiker– Kurdeşen için test edilmesi gereken DNA kayıtları:
– İçimdeki kini dışa atamadığım için kızarıyorum.
– Hiç beklemediğim anda yaşadığım olayları sindirmekte zorlanırım.
– İnsanların içinde küçük düştüm.

– Yaptığım hiçbir şeyin fark edilmediğini düşünüyorum.
– İnsanların bana ağır bir üslupla konuşmasına sinirlenirim.
– Başkalarını mutlu etmek için var olduğuma inanıyorum.
– Kendime ve çevreme kızgınım.
– İstemediğim bir şeyi yapmak zorunda bırakılıyorum.

Ürtiker– Kurdeşen için tavsiye edilen yeni DNA kayıtları:
– Kolaylıkla duygularımın dışarı çıkasına izin veriyorum.
– Hayatın akışına uyum sağlamayı biliyorum.
– Toplum içinde saygı görmeyi biliyorum.
– İşlerimin fark edilmesini biliyorum.
– İnsanların benimle nazikçe iletişim kurmasını biliyorum.
– Kendim için var olduğumu biliyorum.
– Kendimi ve çevremi affetmeyi biliyorum.
– İstediğim gibi hareket etmeyi biliyorum.

V

VAJİNA

Erkeklerle ilgili olumsuz inançlar, annelik ile ilgili korkular.

Vajina için test edilmesi gereken DNA kayıtları:
- Cinsel birlikteliği ahlaksızlık olarak tanımlarım.
- Bir erkeğe aitlik hissedemeyeceğime inanıyorum.
- Mutlu olmanın tanımı hakkında fikrim yok.
- Anne olmamam gerektiğine inanırım.

Vajina için tavsiye edilen yeni DNA kayıtları:
- Cinsel birlikteliğin doğal olduğunu biliyorum.
- Bir erkeğe aitlik hissetmeyi biliyorum.
- Mutlu olmayı biliyorum.
- Anne olmayı hak ediyorum ve biliyorum.

VAJİNİSMUS

Kadın olmak ile ilgili yaşanan hatıralar ya da korkuların varlığı bu hastalığa sebep olabilir.

Vajinismus için test edilmesi gereken DNA kayıtları:
- Kadın olmak utanılacak bir şeydir.
- Cinsel ilişkiye girmekten korkuyorum.
- Cinsel ilişkiye girdiğimde utanç duyuyorum.
- Cinsel ilişkide bulunduğum için toplumun beni dışlayacağını düşünürüm.
- Karşı cinsi güvensiz olarak görürüm.
- İlk cinsel birlikteliğimde korku duydum.

Vajinismus için tavsiye edilen yeni DNA kayıtları:
- Kadın olmaktan mutluluk duyarım.
- Cinsel ilişkide bulunmaktan zevk almayı biliyorum.
- Cinsel birlikteliğin doğal bir gereklilik olduğunu biliyorum.

– Cinsel ilişkide bulunmamın benim kararım olduğunu biliyorum.
– Karşı cinse güven duymayı biliyorum.
– Geçmişte yaşananlardan almam gereken dersi aldım bitti.

VARİS

Kişinin yaşadıklarından hayatı suçlaması durumudur.

Varis için test edilmesi gereken DNA kayıtları:
– Yaşadıklarımdan hayatın kendisini sorumlu tutarım.
– Hayatı barış içinde yaşamak yerine zıtlaşırım.
– Hayatı savaşılacak bir şey olarak görürüm.
– Hayatın zorlukları yüzünden kızgınımdır.
– Vücudumda sevgisizlik hissederim.

Varis için tavsiye edilen yeni DNA kayıtları:
– Yaşadıklarımdan kendimi sorumlu tutmayı ve kendimi affetmeyi biliyorum.
– Hayatı barış içinde yaşamayı biliyorum.
– Hayatı keyifle yaşamayı biliyorum.
– Hayatı kolaylıklarıyla yaşamayı biliyorum.
– Sevginin varlığını vücudumda hissetmeyi biliyorum.

VERTİGO

Kişinin yolunu şaşırması, dengesini kaybetmesi ile ilgilidir.

Vertigo için test edilmesi gereken DNA kayıtları:

– Yaşamak istemediğim şeyleri yaşamak zorunda kaldım.
– Yaşam alanımdaki değişikliklerden hoşnutsuz olurum.
– O olmazsa yaşayamam dediğim şeyleri kaybetme korkusu yaşarım.
– Etrafımda memnun olmayan insanlar var.
– Duygusal bir dengesizlik içindeyim.
– Kendimi bulmakta zorlanıyorum.
– Beni üzecek şeyleri dinlemek zorunda kalıyorum.
– Sırtımı güvenerek dayandığım ne varsa yok oldu bu yüzden dengemi bulmakta zorlanırım.

Vertigo için tavsiye edilen yeni DNA kayıtları:
– Yaşamak istediğim şeyleri kendime çekmeyi biliyorum.
– Yaşam alanımda değişimi keyifle kabul etmeyi biliyorum.
– Önem verdiğim şeyleri saklamayı biliyorum.
– Çevreme memnuniyet duyan insanları çekmeyi biliyorum.
– Duygusal dengemi kurmayı biliyorum.
– Kendimi bulmayı biliyorum.
– Beni mutlu edecek şeyleri duymayı biliyorum.
– Güvenmeyi ve dengede durmayı biliyorum.

Y

YANIKLAR

Aşk, büyük değişikliklere verilen tepki.

Yanıklar için test edilmesi gereken DNA kayıtları:
– Yaptığım suçların cezasını çekmeliyim.
– Yeniliklerin canımı yakacağını düşünürüm.
– Duyduğum aşk yüzünden yanıyorum.

Yanıklar için tavsiye edilen yeni DNA kayıtları:
– Kendimi affetmeyi biliyorum ve yaptıklarımdan öğrenmem gerekenleri öğrendim bitti.
– Yeniliklerin beni mutlu etmesini biliyorum.
– Aşkın Yaradan tanımını biliyorum.

YARALAR

Kişinin kendinin cezalandırılması gerektiğine duyduğu inanç.

Yaralar için test edilmesi gereken DNA kayıtları:
– Hatalarımın cezasını çekmeliyim.

Yaralar için tavsiye edilen yeni DNA kayıtları:
– Hatalarımdan almam gereken dersleri aldım. Bitti.

YARIK DAMAK

Sabretmeyi öğrenme.

Yarık damak için test edilmesi gereken DNA

kayıtları:
– Benim olmasını istediğim şeylerin, olması için sabırla beklemem gerekir.

Yarık damak için tavsiye edilen yeni DNA kayıtları:
– İstediğim şeylerin kolayca ve keyifle benim olmasını biliyorum.

YARIK DUDAK

Koparılma.

Yarık dudak için test edilmesi gereken DNA kayıtları:
– Sahip olduğumu zannettiğim şeylerin benden uzaklaşmasına şahit oldum.

Yarık dudak için tavsiye edilen yeni DNA kayıtları:
– Sahip olduğum şeyleri korumayı biliyorum.

YORGUNLUK

Sevgi alıp verme ile ilgili sorunları kapsar.

Yorgunluk için test edilmesi gereken DNA kayıtları:
– Hangi yöne gideceğimi şaşırdım.
– Şefkat duygusundan yoksunum.
– Kalp kırıklıklarım için mücadele edecek gücüm yok.
– Ne yaparsam yapayım başarısız oluyorum.
– Kendimi kötü hissediyorum.
– Harekete geçmek için enerjim yok.

Yorgunluk için tavsiye edilen yeni DNA kayıtları:
- Yönümü biliyorum.
- Şefkat görmeyi biliyorum.
- Geçmişi unutmayı ve içimde var olan gücü biliyorum.
- Yaptığım her işte başarılı olmayı biliyorum.
- Kendimi iyi hissederim.
- Harekete geçmek için enerjiye sahibim.

YUMURTALIKLAR

Cinsellikle alakalı olumsuz inançların varlığını gösterir.

Yumurtalıklar için test edilmesi gereken DNA kayıtları:
- Kendimi dünyada tek başıma kalmış gibi hissediyorum.
- Herkesin beni sevmediğini düşünürüm.
- Kadın/ Erkek olarak cinsel düzeyde kendimi yetersiz görürüm.
- Karşı cinse öfke duyuyorum.
- Karşı cinste yaptığım yanlış tercihler yüzünden kendime kızgınım.

Yumurtalıklar için tavsiye edilen yeni DNA kayıtları:
- Sevdiklerimin her zaman yanımda olduğunu biliyorum.
- Sevgi görmeyi biliyorum.
- Kadın/Erkek olarak cinsel düzeyde kendimi biliyorum.

– Karşı cinse sevgi duymayı biliyorum.
– Karşı cinste yaptığım tercihten mutlu olmayı biliyorum.

Z

ZATÜRRE

Geçmişte yaşanan acılar yüzünden gelecekten korkma.

Zatürre için test edilmesi gereken DNA kayıtları:
– Geçmişteki acılarımı sıcak tutuyorum.
– Yaşamaktan bitkin düştüm.
– Hayatı soluyarak içime çekmeyi reddederim.
– Tek başıma ayaklarım üzerinde durmakta zorlanırım.
– Yorgunluğumu atmaya çalışırım.
– Gerçekleri görmek için bir yol yaratmaya çalışırım.
– Hayat enerjim zayıflıyor.
– Ailem ilgisiz davranır.

Zatürre için tavsiye edilen yeni DNA kayıtları:
– Geçmişteki acılarımdan kurtulmayı biliyorum.
– Yaşamaktan keyif almayı biliyorum.
– Hayatı soluyarak içime çekmeyi kabul ediyorum.
– Kendi başıma ayaklarımın üzerinde duracak güce sahibim.
– Kendimi dinç hissederim.
– Gerçekleri görmeyi biliyorum.

– Hayat enerjimin arttığını hissederim.
– Ailemden sevgi ve ilgi görmeyi biliyorum.

ZAYIFLIK–
(Bkz. ANOREKSİYA– BULİMİA)
ZEHİRLENME

Genel olarak birinin varlığından rahatsızlık duyma durumunda gözlenir.

Zehirlenme için test edilmesi gereken DNA kayıtları:
– X kişisinin hayatımda olmasından rahatsızım.
– Kendimi değersiz görürüm.
– Kendimi olduğum gibi göstermemeye çalışırım.
– Kendimi dipsiz bir kuyuda hissederim.

Zehirlenme için tavsiye edilen yeni DNA kayıtları:
– X kişisini olduğu gibi kabul edip affetmeyi biliyorum.
– Kendi değerimi biliyorum.
– Kendimi olduğum gibi gösteririm.
– Kendimi özgür hissetmeyi biliyorum.

ZONA

Değersizlik hissine kapılma ve bu yüzden hayatına yön verememe durumunda ortaya çıkan bir rahatsızlıktır.

Zona için test edilmesi gereken DNA kayıtları:
– Kendi hayatımı istediğim gibi yönlendirmeye çalışırım.

– Geçmişimdeki hesaplaşmaları bitirmeyi amaçlarım.
– Sevildiğimi bilme ihtiyacı duyuyorum.
– Kendimden başka herkesi önemsiyorum.
– Kendimi kötü biri olarak hissediyorum.

Zona için tavsiye edilen yeni DNA kayıtları:
– Kendi hayatımı yönlendirmeyi biliyorum.
– Geçmişimdeki tüm hesaplaşmalarımı affederek bitirmeyi kabul ediyorum.
– Sevilmeyi biliyorum.
– Önceliğin her zaman kendim olduğunu biliyorum.
– İyi biri olmayı biliyorum.

SİZDEN GELENLER

İYİ Kİ!

Ben altı yaşımdayken annemi kaybettim. Annemi kaybettikten sonra babam tekrar evlendi ve bir de üvey annem oldu. Babamdan falakaya yatırılarak dayak yedim. On altı yaşıma geldiğimde kızım Yeşim'i kucağıma aldım. Ben çocuk, o bebek, bir şekilde büyüdük. Evliliğimde de sıkıntılarım hiç bitmedi. Hep hastaydım. Bir sürü ameliyat oldum derken Yeşim evlendi ve onun da ilk evliliğinde ters giden şeyler oldu. Her zaman arkasında durdum.

Yeşim eğitim aldı ve bize hep faydası oldu. Hastalıklarımı kendi zihnimdeki olumsuz kayıtlarla oluşturduğumu fark ettim. Hastalık hastası olan ben, sağlıklı bir insan olmaya başladım. Hâlâ kendimde çalışıyorum. Yeşim bana anne torpili yapmadı, eğitim al kendin öğren, dedi. Bütün eğitimlere beni de çağırdı. Beni eğitmen olmam için Rusya'ya götürdü. Ben de artık eğitim veriyorum. İlk başlarda kendimi dönüştürürken çok bahane buldum, çoğu zaman kendimle yüzleşmekten korktum. Şimdi ise "İyi ki" diyorum. İyi ki varsın canım kızım. Bana balık vermeyi değil, balık tutmayı öğrettin. Yolun ve bahtın açık olsun.

Sıdıka Bilge AYHAN–
Theta Tekniği Eğitmeni
Aydın

AFFETMEYİ BİLİYORUM

Sevgili Yeşim Hanım ve "Theta Tekniği" ile hayatımı değiştirmeyi ve kendimi nasıl tanıyacağımı öğretti. Theta tekniğine adım atmadan önce aklımdan geçen yalnızca danışmanlık hizmeti almaktı. Kader bir şekilde ağlarını örmüş ve ben bir anda kendimi Theta tekniği seminerine dâhil bulmuştum kendimi. Yeşim Hanım'ın danışanı değil öğrencisi olmuştum.

Seminere katılmadan önce, orta düzey astım rahatsızlığından muzdariptim. Theta tekniği uygulaması ile nefes almamı engelleyen inançları ve hisleri temizleyerek kendimi gözlemledim. Artık ilaçlara ihtiyaç duymadan rahatlıkla nefes alabiliyorum.

Doktorların bir türlü ne olduğunu anlayamadıkları bir cilt rahatsızlığım vardı. Bitkilerin olduğu hiçbir ortama giremiyordum. Çünkü girdiğimde kızarıyor, kabarıyor ve kaşınıyordum. Bu durum gündelik hayatımı o kadar etkiliyordu ki bir yaz evden dışarıya adım atamamıştım. Doktorların verdiği ilaçlar, kremler hiç fayda etmiyordu. Theta uygulamasıyla, alerjiyle ilgili bütün derslerimi bitirdim. Öfkelerimden, kızgınlıklarımdan, affedemediğim insanlardan, korkularımdan kurtuldum. Affetmeyi öğrendim. Şimdi ben de başkalarının hayatlarına dokunabiliyor ve değişimlerine tanık olabiliyorum.

DİLEK UZUNKAYA
İstanbul

KENDİ KENDİMİZİ YİYORMUŞUZ

Sevgili Yeşim Kuzu'dan aldığım Theta tekniği seminerinden sonra hayatımda çok büyük değişiklikler yaşadım. Kocam çok asabi bir kişiliğe sahipti, şimdi ise şeker gibi bir adam oldu. Aslında onun üzerinde Theta tekniği uygulaması yapmadım ama kendi inanç ve hislerimi bol bol temizleyip sakin ve huzurlu bir hayat için his yüklemeleri yaptım.

Sorunlarımızı Theta ile çözmeye başladık. Eşim küçüklüğünden beri tırnaklarını yiyordu. Ben ise dudaklarımın derisini koparıp yiyordum. Meğer kendi kendimizi yiyip bitiriyormuşuz. Küçük oğlumuzda da ilkokul birinci sınıfta tik ve kaygı bozukluğu ortaya çıktı. Büyük oğlum sakallarının çıkmamasından şikâyetçiydi. Theta ile bu sorunlarımıza rahatça çözüm bulduk. Yeğenime yaptığım bir derin kazma ile depresyon ilacı kullanmayı bıraktı, istediği işe sahip oldu; ayrıca başarısız olduğu ikili ilişkilerinden özgürleşti ve kısmeti açıldı. Eşimin erkek kardeşinin elinde uzun süredir var olan ağrısı yine kök inancı bulunca geçti ve sigarayı bıraktı. Boş olan üç dairemi kiraya verdim, hem de harika kiracılara. Hayatı güzel ve keyifli yaşama hislerini yükledim. Her gün çok özel davetlere katılıyorum. Bol bol geziyorum. Alevlenen ülseratif kolitimin tek bir ilaç dahi kullanmadan geçtiğine tanık oldum. Başım sık sık ağrırdı, şimdi hiç ağrımıyor. Hayat Theta tekniği ile çok daha güzel.

Teşekkürler Yeşim Kuzu.

Burcu BAYRAKTAROĞLU–
Emekli Bankacı
İstanbul

MİYOMLARIM YOK OLDU

Benim çocukluğum, gençliğim, evliliğim; kısacası hayatımın büyük bir bölümü sıkıntılarla, yoklukla, mutsuzlukla, travmalarla geçen bir yolculuktu.

Bu yolculukta, zaman zaman kendimden vazgeçtim, ölmek istediğim ve ölmeyi denediğim zamanlarım oldu. "Neden ben?" diye Allah'a kızdığım; "Neden beni sevmiyorsun?" diye isyan ettiğim, kendimi kaybettiğim, sorguladığım süreçlerim oldu. Çok zaman sonra anladım ki, aslında beni çok seviyor.

İlk evliliğimi bitirdikten sonra sağlığımı da kaybetmiştim. Kullandığım ilaçlar yüzünden çok kilo almıştım ve vücudum büyük tahribata uğramıştı. Yumurtalıklarımda miyomlarım oluşmuştu. Doktor bir süre ilaç tedavisi uyguladı ama en son kontrol için gittiğimde acil ameliyatla almamız gerekiyor dedi. Çok korkmuştum ve istemedim. Çünkü ya yeniden evlenirsem diye düşündüm; bir oğlum var ama bir de kızımın olmasını çok istiyordum. O gün eve gelir gelmez, internetten araştırmaya başladım. Düşünce gücüyle tedavi, bilinçaltındaki inanç değişikliği derken, "Yeşim Kuzu" diye videolar çıktı karşıma. *YouTube* 'da videoların hemen hepsini izledim, sonra tamam, dedim. Çok etkiledi beni, aradığım buydu; var olan her şeyin yaratıcısının koşulsuz sevgisi...

Hemen mesaj attım Yeşim Hanım'a, "İzmir'de eğitim verir misiniz?" dedim.

Bu tekniği öğrenmeliydim, çünkü eğitimler İstanbul'daydı ve benim oraya gitmem imkânsızdı. İşten izin almam, eğitim için yeterli parayı bulmam çok zordu. İstediklerimin olması için hacet namazı kıldım. Rabbimden yardım istedim dua ettim. Bir gece Yeşim Hanım'dan mesajıma cevap geldi. İzmir'de eğitim vereceğini yazmıştı. Nasıl mutlu oldum anlatamam. Bu arada ben her gün Yeşim Hanım'ın videolarını izliyorum dedim ya, ilk mucizem gerçekleşti, İzmir'de eğitim verecekti. Sıra işten izin almaya gelmişti. İş yerimde, bilgi işlem departmanında çalışıyorum, kitap yazıyorum, matbaaya işler yetişecek... Patronum, işlerimi bitirmediğim sürece izin veremeyeceğini söylemişti. Ben Pazar günleri izin günüm olmasına rağmen gelip çalıştım ve o işleri bitirdim. Kaç sayfalık kitabı yazmayı bitirdim. Eğitime gitmemi ailem onaylamadı; ben ameliyata gidiyorum, iyileşip geleceğim, dedim. Eğitim için parayı ayarlayamamıştım, arkadaşlarımdan, ben ameliyata gidiyorum bana para verin, diyerek topladım. Önümdeki bütün zorluklar, engeller aşılmıştı.

Rabbimin izniyle Temel DNA eğitimine katıldım. Eğitim muhteşemdi. Mutluydum. Diğer eğitimlerin hepsini alıp, ben de Yeşim Hanım gibi ilerlemek, eğitmen olmak ve uzman uygulayıcı olmak istedim ve kararımı verdim. Yeşim Hanım, kendi üzerinde çalışmış ve hayatında çok şeyi değiştirmişti, onu o kadar çok sevdim ki idolüm olarak seçtim.

Eğitimden 1 ay sonra doktor kontrolüm vardı. Doktoruma, "verdiğiniz ilaçları kullanmayacağım, Theta tekniği ile miyomlarım yok olacak, Rabbimin koşulsuz sevgisiyle" dedim. Doktorum güldü, "Nasıl olacak bu?" dedi. "Tabii ki Theta tekniğiyle" dedim.

Doktorum umutsuz gözlerle bana bakarak, "İyi bakalım, dene" dedi.

Ben her gün eğitimde öğrendiklerimi uyguladım ve sürekli, kök inançlarımı bulmak için eğitimde öğrendiğim kazma yöntemini kendimde yaparak 300'den fazla olumsuz inancımı değiştirdim. Kontrol için randevu gününde doktoruma gittim, doktorum çok şaşırdı. Bir türlü inanamadığı için tekrar tekrar ultrasonla muayene ediyordu.

"Allah Allah" diye şaşırıyordu. O kadar mutlu olmuştum ki. Rabbime hamd ve şükürler olsun. Rabbimin koşulsuz sevgisiyle iyileşmiştim.

Rabbim, Yeşim Hanım'ı karşıma çıkardı, Theta tekniğini iyi ki bana öğretti. Yeşim Hanım'a bilgilerini koşulsuzca paylaştığı için minnettarım. Allah ondan razı olsun inşallah. Rabbim başarılarını, huzurunu, mutluluğunu, sağlığını daim etsin. Ailesiyle, çocuklarıyla, sevdikleriyle birlikte yolunu ve bahtını açık etsin. Ona, hep dua edeceğim.

Şimdi ben de eğitmen oldum. Hayallerim gerçek oldu.

Sibel SEYREK
Kişisel Gelişim Eğitmeni
İzmir

BİR MUCİZE

1988 İstanbul doğumluyum. Meditasyon yapmaya ve kişisel gelişimim ile ilgilenmeye 2014 yılında başladım. Bilinçaltımızın kontrolünde olan illüzyonik yaşamlar yaşadığımızı fark etmem fazla zamanımı almadı. Ben de bunun üzerine hem kendime hem de insanlara nasıl şifa verebileceğimi araştırırken 2015 yılında Theta Tekniği ile tanıştım ve Yeşim Hanım'dan eğitimlerimi almaya başladım. O sırada Kâğıthane'de pek de hoşlanmadığım bir muhitte ailemle beraber yaşıyordum ve en büyük hayalim kendi evime çıkmaktı ama o anda görünen bütün şartlar buna imkânsız diyebileceğiniz haldeydi. Yeşim Hanım'la geçirdiğimiz eğitim sürecinde, imkânsız olduğuna inanıp, o zaman bir mucize olsun, diyerek bu hayali kurdum. Yeşim Hanım biz hayali kurarken "Hayalinizi detaylandırın" diyordu ben de tam da gönlümden geçenleri ekledim hayalime. "İki katlı, bahçeli, geniş pencereleri olan, mümkünse deniz manzaralı bir evim var ve ben içindeyim. Bu ev içine giren herkesin şifalandığı bir ev olsun" dedim. Theta uygulayıcısı olduğumu hayal ettim. Girenlerin ve çıkanların mutlu olduğunu gözlemledim. Özlerine dair bir nebze de olsa farkındalıklarının arttığını, yaşama dair anlayışlarının genişlediği, belki affettiklerini, belki korkularından arındıklarını, belki sınırlarını aştıklarını gözlemledim.

Bugün tam olarak bu hayalin içinde yaşıyorum. Her nasıl gönlümden geçirdiysem tam olarak eğitimi aldığım sokağın paralel sokağında iki katlı, bahçeli bir evim var. Üst katında meditasyon derslerimi yapıyor ve alt katında da uyuyorum. Caddebostan'a her geldiğimde kafamı evlere kaldırıp ne kadar güzel, kim bilir ne zengin ve huzurlulardır diye iç geçirdiğimi hatırlıyorum ve şimdi o evlerden birinde yaşıyorum. Bu mucizenin gerçeklik bulmuş halidir. Bu bir hayalin, gerçeklik bulmuş halidir. Benim buradan size verebileceğim en güzel mesaj ise hayal kurarken asla o an içinde bulunduğunuz mevcut durumu düşünmeyin ya da "nasıl" olacağını düşünmeyin, Nasıl kısmı sizi ilgilendirmez, o yaratıcının işidir. Siz sadece ne istediğinizde netleşin ve gönül rahatlığıyla hayal kurun. Bu Theta tekniğinin benim hayatımdaki en güzel hediyesiydi.

Theta tekniğinin uygulayıcısı olduktan sonra danışanlarımla neler yaşadığım konusunda da, bunlardan beni en mutlu edenini sizlerle paylaşmak istiyorum. Meditasyon eğitimime gelmiş bir karı koca çift vardı ve kadın dersten sonra benimle özel bir şey konuşmak istediğini, söyledi. Onunla oturdum ve onu dinledim. Kadın daha anlatmaya başlarken ağlamaya başladı ve konuşma boyunca ağladı. Ağzından sürekli çıkan sözler şunalardı: "Benim neden bir bebeğim olmuyor, en azından sadece nedenini öğrenmek istiyorum, benim neden bir bebeğim olmuyor." Bu kadın anne olabilmek için aşılama, tüp bebek vb. denenebilecek her şeyi denemişti ve aynı zamanda doktorlara göre hamile kalmasına engel olan hiçbir biyolojik neden de gözükmüyordu. Sadece bu konuşmanın üzerine on beş dakika Yeşim Hanım'ın eğitimde öğrettiği genel alan temizliği uygulamasını yapmak istedim. Koşulsuz sevgi yüklemesi, sağ– sol beyin dengelenmesi, göz, nazar gibi negatif enerjilerin temizlenmesi ve psişik saldırı temizliği... Sonra bir kez daha geldiğinde ise atalarından gelen bir kök inancı bulduk, "Eğer bir evladım olursa, savaşta ölür, bir daha çocuk sahibi olmayacağım, bu acıyı tekrar yaşamak istemiyorum." Kadına çocuğunun zarar görmesine dair bir korku var mı içinde, onu koruyamamak gibi bir his? diye sordum. Evet, dedi ve daha çok ağlamaya başladı. O anda bu kök inançları temizledik. Geçmiş anıları DNA'sından temizledim. Ve yerine çocuk sahibi olmanın güvenli olduğu inançlarını yerleştirdim. Yaklaşık 2 ay sonra normal yolla hamile kaldığının haberi geldi.

Dilek CANTİMUR–
Meditasyon Eğitmeni
İstanbul

HAYAT AMACIM

Theta tekniği ile özüme dönüş yolculuğum, 2009 yılında Kpss kursunda tanıştığım, ışıl ışıl gözleri ve gülümsemesi hâlâ aklımda olan Sevgili Yeşim KUZU ile başladı. Kurs dönemi boyunca Yeşim ile birlikte keyifli bir sınava hazırlık süreci yaşamıştık. Meğer yaşam bizi daha neler için hazırlıyormuş da, bir araya gelmişiz, şimdi anlıyorum. Sınav dönemi bitince, yaşadığımız şehirler farklı olduğu için onunla irtibatımızı telefondan yaptığımız görüşmelerle sürdürdük.

Bundan sonraki dönemde Yeşim, İstanbul'da kişisel gelişim serüvenine adım atmıştı. Bir gün konuşurken bana; üç gün boyunca telefonlarını kapatarak, bilinçaltı konusunda sıkı bir çalışma yapacaklarını anlattı. Bu çalışma bende inanılmaz merak uyandırmış ve gizemli gelmişti. Bu çalışmanın ona çok iyi geleceğini hissetmiştim çünkü hayatında ciddi riskler alarak konfor alanından çıkmış ve kendini bulma yolculuğuna başlamıştı. Ben ise kişisel gelişim kitaplarına merak salmıştım. Daha sonra "Yaşam Koçluğu" eğitimi almıştım ama bilinçaltı kayıtlarına nasıl ulaşıp dönüştürebileceğimle ilgili kafamda soru işaretleri vardı. Zihnimde bilinçaltının gizemli kapısı aralanmıştı ama bir diyetisyen olarak, özellikle ideal kilo konusunda kişiyi kilolu olmaya iten blokajlara ulaşmak ve kişilerin ideal kilo dönüşümlerine bu şekilde katkı sağlamak ile ilgili heyecanımı ve merakımı henüz giderememiştim. Merakımı Yeşim gidermişti nihayet. Onun hayatındaki olumlu değişiklikler Theta tekniği konusunda beni heyecanlandırmıştı. Onu takdir ediyor, başarısını mutluluk ve sevgi ile takip ediyordum. Theta, benim için sadece merakımı gidermek ve mesleki katkı sağlamakla kalmadı aynı zamanda nice güzel deneyimler yaşamamı sağladı. Hâlâ öğrenmeye, başkalarında da bu güzel değişimlere tanık olmaya devam ediyorum.

Yeşim'den Theta uygulamasını öğrendiğim dönemde hamile kalma konusunda ciddi sorunlarım vardı. Yumurtalıklarımda çikolata kisti vardı ve tıbbi tedaviye başvurmak üzereydim. Yeşimciğim her zamanki sakin ve huzurlu gülümsemesiyle "Merak etme, kendine Theta uygula iki aya kalmaz hamile kalırsın," demişti bana. Gerçekten de öyle oldu. İlk uygulamalarım sonucunda hem kistten kurtulmuş hem de hamile kalmıştım. Daha sonra migrenden kurtuldum, sivilcelerim yok oldu ve yüzüm pürüzsüzleşti. Kariyerim ve ilişkilerimde de olumlu dönüşümler yaşamamı sağladı, hâlâ dönüşümler yaşıyorum.

Doğum sonrası derin kazma eğitimi almaya karar verdim ama takvimimiz ve koşullarımız uymadığı için Yeşim'den değil, birlikte uygulama aldığım bir arkadaşımdan derin kazma uygulamasını aldım. Son dersimi Yeşim'den almamış olmama rağmen, derin kazma ile ilgili sorularım olduğunda, yoğun da olsa hâlâ sevgiyle cevaplar. Derin kazma uygulamasını da aldıktan sonra kendim uygulayıcı olarak iş yapmaya başladım. Yeşim'in hayatındaki olumlu dönüşümlerin bana heyecan vermesi gibi benim hayatımdaki olumlu değişimler de başkalarına heyecan vermişti. Yıllardır uyku ilacı ile bile uyumakta zorlanan bir danışanım derin kazma uygulaması ile mışıl mışıl uyuyor olduğunu bildirmişti. Sosyal medya hesabından ticaret yapan ama sipariş almakta zorlanan arkadaşım, kariyer ile ilgili çalışmalarımız sonrası bir anda siparişleri artmaya başlamıştı. Tek kök inanç değişikliği ile yılların kabızlığının çözülmesi, yas tutmanın bırakılması, annelik ile değişim yaşayanlar, kurtarıcı rollerinden özgürleşenler, öfke kontrolü sağlayanlar, kendini ifade etmekte çözülmeler yaşayanlar, kadınlık yaşayanlar, araba sürme fobisinden kurtulanlar, ebeveynleri ile ilişkileri dönüşenler, iştah ve kilo konusunda dönüşümler yaşayanlar ve daha onlarcası.

Bu işi yapıyor olmak öyle güzel ki, onca dönüşüme tanık olmak. Ben Theta tekniği ile yaşam amacımı buldum. Kendimi buldum. Artık ne istediğimi biliyorum. Kararsızlıklarım bitti. Sıra dışı enerji şifasına ve mucizelere tanık olmak, meğer benim darmammış. (yaşam amacım) Yuvaya yolculuk serüveninde insanın yaşam amacını bulması öyle bir hazmış ki çok şükür buna vesile olana. Sırada eğitmenlik eğitimi alarak uygulayıcılar yetiştirmek var nasipse.

"YARATIMIMI YAPTIM" heyecanla eğitmenlik için "VIANNA" yı bekliyorum.

Vianna ile birlikte yaşayacağımız mucizeleri merakla bekliyorum.

Lale SAĞLIK OVAT
Diyetisyen ve Thetahealer
Ankara

BİLİNÇALTIMI YENİYORUM

Hayatımda her zaman bir şeyler eksikmiş gibi hissediyordum. Aklımdan sürekli şöyle geçiyordu: "Hayat bu kadar anlamsız olamaz. Bir şeyler olmalı. Her gün evden işe gitmek, işten eve gelmek için yaratılmış olamam." Bu yüzden her zaman arayışlarım vardı. Dualarım vardı. Kitaplar okuyordum ve okudukça yenilerini arıyordum. Yine böyle bir arayış içindeyken Vianna Stibal'ın kitabıyla ve sonra da Theta tekniği eğitimini veren Sevgili Yeşim Kuzu ile tanıştım.

İlk üç eğitimi alırken migren ataklarım yüzünden çok zorlanıyordum. Bilinçaltım direniyordu. Eğitimlerden aldığım bilgileri kendi üzerimde uyguladıkça ve çalıştıkça hayatımda değişim başladı. Migren nöbetlerim tamamen son buldu. Var olan toz, polen, kedi tüyü gibi alerjilerimin hepsi bitti. Bel ve boyun ağrılarım yüzünden evi dahi toplayamazken şimdi hepsi son bulmuş durumda. 30'lu yaşlarımda yüzümde yer etmiş sivilcelerim artık yok.

Kendimden sonra başkalarında da uygulamaya başladığımda olumlu sonuçlar aldım. Özellikle ilişki, takıntılar ve panik atak konularında çok kişi geliyor ve hepsinde de güzel sonuçlar alıyorum. Ayrıca bağımlılıklar, depresyon, değersizlik, kadınlık, hastalıklar, negatif enerjiler, atalardan gelen aktarımlar, kaygı bozuklukları vs. konularında çalışmalar yapıyor ve dönüşümlere tanık oluyorum. Yeşim Hocamdan aldığım eğitimler olmasa bugün bu mutluluk yerine hâlâ kendimi sorguluyor olurdum. Bana ışık oldun ve eminim ki daha birçok insana ışık olacaksın. Ben de senden aldığım ilhamla yürüdüğüm bu güzel yolda başkalarına ışık olmaya söz veriyorum. Yolumuz açık olsun, keyifli olsun, sevgiyle dolsun.

Seni seviyorum Yeşim KUZU.

Sevilay ANKAY
İşletmeci
İSTANBUL

DOĞRU ENERJİYE ULAŞMAK

Theta tekniğini öğrenmeye geliş sebebim 13 yaşındaki kızımla aramdaki iletişimin kötü olması ve eşim ile oğlumun bana sürekli bu evin enerjisinin çok kötü olduğunu ve bunun sebebinin de benim olduğumu söylemeleri olmuştu. Bu sözler üzerine kendimi bir anda eğitimde bulmuştum. Nereden bilebilirdim ki inanç kayıtlarımda kız çocukları ile ilgili olumsuz kayıtlarımın olduğunu... Şimdi kızım senin enerjini yerim, gel seni alnından öpeyim, diyor.

Tam bir memur zihniyeti ile büyütüyordum çocuklarımı.

"Siz memur çocuğusunuz, her istediğinize sahip olamazsınız."

"Sonsuz paramız yok" inanç kayıtlarıyla büyütüyordum. Theta'dan sonra oğlum bana "Anne, biz artık zengin mi olduk" dediğinde kahkahalarla güldüm. Şükürler olsun artık biz Yaradan'ın bolluk ve bereket hissini biliyoruz. Çanakkale'de bir arkadaşımın yakını yüksekten düştü ve kafatası çatlağı ile yoğun bakıma alındı. Yüksek benliğinden izin alarak Yaradan'ın şifasına tanıklık ettim. Ertesi gün doktordan kafatasının kendiliğinden düzeldiği haberi geldi.

Sırf beni susturmak için beni eğitime yollayan eşim şimdi herkese Theta yapıyorsun bana da yap, diye atışıyor benimle, ben de ona eğitim almasının ona çok fayda sağlayacağını söylüyorum. Eğitimdeyken 25 yaşında bir kadın keşke daha erken eğitim alsaydım dediğinde ona dönerek 45 yaşımda olduğumu ve hiçbir şey için geç olmadığını, 60– 70 yaşımda da olsam tüm eğitimlere gelmeye niyetli olduğumu söyledim. Çocuklarım, torunlarım ve onların çocukları Theta bilerek büyüyecekler şükürler olsun.

Tüm profesyonelliğiyle, sıcak ortamıyla iyi ki Yeşim Kuzu, iyi ki Theta!

Arzu B.– Polis Memuru
Kırklareli

"ANDA" ŞİFAYA TANIKLIK

Bir fizikçi olarak Theta ile "anda "şifalanmaya tanıklık etmenin farkındalığını yaşadım. Sevgili Yeşim Kuzu'yu ilk defa televizyon ekranlarında görmüştüm. Sanırım 7– 8 yıl önce yaşadığım sağlık problemleri nedeniyle düşünce gücüyle şifalanmaya merak sarmıştım. Şifalanmak için gördüğüm her şifa kitabını okuyor, her eğitime katılıyordum. Bugüne kadar hangi enerji şifa sistemi varsa hepsiyle tanışmıştım. Tek tanışmadığım Theta kalmıştı. Onun da doğru zamanda beni bulacağını biliyordum ki öyle de oldu.

Çok kısa bir süre önce tanıştım Theta ve Sevgili Yeşim Hocayla. Başta da belirttiğim gibi artık "anda" şifalanmaya tanıklık edecektim. Nasıl olacaktı acaba? Cevap tabii ki fizikten geldi.

Çift yarık deneyi ile yapılan çalışma elektronlarla yapılınca elektronun davranış değiştirdiği bilinir. Buna "gözlemci etkisi" denir. Thetada olan tam da buydu.

Theta frekansına geçip kendimize/başkasına gözlemcilik yapabiliyorduk çünkü bizler de atomlardan oluşmuştuk. Elektronun yaptığını mecburen biz de yapacaktık. Öyle de oldu.

Nasıl mı? Eğitimdeyken yazdığımız isteklerimizin olması için Theta frekansına geçip kendimizi gözlemliyorduk. Ben bir ev sahibi olmayı istemiştim ama nasıl olacak ki, şu anda mümkün değil deyip kendimi sabote etmiştim. İsteğime bile sınır koymuştum, oysa Yaradan isteyin vereyim diyordu. Theta ile istemeyi öğrendim. Daha henüz eğitim bitmeden ev sahibi olmuştum. Gerçekten bir mucizeye tanıklık ediyordum. Bana kendimi gözlemleyerek farkındalığımın nasıl artacağını gösteren, olmayan dileklerimizin sebeplerinin kök inançlardan kaynaklandığını ve bunların değiştirilebileceğini gösteren SEVGİLİ YEŞİM KUZU'YA (KENDİSİ THETA KRALİÇESİ OLUR) sonsuz teşekkür ederim.

OLDU, OLDU, OLDU.

Ebru KAYA– Fizik Öğretmeni
Ankara

THETA İLE GELEN DÖNÜŞÜMLERİM

İki yaşındaki oğlum, gece uykusunda bilinçsizce bağırıyor, ağlıyor ve bazen uyumayarak sabaha kadar ağlama nöbetleri geçiriyordu. Eve gelen herkesten kaçıyordu; oğlum kimseyi kabul etmiyordu. Üst üste geçirmiş olduğu ameliyatlar oğlumda bu etkilere neden olmuştu. Ne yapacağımı bilemediğim bir durumdayken bir arkadaşım Theta danışmanlığı almamı önerdi. Theta seansı aldım ve seans sırasında benim inançlarım üzerine çalışıldı. Seanstan sonra oğlumda gelişmeler olmaya başladı. Gelişmeleri gördükçe Theta tekniğini öğrenmeye karar verdim. İlk aldığım eğitimi aceleye getirmem beni yordu, çünkü eğitimi veren kişi de çok önemli oluyor. Eğitimi veren kişinin öncelikle kendini arındırmış olması, düzenini kurmuş olması ve Theta hakkında sorulan sorulara doyurucu cevaplar vermesi gerekiyor bence, ama ilk aldığım eğitim bunları karşılamadı.

İkinci modül eğitimimi Yeşim Hanım'dan aldım. Eğitimde Yeşim Hanım'ı dinledikçe içimden dedim ki, "doğru yerdeyim." İlk aldığım eğitimde anlayamadığım çok fazla şey olduğu için bocalamıştım. İkinci eğitimde ise Yeşim Hanım kafamı kurcalayan tüm sorularıma cevap vermişti. Daha sonra birçok eğitimi daha ondan aldım. Yeşim Hanım'ın saat kaç olursa olsun sorularıma cevap veriyor olması beni çok memnun ediyordu. Bir Theta uygulayıcısı başka ne ister ki? Değişmek isteyen, kendine katkı sağlamak isteyen herkese tavsiye ederim. Emekleri ve her bildiğini büyük bir keyifle bize aktaran Yeşim Hocama çok teşekkür ediyorum. Sevgiler.

Emine ATA AYDEMİR– Mali Müşavir
İstanbul

BENİM YOLCULUĞUM

Uzun yıllar İstanbul'da yaşadım ve akademik kariyer yapan biriydim. O nedenle de sıkı ve yorucu bir hayatım vardı. Bilinçaltı çalışmalarına ve olumlu düşünce gücüne inanırım ve önemserim. İşim gereği psikoloji ile de ilgilendiğim için internette araştırma yaparken denk geldim Yeşim Hanım'a. Kendisiyle hemşeri olmamız direkt bir pozitif etki ve güven yarattı ve kendisini tanımak için randevu aldım. Daha o zaman bu tekniğin içeriği hakkında bilgim de yoktu, sadece denemek istemiştim. Gerçekten ona gittiğimde geçmiş karmalarım ve bilinçaltımla ilgili yapılan derin kazmalar ve sonucunda yaşadığım olumlu olaylar kendisine inanmamı, güvenmemi, bu tekniği denememi ve eğitimlere katılmamı sağladı. Ben sol beyin ve her şeyi sorgulayan gerçekçi biri olduğum için bu tarz spiritüel şeylere mesafeli yaklaşmakla birlikte, denemeye de açık bir insanım. O nedenle önyargılı hiç olmadım. Sık sık pek çok eğitime katıldım, yeni insanlarla tanıştım, onlarla derin kazmalar yaptık. Her birinden farklı şeyler öğrendim ve hayatımla ilgili çok şeyi fark ettim. Önce ailevi sıkıntılar ve geçmiş karmalarımla ilgili kazmalar yaptık. Onlar çok işe yaradı. Aile ilişkilerime faydası oldu.

Hayatımı ve kendimi sorguladığım bir dönemiydi. Hani her şeyi yavaşlatır, bir kenara çekilir, olanların nedenlerini ararsınız ya; ben tam öyle bir dönemdeydim. Her olayda bu neden oldu acaba diyordum. Bunun bilinçaltında hangi korkumuzla ilgisi var acaba diyordum?

Böyle böyle zaman ve fırsat yarattıkça ki, başlarda yaratamadım, bilinçaltım kaçtı belki de ama sonra gerçekten isteyince bir şekilde zaman ve fırsat yarattım ve mümkün olduğunca eğitimlere katıldım. Özellikle yaşam oyunu (game of life) eğitimi beni etkileyen en önemli eğitimdir.

Bu tekniğin en temel konusu başlarda ütopik gelse de kesinlikle korkularımızı bulmak ve onlarla yüzleşmek bence... Onları özgürleştirmek, kendimizi özgürleştirmek, kendimize inanmak, bugünümüzü güzelleştirmeye çalışmak. Böylelikle yarına dair umudumuz artıyor.

Her şeyin geçmişimizden, karmamızdan, genlerimizden geldiğini çok iyi anladım. Bugün yaptıklarımızla yarınları yaratıyoruz. Aslında çok kabul etmesek de kader ve ilahi güç izin verdiği ölçüde bizim de kendi hayatımızda yaratabileceğimiz çok şey var. Ehliyet almayı yıllardır ertelemiştim. Hayatımda erteleme enerjisi çok baskındı her anlamda. Bunun üzerine gitmeye çok çalıştım, başarısızlık korkusu nedeniyle bir türlü geçemediğim basit bir ehliyeti bu teknik sayesinde 3. defada geçtim. İlkinde park etmede kalmıştım, gittim Yeşim Hanım'a, sağ olsun her zaman ama her zaman mesajla, yazıyla, paylaşımlarıyla hayatıma ışık oldu. Onunla birlikte tabii ki eğitimlerde tanıştığım değerli insanlar da oldu, onlara da sonsuz teşekkür ederim.

Her birinden çok şey öğrendim. En sonunda kök inancımı ve korkumu bulup 3. denemede sorunsuz sınavı geçtim. Üzerine işimle ilgili yükselmelerim, kazandığım başarılar, hep ama hep tabii ki önce emeklerimin, çabalarımın ve ilahi planın ödülü olmakla birlikte hep bakış açımı değiştirmemle gerçekleşti. O kadar çok duygu, inanç ve korku çalıştık ki kendisi ve ekibiyle, minnettarım. Çevrem, arkadaşlarım soruyordu, sen neye gidiyorsun, nelere para veriyorsun, nelerle uğraşıyorsun diye, diyordum ki meditasyon yapıyorum, psikoloğa gidiyorum, farklı teknikler deniyorum, hayatım renkleniyor, kendimi keşfediyorum, çok şey öğreniyorum.

Gerçekten böyle oldu. Hâlâ bir sorun yaşasam mutlaka takip ederim, aldığım eğitimlerdeki kök inançlara bakarım, nedenlerini bulup, çözmeye çalışırım.

Theta tekniği benim için insanın korkularıyla, geçmişiyle yüzleşmesi, hayatında olan her şeyin neden olduğunu anlamaya çalışmasıdır. "Hayatta her şey mümkün" ü öğrendim bu teknikle. Hayata bakış açım değişti. Yeşim Hanım'ı zaten çok seviyorum, beni çok cesaretlendirdi, korkularımı, kendi koyduğum engelleri, kendimizi, bizim sınırladığımızı öğretti bana. Ona çok teşekkür ediyorum ayrıca onun sayesinde eğitimlerde tanıştığım çok değerli insanlara da çok teşekkür ediyorum. Hepsinden, hikâyelerinden, aştıklarından çok şey öğrendim. Bana göre alternatif bir psikoterapi tekniği Theta. Özünde bilişsel ve davranışsal terapiler var. Beş yılda hayatımda onca aksilik ve engel olmasına rağmen bütün bunları daha önce yaptığım derin kazmalar sayesinde çevremi değiştirmeye gerek kalmadan kendimi değiştirerek aştım. Bunu gönül rahatlığı ile söyleyebilirim. Ben değişince gerçekten inanın olaylar da değişti. Her şeyin hayatta inanç olduğuna bir kez daha emin oldum. Tabii ki tek başımıza değiştiremeyeceğimiz şeyler olabilir ama yine de diyorum ki hayatta her şey ama her şey mümkün. Yavaş yavaş hayallerime, o eğitimlerde imgelediğim, emek verdiğim ve inandığım o hayata doğru emin adımlarla gidiyorum umarım, öyle hissediyorum. Bunun için en zor zamanlarımda bana uzaktan, yakından paylaşımları, desteği, eğitimleri ile destek olan Yeşim Hanım'a tekrar tekrar çok teşekkür ederim. Kendisini çok seviyorum, nice başarılarla birlikte sevgi dolu bir ömür diliyorum.

Doç. Dr. Gönül B.
İstanbul– Aydın

YÜKSEK FREKANSTA ŞİFA

Yeşim Kuzu, Theta konusunu derinden hazmetmiş biri olduğu için anlaşılması ve yorumlanması başta zor gibi görünen birçok konuyu, beş yaşında bir çocuğun bile kolayca anlayabileceği yalınlıkta anlatabilme yetisine sahiptir. Anlatım yaparken hissettiği inanç ve yansıttığı coşku biz dinleyenler için inanılmaz bir motivasyon kaynağına dönüşüyor. Eğitim sırasında kendisi en kompleks konuları bile beyninize kolayca işlediğini hissediyorsunuz. Yeşim Hanım sahip olduğu coşkulu halini öğrencilerine de yansıtarak yüksek bir enerji alanı oluşturuyor ve anlattıklarının da bu yüksek enerji halinin yakalanması ile ilgili olması onu vazgeçilmez bir Theta eğitmeni yapıyor. İnançlar konusunda kafası karışık insanların çoğunlukta olduğu Türkiye gibi bir coğrafyada, binlerce kişiyi yüksek frekanslı şifa yöntemi konusunda eğitmiş olması Yeşim Hanım'ın bu işi ne kadar doğru metotlar izleyerek yaptığını gösteriyor zaten.

Bütün bu özelliklerinin yanında onunla ilk tanıştığım zaman yüksek enerjisine hayran kalmıştım. Tanıyan herkes onun nasıl enerjik, nasıl neşeli olduğunu bilir. Şaşırtıcı derecede bizden biri. Sıcakkanlı bir insan aslında. Dışarıdan bakıldığında oldukça profesyonel ve ciddi bir görünüme sahip olsa da tanıdıkça samimiyetine, içtenliğine ve mütevazılığına şaşırıveriyorsunuz. Sanki az önce evrenin sırlarını anlatan uluslararası tanınırlığa sahip eğitimci kişi gitmiş, yıllar önceden aynı liseye birlikte gittiğiniz bir arkadaşınız ile sohbet etmeye başlamışsınız hissiyatı uyandıracak kadar rahat davranan ve konuşan bir insan buluverirsiniz karşınızda. Ego ile ilgili birçok konuyu kendi içinde gerçekten halledebilmiş olmasının bir işareti olarak yorumladım ben onun bu hallerini ilk tanıştığımdan beri. Yeşimim, Hocam, yol göstericim iyi ki varsın, iyi ki bu aydınlanma projesine gönül vermişsin ve iyi ki benim hocam olmuşsun. Sevgiler.

Seda SANCAKTAR
Finans Uzmanı
İstanbul

ÖZ İLE BAĞLANTI

Yeşim Kuzu'dan aldığım Theta eğitiminden sonra hayatımda çok kısa sürede muhteşem dönüşümler yaşadım. 26 yıl çalıştığım kurumsal firmadan istifa ederek kendimi danışanlarıma adadım. Seans sonrası danışanlarımdan gelen olumlu geri dönüşlerin manevi tatmini paha biçilemez. Tabii maddi olarak da kolay, keyifli, bolluk ve bereket içinde kazanç elde ediyorum. Kendimi ifade etmekte zorlanırdım, çekinirdim, şimdi Theta tekniği ve Antigravity Yoga ile ilgili bilgilendirici harika videolar çekip paylaşıyorum. Saygınlığım ve tanınırlığım her geçen gün artıyor. Bu eğitimi Yeşim Kuzu'dan almamın çok büyük avantajları da var. Konusunda uzman, ne zaman desteğe ihtiyacım olsa memnuniyetle yardımcı olur, sıfır ego. Theta Meditasyon tekniği bizi korkularımızdan özgürleştirerek özümüz ile bağ kurmayı, potansiyelimizi keşfetmeyi ve deneyimlerimizi kolaylık, keyif ve ihtişamla yaşamamızı sağlar. Kök inanç değişikliği ve his yüklemeleri ile geçmiş yaşam travmalarından kurtularak, karşılaştığın aynı sorunları çözümleyerek, bağımlılıklardan ve kilolardan özgürleşerek yeniden doğarsın.

Nurşen ARAR
Antigravity Yoga Eğitmeni
İstanbul

FANTASTİK DÜNYA

Sevgili Yeşim Hanım'la tanışıp, Theta tekniği seminerine dâhil olduktan sonra hayatımda yavaş yavaş değişmeler başladı. İlk olarak, yıllarca içimde tuttuğum, affedemediğim her şeyi affettim ve artık kimseyi kafama takıp büyütmüyorum. İkinci olarak, kafamın içini dolduran tüm gereksiz düşüncelerden kurtulduğumda güzel bir yola girdiğimi hissettim.

Theta tekniğinde ilerledikçe, küçüklüğümde yaşamayı istediğim filmlerdeki o fantastik dünyanın içindeymiş gibi hissetmeye başladım kendimi. O fantastik filmlerdeki dünyayı yaratmak aslında benim elimdeydi. Theta tekniği bana farklı bakış açıları kazandırıyordu. Şimdilerde kendi danışanlarım var ve onlardan gelen geri bildirimler beni dünyanın en mutlu insanı yapıyor.

Meliha TUNCER
Muhasebeci
İstanbul

THETA MACERAM VE BEN

Yıllardır baş edemediğim kaygı ve korkularım vardı. Evlenip anne olunca artık bu kaygılar çekilmez oldu. Bilinçaltı temizliğinde birkaç yöntem denedim ama tam olarak geçmedi. Her gece uyumadan bu kaygıları çözecek bir çözüm yolu ver bana Allah'ım diye dua ediyordum. Bu duadan yaklaşık bir ay sonra Yeşim Hocamın instagram hesabında Theta ile ilgili bir paylaşımını gördüm. İlgimi çekti, biraz araştırırken affetme meditasyonuna denk gelip uyguladım. Çok güzel ve keyifli gelmişti. En iyisi seans için randevu alayım dedim, taşınma evresinde oldukları için bir ay sonraya sözleştik. Sonra yine başka bir videosunda birkaç korkunuz varsa eğitim alın kendinizi temizleyin diyordu. Seans alayım derken eğitim açılınca hemen gittim. Basic DNA eğitiminde alerjik rinit rahatsızlığım iyileşmiş haberim yok. İlerleyen günlerde ev temizliyorum ama hapşırmıyorum. Kendimi takip etmeye başladım hapşırdığım yerlerde de artık yorulana kadar hapşırmıyordum. Çok mutlu olmuştum. Theta maceram böyle başladı. Hayatımda çok güzel değişim ve dönüşümlere sebep oldu. Bu aydınlanmayı bana nasip eden yüce yaratıcıya, bu tekniği bulup dünyaya yayılmasına vesile olan Vianna'ya, bu tekniği Vianna'dan öğrenen, aydınlanan ve aydınlatan Sevgili Yeşim Hocam'a sevgilerimi ve şükranlarımı sunuyorum. Sevgili Yeşim Hocamın çıktığı bu yolda daha birçok insana ışık olması dileğiyle...

Oldu oldu oldu.

Zehra ERKAN
Bilgisayar Öğretmeni
Kocaeli

PUZZLE'DAKİ **SON PARÇA**

Şimdiye kadar faydalı eğitimler almış olmama rağmen sonuca ulaşmakta zorlandığım zamanlar oluyordu. Ne zaman ki güzel ruh Yeşim Kuzu ve Theta ile tanıştım, puzzledaki eksik parça tamamlandı.

"Evet derseniz olur" ile pek çok şey çözüldü.

İlknur KAYA TURAN
Ekonomist
Ankara

RUHU GÜZEL KADIN

Hayatıma tılsımlı bir değneği varmış gibi dokundu ve dünyam değişti. Ruhu kendi güzel kadın, insanların hayatlarına dokunmaya devam etmen ve herkese ışık olman dileğiyle. Bu kitap o engin bilginlerinle son olmayacak, devamı en kısa zamanda gelecek, inanıyorum.

Elif AKYEL
Theta Uygulayıcısı
Houston– Texas

SAMİMİ KADIN

Bir insan tanıdım,
Kalbi güzel, ruhu güzel,
Gözü gönlü güzel.
Bir insan tanıdım,
Samimiyeti bilen...
Sevmeyi bilen, çok güzel seven...
Bilgi hazinesi kendisi, bilge bir eğitmen.
Cevheri içinde, bakınca ruhu okur.
Var mı onun gibisi?
Saygı duyulası, eli öpülesi...
Benim hayatımın İYİ Kİ' si!
Ruh ailemin nadidesi.
Üzerimde geçen emekleriyle benim için çok ama çok kıymetli.

Her sözü ve davranışıyla büyük bir ilhamdır kendisi.

Nereye gidersek gidelim, nerede olursak olalım bazı insanların kıymeti daim oluyormuş gönlümüzde.

Tüm öğrettikleriniz için, emekleriniz için, bana her zaman güvendiğinizi, inandığınızı yürekten hissettirdiğiniz için, verdiğiniz değer için çok teşekkür ederim. Yeşim Hocam, canım eğitmenim.

Gül KÜÇÜK YAZICI
Bankacı
İstanbul

NEŞELİ KADIN

Vianna'nın iki kitabını okuduktan sonra kendi kendime ben bu eğitime gitmeliyim diyerek internetten araştırmaya başladım. Araştırdığım kadarıyla adres olarak bana çok uzak ama enerjisini çok yakın ve iyi hissettiğim Yeşim Kuzu'yu buldum ve ona gitmeliyim dedim. Hislerim beni hiç yanıltmadı. Ruhum zaten Yeşim Kuzu'nun ruhunu tanıyormuş. Bu süreç işlerken ben meme kanseriydim. Theta ile tanıştıktan sonra negatif kök inançlarımı değiştirdiğimde, altı aylık rutin kontrollerimde kanserden kurtulduğumu öğrendim. Yakın zamanda da alerjimden Theta ile kurtuldum.

İyi ki tanımışım. Hayatımı düzene sokan, neşeli, iyi kalplim ve güzel kadın; hocam, manevi canım kızım. Seni çok seviyorum. Hiç ayrılmayalım. Yolun açık olsun.

Neşe ÇOMBİL
Emekli Finansçı– Eğitmen
İstanbul

CESARETLİ KADIN

Hayatım boyunca, yaşamın anlamını, ruhumuzun derinliklerini ve yaşam amacımızı sorgulayan, içinde olduğumuz yolculukta iyileşme ve aydınlanmanın peşine düşen insanları çok takdir etmişimdir. Yeşim ile bu yolculukta yollarımız kesişti. İkimizin de hayatında zorlukların olduğu ve çıkış yolu aradığımız bir dönemdi. Bu noktada kaderin bizi buluşturduğunu ve birbirimizin hayatına dokunduğumuzu düşünüyorum. Yeşim hapsolduğu illüzyonu fark edip onun içinden çıkma cesaretini göstermiş ruhlardan biridir. Çabasını, arayışını, cesaretini, geldiği noktayı keyifle izliyorum. Başarılarını gördükçe, insanların hayatına kattığı şifa ile gurur duyuyorum. Şimdi bu kitap ile daha fazla insanın hayatına dokunacağına ve daha fazla insana katkı ve şifa olacağına inanıyorum. Umarım bu şifa kocaman bir dalga yaratır ve pek çok insana ulaşır, cesaretli kadın.

NİL ÖZALP
ŞARKICI
İSTANBUL

GÜÇLÜ KADIN

O narin sesiyle tatlı tatlı Theta frekansına çıkaran ve sonrasında Allah' ı ve Allah' ın koşulsuz sevgisini, insanın tüm hücrelerinde hissederek mucizelere tanıklık etmesine vesile olan; kahkahasıyla eğitimlerdeki enerjiyi tavan yaptıran güçlü kadın Yeşim Kuzu...

Biz öğrencilerine, dokunarak mucizelere şahit olmamıza vesile olduğu gibi "*Evet Derseniz Olur*" kitabının da tüm okurlarına, koşulsuz sevgiye ve mucizelere tanık olma kapısını sonuna kadar açacağını düşünüyorum. Yeter ki yürekten evet diyebilmeyi bilelim.

Süeda KERVANCI ÖZEL
Uzman Diyetisyen
İstanbul

DERİN RUHLU KADIN

Yeşim Hanım, benim Theta tekniğinde tanıştığım ilk eğitmenlerdendir. Bunun yanı sıra bu işe gerçekten gönül veren birbirine benzemeyen ama birlikte bir bütünü oluşturan ruh ailemizin eşsiz bir parçası. Kendi içsel yolculuğunu yaparken etrafındaki insanlara ve hayatlara yaptığı dokunuşları bizzat gözlemlediğim bu derin ruhun kitaplarıyla daha fazla insana ulaşması dileği ve duasıyla.

Burhanettin DAĞDÖNDEREN
Theta Tekniğinin Türkiye Koordinatörü
Kuyumcu – İstanbul

GÜZEL KALPLİ KADIN

Theta ve aynı zamanda Yeşim ile tanışmamız bir arkadaşım vesilesiyle oldu. Geçmişe takılmadan, gelecek kaygısı yaşamadan anda kalabilmemin ne demek olduğunu, daha da önemlisi Yaradan'la bağlantı kurmanın mümkün ve güvenli olduğunu öğrendim. Öğrendiklerim daha saymakla bitmez. Güzel kalpli Yeşim'e sonsuz teşekkürlerimi ve dualarımı gönderiyorum.

Her şey gönlünce olsun.

Ayşenur BAYRAKTAR
Gemi Tekstil Tasarımcısı
İstanbul

FARKINDALIKLI KADIN

Güzel ruhlu kadınla, yıllardır tanısı bir türlü netleşmeyen nörolojik hastalığımla uğraşırken, manevi olarak bittiğimi düşündüğüm bir noktada karşılaştım. Yeşim Hanım'ın eğitimlerine katılarak, Theta tekniği ile hayat yolculuğumuz devam ederken karanlık noktalarımıza nasıl da hayrete düşürecek kadar ışık tuttuğunu öğrendim. Çok keyifli, duyarlı, farkındalıklı bir dokunuş için doğru yer Yeşim Kuzu'nun yanı. Her zaman saygı duyduğum, kalben ve samimiyetle sevdiğim tatlı kadının başarılarını izlemekten her daim gurur duyacağım.

Özlem KARAKUŞ
Bankacı
Mersin

ALÇAK GÖNÜLLÜ KADIN

Yeşim Hocam işini aşkla yapan, alçak gönüllü, sevgi dolu, cömert, muhteşem enerjisiyle karşısındakini büyüleyen bir hocadır. Theta tekniği denildiğinde Türkiye'de ilk aklıma gelen isimdir. Yaklaşık 5 yıl önce kendisinden Theta tekniğinin çoğu eğitimini almış bir hekim olarak, kendisini sürekli geliştirdiğine hayranlıkla şahit oldum. Sayesinde kolayca öğrendiğim teknikleri iş ve özel yaşantımda zevkle uygulayarak çok iyi sonuçlar aldım ve almaya devam ediyorum. Yaptığı işle özdeşleşen nadir insanlardan biridir. İşini öyle benimsemiştir ki, Theta tekniğini sadece öğretmekle kalmayıp hayatına da başarıyla adapte etmiş, böylelikle çok mutlu bir aile yaşamı ve çok başarılı bir iş hayatıyla herkese örnek olmuştur. Derslerde sorduğunuz her soruya tüm sevecenliğiyle cevap verir ve Theta tekniği konusundaki engin bilgisini hiç çekinmeden sonuna kadar paylaşır. Kendisini tanıdığım için çok mutluyum. Hayatımda dışarıdan mucize gibi görünebilecek birçok şeyi ondan öğrendiğim teknikler sayesinde gerçekleştirdim. Bana engel olan, birçok inancımı sayesinde kolaylıkla değiştirebildim. Yeşim Hocam hayatıma katkılarınızdan dolayı çok teşekkür ediyorum. Uzun süredir çok emek verdiğiniz kitabınızı bir an önce okumak için dört gözle bekliyorum.

Doktor Z.
Ankara

ÇÖZÜM ODAKLI KADIN

Yeşim Hocam, bir teklifle bize seminer vermeye Almanya'ya gelerek, Theta'da ilerlememe çok katkı sağladığı gibi, her zaman bir sorum olduğunda da çözümüne yardımcı olmuştur. Önce talebesi olarak şimdide aynı mesleği yapan arkadaşım olarak, kendisine bu vesileyle tekrar teşekkürlerimi sunmak istiyorum. Yolun hep açık olsun. Güzel insanlarla beraber ol arkadaşım.

Yasemin AKICI
Theta Uygulayıcısı ve Eğitmeni
Almanya

NAZİK KADIN

Antik Yunan oyunlarında "deus ex machina" denen bir durum vardır. Oyunun sonuna doğru makaralı vinçle tepeden indirilen mitolojik bir tanrı her şeyi çözer. Bu, yapay ve zorlama bir müdahaledir. Çünkü aslında hiçbir değişim tepeden inmez, hiç kimse sizi kurtarmaz. İbn Rüşd'ün sözü gibi "Yumurta dıştan kırılırsa yaşam son bulur, içten kırılırsa yaşam başlar."

Dönüşümler hep içeriden başlar. Theta tekniği çok içerilerde, daha önce gizemlerini bilmediğim, adı "bilinçdışı" olan kapalı bir kutunun açılmasını sağladı. Yalnızca açılmakla kalmadı, bu gizemin şifrelerini çözmeme, onu yeniden programlamama ve bunu yapmanın sırrını pek çok insanla paylaşmama vesile oldu. Önce kendime, sonra aileme faydalı olmak gibi küçük hayallerle başladığım yol bana harikulade bir ikinci kariyer hediye etti. Beni yaşam amacımla buluşturdu. Dört yıl önce Yeşim Kuzu ile ilk eğitimimizden sonra "iyi ki şimdi, iyi ki burada ve iyi ki onunla," demiştim. Beni nazikçe ve sevgiyle eğitmenlik konusunda yüreklendiren güzel insan... Ne mutlu ki şimdi ben de Vianna Stibal'ın bu eşsiz tekniğini "iyi ki," diyen ruhlarla buluşturuyorum.

Gülden ÇAKIR SOYLU
Senaryo Yazarı & Theta Tekniği Eğitmeni
Muğla

GİRİŞİMCİ KADIN

Sevgili Yeşim'le, "Fotoğraf– Styling & Etkin Sosyal Medya Kullanımı" eğitimime geldiğinde karşılıklı tanışma fırsatı bulduk. Daha o gün enerjisi ve ışığıyla orada bulunan herkesi etkilemişti. Kendisinden aldığım Theta Tekniği sayesinde kendimi yeniden doğmuş gibi hissettim, bilinçaltımda baharı yaşadım. Bu kitap bence iş yaşamında da özel yaşamda da mutluluğun, başarının ve dolayısıyla iç huzurun formülünü veriyor bizlere. "Evet Derseniz Olur" her şeyin mümkün olduğunu fısıldıyor her sayfasında. Girişimci Kadınlar Grubu ailesinin ferdi olan güzel girişimci kadın, başarıların daim olsun. Sevgiyle…

Ülkü HÜR
Girişimci Kadınlar Grubu Kurucusu
İzmir

Sevgili Yeşim Kuzu, hatırladıklarını bize de hatırlattığın, kâinattaki bilincin, titreşimin yükselmesine aracı olduğun için, kesişen yollarımız için, çok teşekkür ederim...

Lütfen hatırlamaya ve hatırlatmaya devam et.
Dinlemeyi unuttuğumuz kalbimiz biliyor ki;
Dünyayı sevgi ve iyilik kurtaracak.
Haydi, o zaman rast gele.
Kalpten sevgilerimle...

Binnur KAYA
Oyuncu